本书受河南省教育科学规划重大招标课题“当代大学生网络犯罪预防机制研究”[2020]-JKGHZDZB-05 资助

法学研究文丛

大学生违法犯罪预防研究

——基于“社会腱”视角的分析

吴殿朝　张秋芳◎著

知识产权出版社
全国百佳图书出版单位
—北京—

图书在版编目（CIP）数据

大学生违法犯罪预防研究：基于“社会腱”视角的分析／吴殿朝，张秋芳著．—北京：知识产权出版社，2021．12

ISBN 978－7－5130－7911－2

Ⅰ．①大…　Ⅱ．①吴…　②张…　Ⅲ．①大学生—预防犯罪—研究—中国　Ⅳ．①D920．4　②D669．5

中国版本图书馆CIP数据核字（2021）第243465号

责任编辑：彭小华　　**责任校对**：王　岩

封面设计：智兴设计室　　**责任印制**：刘译文

大学生违法犯罪预防研究

——基于“社会腱”视角的分析

吴殿朝　张秋芳　著

出版发行：知识产权出版社有限责任公司　　**网　　址**：http：//www．ipph．cn

社　　址：北京市海淀区气象路50号院　　**邮　　编**：100081

责编电话：010－82000860转8115　　**责编邮箱**：huapxh@sina．com

发行电话：010－82000860转8101/8102　　**发行传真**：010－82000893/82005070/82000270

印　　刷：天津嘉恒印务有限公司　　**经　　销**：各大网上书店、新华书店及相关专业书店

开　　本：880mm×1230mm　1/32　　**印　　张**：11

版　　次：2021年12月第1版　　**印　　次**：2021年12月第1次印刷

字　　数：280千字　　**定　　价**：68．00元

ISBN 978－7－5130－7911－2

序

大学生作为“明日之星”，是未来建设社会主义现代化强国的中坚力量。代表着国家的希望和未来，他们的精神风貌、价值观和行为表现如何，直接关系到国家的前途和命运，然而，一些高智商、高素质、高水平的大学生有时却与“违法犯罪”一词联系到一起，并时常见诸各大媒体，吸引着人们的目光，给我们构建的和谐社会徒增了一些不和谐音符，这应当引起全社会的深刻反思。

国内外学者对大学生违法犯罪问题进行了广泛而深入的研究，取得的研究成果颇丰，在理论上提出了不少各具特色的观点。研究的最终目的是找到切实有效的大学生违法犯罪的防范途径和措施，在此问题上，国外学者基本上沿袭预防青少年违法犯罪研究理论，虽取得了一定的经验并有成熟的做法，但没有考虑到大学生自身的特殊性，没有顾及大学生自身与青少年群体中的其他群体的区别。国内学者虽提出了不少颇有见解的观点，但他们的研究也存在一定的问题，不能准确探讨大学生违法犯罪的防范途径和措施，缺乏理论支撑。

“社会腱”（Social Bond）是指连接一个人与社会关系的纽带，是指把个人与社会黏在一起的黏合剂，是个体与社会双向建构的结果。“社会腱”构成要素由依恋、认同和信念所组成。其中，三者的基础是依恋，并且依恋是三者的核心。没有依恋，就谈不上认同；认同是依恋的深化，没有认同，就无法深入考察依恋的存在，认同对依恋具有动力作用；信念是认同升华后的必然结果，也是新的依恋得以形成和提高的关键环节。简言之，“社会腱”的三个因素在一个人的生活中是相辅相成的，这个整体中任何一个因素的缺失、弱化都可能导致犯罪行为的发生。

鉴于大学生违法犯罪的现状，作者向不同类型的高校发放了1500份问卷，以获取实施违法犯罪行为的大学生和在校大学生的相关数据。本书依据大学生“社会腱”链条中的依恋、认同、信念三个构成要素，深度剖析家庭、学校和社会环境链条中存在的某些因素对“社会腱”的影响。首先，分析了影响大学生对家庭依恋弱化的因素，如代沟问题、家庭问题；某些教师素质不高、管理偏差和失误导致的大学生对学校的依恋弱化；以及市场经济的负面效应和国家社会控制力的降低使大学生对社会的依恋弱化。其次，分析了影响大学生的认同降低的因素，包含失当的家庭教育方式、尚存欠缺的校园文化、不良的社会环境因素等。最后，分析了导致大学生信念缺失的因素，具体包括不良的家庭氛围、人文素质教育的缺失、对经济的过于追求、低俗文化的传播等因素。并基于上述分析得出：依恋的弱化、认同的降低、信念的缺失，导致了大学生“社会腱”断裂，以致走上违法犯罪道路。

对于“社会腱”断裂导致的大学生违法犯罪问题，应把预防摆在首要位置。为此，本书分别围绕家庭教育、学校教育和社会教育三种教育力量的存在环境与依恋、认同、信念这三个组成大学生“社会腱”链条的因素，进而指出通过增强大学生的依恋、提升大学生的认同、形成并巩固大学生的信念等，构建大学生违法犯罪的防范途径和措施，以达到防止大学生违法犯罪的目的。具体来说：第一，强化依恋方面。通过注重家庭亲情的培养、力避问题家庭的出现，强化大学生对家庭（父母）的依恋；通过教师队伍素质的提升、营造良好有序的校园育人环境、革新学生管理体制、做好对大学生同辈群体的合理引导等，强化大学生对学校的依恋；通过弥补经济体制改革中的漏洞和负面效应、进一步提高国家的社会管控能力等，增强大学生对社会的依恋。第二，提高认同方面[1]。通过树立正确的教育观，实施正面引导教育等家庭教育方式的改进，提升大学生的角色认同感；通过校内物质文明、行为文明、精神文明的建设，提高大学生对自身角色的认同感；通过净化大学生生存（生活）的社会环境、加强对网吧的管理等不良社会环境的改造措施，提高大学生的社会认同感。第三，形成并巩固信念方面，提出通过强化父母责任、加强家庭文化建设等良好家风的营造，使大学生拥有正确的信念；通过道德教育、法治教育、人文教育的加强，以提升大学生的人文素质教育，从而使其信念得到巩固；通过切断低俗文化的传播途径，使大学生的文化观念不偏离常轨。

在上文分析的大学生违法犯罪原因和预防对策的基础上，为了检验原因和对策的实效性，本书还针对大学生 A 实施的网络犯罪行为这一典型案例，运用“社会腱”中的依恋、认同和信念三个因素研究此案的发生原因、防范路径。更深层次地研究“社会腱”的断裂而引起的大学生违法犯罪，从实证的角度证实构建大

[1] 本书特别强调这里的认同主要是社会认同，包括价值认同和角色认同。

学生违法犯罪的有效防范路径和预防措施的关键是：对大学的依恋、提高大学生的认同的强化、使大学生形成并巩固信念。

最后，在上文研究的基础上，得出本书的研究结论：“大学生违法犯罪问题”在“社会腱”理论框架内是完全可以解决的。“社会腱”的断裂是导致大学生走上违法犯罪道路的原因；在大学生违法犯罪的预防问题上，我们是可以采取行之有效的预防措施的；强化依恋是预防大学生违法犯罪的基础；提高认同是预防大学生违法犯罪的中间环节；形成并巩固信念是预防大学生违法犯罪的重点。当然，“社会腱”的每一个因素的作用要得到有效发挥，需要对“社会腱”三个因素的存在环境进行优化和治理。

目录

CONTENTS

CHAPTER 01 >>

第一章

导　论

作为国家宝贵人才储备的大学生，既是民族的希望，又是祖国的未来。他们的思想和行为表现，关系到国家的前途命运，具有重要的意义。大学生的健康成长与和谐发展是社会文明的有机组成部分。在人的一生当中，大学阶段是最充实、最美好、最青春的时期。但是，我们不得不面对这样一个事实：中国的高等教育依旧面临着许多问题和挑战，其中某些大学生违法犯罪现象尤为突出，由大学生实施的重大恶性案件时有发生。

近年来，关于大学生违法犯罪的新闻不断地在我们的耳边回响，特别是随着1999年高校扩招，大学生犯罪案件的数量和大学生罪犯的数量都大大增加，增速已远超过了大学生人数的增长幅度。大学生犯罪人数2001年比1999年增加了54.5%，相较于2001年，2002年增加了97.1%。而从2005年到2007年，大学生犯罪率上升超过

18%[1]。

这些醒目的数字值得众多法律人思考。自1978年中国实行改革开放以来，中国社会一直处在转型期，在社会转型期，社会方方面面必然会面临深刻变革，包括政治、经济、文化、教育、生活和人们的社会心态等原有的社会结构逐渐崩溃，社会状态也随之发生变化。信息化、价值多元化、充满竞争成为当今社会的特点。

随着改革开放、经济全球化和各国文化的交流与发展，不同种类社会思潮涌入中国，相互碰撞。多种多样的价值观在社会并存。在每个人自主支配下，人们对价值观的选择更加独立和自主。多元价值观和文化的存在，一方面丰富了人们的思想，促进了文化的交流和传播；另一方面多元价值观的影响削弱了社会主流价值观，使个别大学生的行为偏差更加显著。近年来，大学生违法犯罪现象比较突出，这也是公众普遍关注的一个话题。目前，大学生违法犯罪正呈现出越来越复杂、暴力、重复、贪婪等特点，体现出某些大学生自制力差、行为缺乏制度和社会控制。青年是祖国的未来，在社会转型日益加速的当代，大学生违法犯罪产生的原因更加复杂。大学生的精神风貌、价值观和行为表现如何，与国家的前途和命运息息相关。然而，其中有些智商高、素质过硬、水平不错的大学生却与“违法犯罪”一词联系在一起，受到了广大人民群众的广泛关注。

大学生为什么会跟违法犯罪发生联系呢？这是值得深究的。

---

[1] 法制网记者赵志锋、通讯员高琪：“检察院调研报告指出高校学生犯罪呈上升趋势”，载新浪网 https：//news. sina. com. cn/o/2013 －08 －20/185828001319. shtml，访问日期：2021年10月6日。

从近些年的大学生违法犯罪案例中可以看出，某些大学生已不仅是有简单的个人不良行为，而是以极其残忍的手段深入违法犯罪案件中。大学生违法犯罪心理复杂。他们实施犯罪行为与自身的生理因素、心理因素、思想观念、行为因素、家庭结构、成长背景、周围社会的影响、学校管理和环境的影响、经济因素、民族习俗和宗教信仰的关系密切。因此，我们不应将大学生违法犯罪案件视为孤立的事件，而应将大学生违法犯罪视为一个特殊的研究领域。

传统理论往往从综合的角度分析大学生违法犯罪的原因，提出主体意识和外部因素共同导致大学生违法犯罪。但是，我们需要清楚地认识到，现有的控制模式并没有能够将外部因素与内部因素充分结合起来。大学生、自然因素和社会因素之间没有有效的联系，无法确保以下问题得到解决：第一，社会、学校和家庭对青少年的影响，导致部分大学生产生犯罪心理并进行相应的行为；第二，为什么绝大多数大学生不犯罪，而只有极少数大学生犯罪。以上必然属于理论研究的不足之处，也给预防和控制大学生违法犯罪带来诸多困难。有必要对其进行理论分析，挖掘和明确形成大学生违法犯罪的机制，为更准确地开展预防工作奠定理论基础。

第一节　大学生违法犯罪态势扫描

一、国外大学生违法犯罪态势

仅 2006 年一年时间，约有 1.5 万起未成年人犯罪案件在俄罗斯发生，其中，有7000起违法犯罪案件由大学生实施，并且相较往年，大学生犯罪案件数不断上升的态势非常明显。2006年8月24日，震惊全球的莫斯科切尔基佐夫市场爆炸案，是一名年仅18岁的莫斯科交通大学在校大学生组织的，此次爆炸案共导致11人死亡，50多人受伤。❶

2007年4月16日，一名韩国留学生先后在位于弗吉尼亚理工大学的一幢宿舍楼和一幢教学楼内持双枪进行扫射，导致无辜平民33人丧生。这场枪击案是美国有数据记载以来在大学校园里发生的最为严重的枪击事件。❷ 现有资料表明，在美国，每5名学生中间，就有1名学生随身携带着武器，每20名学生中间，就有1名学生在书包里或裤腰里藏匿着射击武器。❸

2009年1月21日，美国弗吉尼亚理工大学博士朱某因表白杨某被拒，就对杨某痛下杀手，在研究生活动中心的咖啡馆内砍掉了杨某的脑袋。❹

下列一组数据很能说明美国目前的校园犯罪状况。2017年，美国公安机关共受理高等院校校园人身财产犯罪案件2.89万起，比2016年的2.84万起增长2%。每万名全日制学生中报告的校园犯罪数量也增加了2%，从2016年的19.3起增加到2017年的19.6起。

---

❶ “俄爆炸案凶手当庭忏悔”，载搜狐网 http：//news.sohu. com/20060826/n245003377.shtml，访问日期：2021年10月6日。

❷ “美国最大校园枪击案”，载搜狐网 http：//news.sohu.com/20070420/n249586587.shtml，访问日期：2021年10月6日。

❸ 徐久生：《校园暴力研究》，中国方正出版社2004年版，第25页。

❹ “朱海洋斩首案始末：留学生因表白被拒，对女子痛下杀手”，载腾讯新闻 https：//xw.qq.com/partner/vivoscreen/20210218A07NND00，访问日期：2021年10月6日。

在 2017 年报告的各类校园犯罪中，有 11.11 万起入室盗窃，占所有犯罪事件的 38%。其他常见的犯罪包括：性侵犯(10 400 起，占犯罪的 36%）和机动车盗窃（3500 起，占犯罪的 12%)。此外，据报有 2200 起严重袭击和 1000 起抢劫。根据这些估计数字，2017 年，在每万名全日制学生中发生了 7.5 起入室盗窃、7.1 起强行性侵犯、2.3 起机动车盗窃、1.5 起严重袭击和 0.7 起抢劫。按选定的犯罪类型分列：2001 年至 2017 年，已报告的校园犯罪数量和每万名全日制高等院校的校园犯罪数量如图 1-1，图 1-2 所示。❶

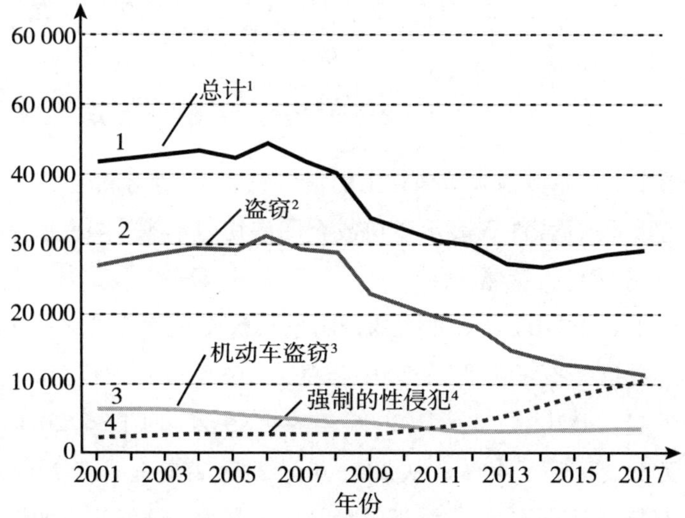

图 1-1 校园犯罪数量

❶ College Campus Crime Statistics, www.collegetransitions.com/dataverse/campus ~ crime Jun 25 2021.

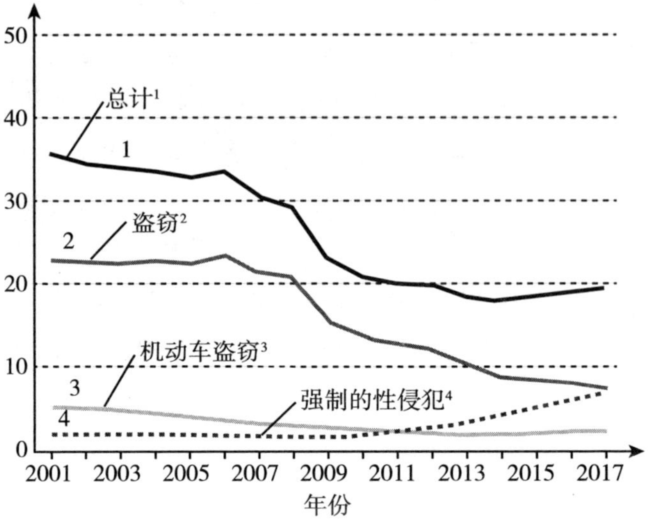

图 1-2 每 10 000 名全日制学生的校园犯罪数量

图中 1 表示其他未单独列出的报告犯罪；2 表示非法进入建筑物实施重罪或偷窃；3 表示盗窃或企图盗窃机动车；4 表示任何强行和/或违背他人意愿的性行为。

2001 年至 2017 年，报告的校园犯罪总数下降了 31%。在此期间，校园犯罪报案数量从 2001 年的 4.16 万起上升至 2006 年的 4.45 万起，上升了 7%；从 2006 年的 4.45 万起下降至 2014 年的 2.68 万起，下降了 40%；从 2014 年的 2.68 万起上升至 2017 年的 2.89 万起，上升了 8%。最近的增长主要是由于强制报告的性侵犯案件数量的增加。除强迫性犯罪、谋杀和过失杀人外，2017 年各类校园犯罪均低于 2001 年报告的数量。报告的校园暴力事件从 2001 年的 2200 起增加到 2017 年的 10 400 起（增长了 372%）。在 2016 年至 2017 年，报告的性侵犯案件数量增加了 16%（从 8900

起增加到 10 400 起)。[1] 2017 年，在警局上报的高校校园犯罪案件中，被认定为仇恨犯罪的有 958 起。机构报告的三种最常见的仇恨犯罪是故意破坏（437 起)、恐吓（385 起）和简单攻击（83 起)。其他仇恨犯罪包括盗窃（24 起)、严重人身伤害（15 起)、性侵犯（6 起)、入室盗窃（3 起）和抢劫（2 起）以及谋杀、机动车盗窃和纵火各（1 起)。2017 年，没有非强制性性犯罪被归类为仇恨犯罪。[2]

由上述具体数据我们可以得出，大学生违法犯罪问题俨然成为一个全世界关注的社会问题，而且在校大学生违法犯罪的比例每年都在不断上升，现阶段，面临的形势比较堪忧。

二、国内大学生违法犯罪态势

在 20 世纪五六十年代，中国的青少年犯罪仅占犯罪总数的 20% ~30%，其中在青少年犯罪中大学生违法犯罪约占 1%，在"文化大革命"期间，占总体比例 60% 的犯罪是由青少年实施的，其中大学生违法犯罪上升至占青少年违法犯罪的 2. 5%，自 20 世纪 70 年代后期开始，青少年犯罪更是呈现逐年上升态势，近几年更是占到了刑事犯罪的 80%，而在青少年犯罪中大学生违法犯罪也占到了 17%。[3]

恢复高考之后的一系列大学生违法犯罪案件不断冲击着人们的眼球。

在 1981 年 4 月 11 日夜，在北京西单商场实施盗窃被发现后，

---

[1] U. S. Department of Education, National Center for Education Statistics. (2020). Indicators of School Crime and Safety: 2019 (NCES 2020 ~ 063), Indicator 21 and Indicator 22. https://nces. ed. gov/fastfacts/display. asp? id = 804. Oct 6 2021.

[2] https://nces. ed. gov/fastfacts/display. asp? id = 804.

[3] 颜小冬:《当代大学生犯罪问题研究》, 中国检察出版社 2004 版, 第 14 页。

冯某手持作案工具锤子、铁管，将商场保安人员打死，人民法院以抢劫罪判处冯某死刑。而实施这场案件的冯某是北京外国语学院的一名在校大学生。

1988 年 3 月 24 日，作为原北京机械工业管理学院的学生李某，因和女友谈恋爱一事受到父母反对，便对父母心生恨意，其父母被他残忍地掐死，还将他们的尸体肢解，抛尸野外。

1992 年 6 月 18 日，在河南省财税专科学校一年级在校女学生李某，在深夜实施了一起让 788 人中毒、12 人受到严重伤害的恶性案件，震惊全国。

2002 年 10 月，浙江大学举行的全国特大规模高校保卫工作会议的一份统计资料表明：58 所特大高校 2001 年共发生刑事、治安案件 11 725 起，每校大致平均 202 起，在所有管辖的学生中，发案率占到 3. 45‰。[1]

而另据对位于北京市的理、工、医类 10 所高校的联合统计调查表明，在校大学生总人数中，违法犯罪者约占 8. 19‰，与 20 世纪 80 年代的 4. 5‰的犯罪者相比，有着明显的上升趋势。[2]

另据《人民日报》于 2003 年 4 月 16 日报道：违法犯罪的大学生，占我国高等学校学生总数的 1. 26% 。[3] 按照此数据推算，全国大约有 200 573 名大学生实施过违法犯罪，[4] 这个数字着实让人很难相信!

---

[1] 王亮、袁立光：“当前高校犯罪率上升的原因及对策”，载《湖南工程学院学报》（社会科学版）2004 年第 3 期：第 56 – 58 页。

[2] 颜小冬：《当代大学生犯罪问题研究》，中国检察出版社 2004 年版，第 15 页。

[3] 毛磊：“大学生违法犯罪率如何降到最低限度”，载《人民日报》2003 年 4 月 16 日。

[4] 仅依《2004 年全国教育事业发展统计公报》，2004 年，我国普通高等学校在学研究生 81. 99 万人，在校生 1333. 50 万人，民办高校在校生达 176. 36 万人，共计 1591. 85 万人，按照上述的违法犯罪率，全国违法犯罪的大学生约有 200 573 名。

2004 年 2 月，因打牌与同学闹矛盾，云南大学的大学生马某将 4 名同学用钝器击打致死。

2005 年 6 月 25 日清晨，因追求的女生爱上他人，北京大学医学部实习学生安某在北京世纪坛医院内将其同学崔某身刺 80 刀而死。

2008 年 10 月 28 日下午 6 时，因女友与其分手，中国政法大学学生付某对该校教授程某心生不满。遂来到位于昌平区的中国政法大学端升楼 201 教室内，手持菜刀朝着程某的颈部猛砍。因被砍断右侧颈总动脉、右侧颈外、内静脉，程某因急性失血性休克而死。❶

2009 年，因室友睡觉打呼噜，吉林农业大学学生郭某与室友发生矛盾，将室友杀死。

2010 年 3 月 30 日，一起校园凶杀案在四川大学江安校区发生，行凶者曾某是该校 2008 级大学生。

2011 年 3 月，一司机行车换碟时不慎撞了人，下车查看时，他发现被撞者张某躺在地上且有呻吟声，于是拿刀对被害人连刺八刀，最终导致张某死亡，肇事司机为西安音乐学院药某，引起全国舆论哗然。

2012 年 1 月，陕西科技大学李某因不满助学金评定结果而实施杀人。

2013 年 4 月，上海复旦大学上海医学院一研究生遭他人投剧毒化学品 N－二甲基亚硝胺而死亡，实施投毒行为的犯罪嫌疑人林某是受害人的室友。❷

---

❶ 三联生活周刊："迷途付成励：成长是一种痛"，载新浪博客 http：//blog.sina.com.cn/s/blog_470bf2570100atsd.html，访问日期：2021 年 10 月 5 日。

❷ 刘姥姥："论复旦投毒案"，载知乎 https：//zhuanlan.zhihu.com/p/95397872，访问日期：2021 年 10 月 6 日。

2015 年 5 月，被叫出吃夜宵的湖南工程职业技术学院大一女生佩佩，被几个不怀好意的男同学轮番劝酒之下，醉得昏迷不醒，被三个男生抬到学校附近的酒店轮奸致死。[1]

2016 年 11 月，因生活琐事积怨，四川师范大学滕某将他人杀害。

2021 年 8 月，法院一审公开宣判“北大学霸吴某弑母案”：被告人吴某被数罪并罚，被决定执行死刑。[2]

连续发生的让人惶恐的大学生违法犯罪案件，直逼人们的心理防线。尤其让人们惊恐的是，这些犯罪的实施者，还曾被周围的乡邻好友描述为“做事沉稳，与人宽厚”“是一个善良老实的孩子”“怎么也想不到会和犯罪搭上边”。换句话说，在实施犯罪之前，这些人看起来，与我们身边的平常人相比，并未感觉到异样。每当这些暴力案件见诸报端，笔者都忍不住想：他们杀人的目的是什么？当他们痛下杀手的时候，脑子里在想些什么？是何种原因让一个普通人的内心产生了凶残动机，让他成了一名残暴的杀人犯？在发生的杀人案件中，有无在发生作用的共同原因？作为一个平常人，我们可以为暴力的减少做些什么工作？如果一个人得病了，为其诊治的医生不仅要精确地诊断病情，还要努力研究该种疾病的形成原因，这样才能找到病根，使疾病得到根治，不再复发。相同道理，当注意到一个个暴力凶杀案件发生时，肯定还有不少法律人，跟笔者的想法一致。

然而杀人并不是大学生实施的唯一犯罪类型，盗窃、网络违

---

[1] “湖南工程职院女生醉酒被男同学抬酒店发生性关系后死亡”，载澎湃新闻网 http://blog.sina.com.cn/s/blog_7c99cfba0102x1cf.html，访问日期：2021 年 10 月 5 日。

[2] “北大学子吴谢宇弑母案被判死刑宣判详情 吴谢宇弑母谢天琴原因动机始末 吴谢宇不服死刑正式提起上诉最新消息”，载中国小康网 https://news.chinaxiaokang.com/gundong/2021/0923/1236786.html，访问日期：2021 年 10 月 5 日。

法犯罪近年来也频频发生。

2018 年 10 月，家庭条件很优越的武汉洪山区某高校女生小云，因与室友相处不合，想教训她们一下，遂把同宿舍同学的一部 MP4、一部笔记本电脑盗走，盗窃金额为 2800 元。[1]

2020 年，某高校大三学生小军想泄愤报复社会，利用自己在大学学到的知识，专门在网络上寻找政府网站挂靠较多的服务器，并使用 DSL 拨号上网的方式非法侵入服务器，对政府网站进行破坏，构成非法侵入计算机系统罪。[2]

2021 年，某大学计算机系研究生组团用包装精美、以假乱真的钓鱼软件为境外诈骗集团开发和制作非法 App，给境外网络诈骗团伙提供“洗钱”服务，该案涉及洗钱的金额超过 1 亿元，在全国各地都有被害人。[3]

在大学生刑事案件中，有男性犯罪也有女性犯罪；有研究生犯罪、本科生犯罪和大专院校的学生犯罪；有在校园内实施犯罪，也有在社会上实施犯罪；有些是预谋犯罪，有些是激情犯罪；有些杀害了同学、朋友、老师和父母，有些是无明确目的的，随机的、不区分受害人的。就杀人动机而言，有些人为了爱和财富杀人，有些人则为了性而杀人……

发生的这一系列事件，不断冲击着我们的心灵深处，对神圣的法律产生了严峻的挑战。当今中国社会，大学生违法犯罪率呈

---

[1] “大学生犯罪案例”，载 360 问答 https：//wenda. so. com/q/1447171282726595，访问日期：2021 年 10 月 5 日。

[2] “大学生案例分析”，载百度文库 https：//wenku. baidu. com/view/cab80bfab207e87101f69e3143323968001cf408. html，访问日期：2021 年 10 月 5 日。

[3] “985 研究生组团诈骗，一个中招就关 App，涉案金额超 1 亿，受害人遍布全国”，载矩池云 https：//matpool. com/blog/60caacb1f4326802d1e69fde/，访问日期：2021 年 10 月 5 日。

现出居高不下的严峻态势！成了一个不容小觑的社会问题，值得我们高度关注。

三、大学生违法犯罪特征

通过扫描上述案例，可以看出，大学生违法犯罪具有广泛性、突然性、凶暴性、群体性、规律性和高智能性等特点，详述如下。

（一）犯罪形式多样，侵犯客体广泛

随着科学技术的高速发展以及信息交流的日益便捷，大学生的视野不断拓宽，在传统型大学生违法犯罪总量上升的同时，部分大学生实施犯罪时开始利用自己所学知识，犯罪趋势呈现出多样化。传统的犯罪类型多数为盗窃、故意伤害、诈骗等常见的刑事案件，而现在部分自控能力差的大学生也受到影响，开始实施其他类型的犯罪，譬如走私、贩毒、非法传销和某些计算机犯罪等，因此现代大学生违法犯罪类型多样化，大致涵盖了刑法规定的主要犯罪类型，范围覆盖经济、政治等各个领域。依照大学生违法犯罪时其犯罪行为所侵犯法益的不同——也即依照不同的犯罪客体，以及根据犯罪种类的相对集中程度，可以把大学生违法犯罪划分为三大类，即侵犯财产犯罪、侵犯公民人身权利犯罪和其他类型犯罪。其中最重要的是暴力伤害型犯罪和侵财型犯罪。暴力型犯罪是行为模式为非法使用暴力或以暴力相威胁侵犯他人人身财产权利。尽管此类案件在大学生违法犯罪案件中占比不是太高，但是这种类型的案件对社会的危害性极大和对社会的影响力极强，有以下类型：故意杀人、故意伤害、抢劫、强奸、绑架等，[1] 其中占非常大比重的

---

[1] 颜小冬：《当代大学生犯罪问题研究》，中国检察出版社2004年版，第14页。

是故意杀人和故意伤害犯罪案件。[1] 实施这类犯罪的在校大学生有某些相似特征：心理不健全，生理上较冲动，自我控制能力差。行为呈现出爆发性是大多数的外在表现，很多大学生的犯罪都是由一些小事引起，这些纠纷无法理性地得到解决，最终导致冲突升级，极短时间内演变成一场杀人悲剧，从同学、朋友到生死之敌。从前面列举的案例可以看出，故意杀人罪的被害人大都为大学生周边的人。这些实施犯罪行为的大学生积怨已久而身边的人却没意识到，从而促成嫌疑人一遇到导火索就激情杀人。由于这种严重罪行是漠视生命的表现，且具有暴力性极强的特点，相较于财产性犯罪，其社会影响力大，给社会带来的损失不可估量。有相当一部分大学生违法犯罪类型是强奸罪，这主要受西方性自由思潮的影响，以及同时由于好奇以及生理发育变化，在校大学生容易遭受不良信息的诱导，产生扭曲的性观念，从而实施有关性犯罪行为。[2]“用非法手段占有公私财物或故意毁坏公私财物的行为”是财产型犯罪的概念，其本质是一种侵犯财产权的行为。[3]在此种犯罪中，行为人的主观目的一般表现为故意，主要是贪利心理在作怪，也有学生实施该犯罪时仅仅只是想报复别人、发泄不满情绪等，但《刑法》明文规定只要是出于非法目的占有公私财产就会构成侵犯财产型犯罪。有相关数据表明，财产型犯罪数量在大学生犯罪总数中约占 80%，[4] 具体犯罪名称为盗窃、抢劫、

---

[1] 李洪华、唐根华：“目前大学生暴力犯罪案频发探因”，载《红旗文稿》2004 年第 24 期。

[2] 尉娜：《新时期大学生犯罪预防研究——从学校预防角度分析》，山东大学 2012 年硕士学位论文，第 25 页。

[3] 高铭暄、马克昌：《刑法学》，北京大学出版社 2019 年版，第 342 页。

[4] 尉娜：《新时期大学生犯罪预防研究——从学校预防角度分析》，山东大学 2012 年硕士学位论文，第 27 页。

诈骗、敲诈勒索、侵占、故意毁坏财物等。而在这中间，盗窃是最常见的犯罪形式。与社会上其他盗窃犯罪相比，大学生在实施盗窃行为时采用的作案手段比较简单，犯罪地点也比较集中，大部分在校内或学校周边，通常是受一些不健康的心理影响才实施盗窃行为，盗窃类型和盗窃手段表现出多样化的特征。

（二）犯罪动机情绪化

就犯罪动机而言，大学生违法犯罪的显著特点之一是较为情绪化。大学生违法犯罪案件中有预谋的较少，大部分因为日常生活中某些特定事件引发犯罪，有很强的随意性和突发性。因感情受伤、寻求报复、追求刺激或是由相互之间发生矛盾产生的打架斗殴行为，终究是由于对情绪无法控制所导致的违法犯罪。大学生违法犯罪的情感动机凸显了大学生复杂多变的人格特征，在人格特征的背后隐藏着一系列纷繁复杂的社会问题。

在刑法理论领域，突发性犯罪又称无预谋犯罪、激情犯罪，是指行为人因日常生活中的自我行为失控，立即实施的各种犯罪行为。刑法对突发犯罪没有准确定义，有许多学者将其解读为“激情犯罪”。通常行为人犯罪动机是为了泄愤、报复等，但也不能排除个人因为心理障碍而实施犯罪，导致犯罪手段十分残忍，对社会危害极大。年轻的大学生通常缺乏法律意识，认知能力有限，自控能力差，看问题容易极端、片面，而且轻率、鲁莽，轻微的刺激就会出现思想偏激，容易因为生活中的小事情发生身体上的对抗。正因为如此，大多数学生故意伤害案件都是突发的激情犯罪。突发性犯罪是大学生违法犯罪动机情绪化的典型代表。近年来，此类案件的比例不断扩大。数据显示，大学生突发犯罪占犯罪总数的20%以上。[1] 在大学生突发性犯罪案件中，大部分学生认罪态度良好，对于自己实施的犯罪行为能够如实坦白，服刑期间具有良好的悔改态度，犯罪后个人危险性小。

（三）犯罪时间的规律性和犯罪地点较为熟悉

从整个大学阶段来看，离毕业越近，大学生的犯罪率越高。毕业是大学阶段的一个敏感时期，这意味着大多数大学生将结束他们的学生生活，面对新的生活。同时，就业压力大，加上多年积累的老问题交织，焦虑不安的情绪在毕业生当中普遍存在。正因如此，大学生打架、盗窃、寻衅滋事甚至自杀行为在毕业季呈现高发态势。以学期为单位来说，大学生实施违法犯罪相对危险期是每学期开始和结束那些天。在这两个时间段，一些学生可能会面临诸如补考、补修、留级等问题的困扰，有的学生可能会面临情感问题，这些因素可能会导致同学之间的冲突，甚至有的作出犯罪行为，此外，这个阶段学习压力小，空闲时间多，社会不良风气极易影响到他们，从而促使他们产生斗殴行为。[2]

从犯罪的实施地点来说，对于社会关系比较简单的大学生来说，活动范围不是很广。由以上案例可以得出，大学生实施犯罪行为时，其犯罪对象和犯罪地点一般有规律可循。首先，大学生违法犯罪时的对象也即被害人往往是自己身边的人，主要是老师、同学以及亲友。其次，犯罪地点主要在校内和学校周边，因为大学生的活动范围主要在学校及其周边，所以犯罪动机产生时，实

---

[1] 刘思彤：《当代大学生犯罪预防的思想政治教育对策研究》，辽宁工业大学2018年硕士学位论文，第23页。

[2] 王琳：《当前大学生犯罪原因及预防对策探析》，河北师范大学2011年硕士学位论文，第9页。

施犯罪的地点首选学校。如大学生违法犯罪最常见的类型——盗窃罪，犯罪嫌疑人一般把学生宿舍、教室、食堂等当作作案地点，而上述地点也是学生们经常出入并且放松警惕的场所，这就给某些大学生实施犯罪行为滋生了温床。

四、大学生违法犯罪的发展趋势

（一）犯罪手段趋向智能化

现如今，大学生违法犯罪朝着多元化和智能化方向发展，较普通犯罪，大学生违法犯罪手段表现出更高的智能化、更高的技术性、更高的隐蔽性和更高的危害性。智能犯罪，是指犯罪分子在犯罪过程中，利用智力成果和先进技术手段，在达到犯罪目的后，有预谋地逃避公安机关侦查的犯罪行为。犯罪大学生是接受全日制高等教育，学习专业知识的人，经过专业学习以及实践，使他们拥有了比普通人更强的思维能力和逻辑分析能力，明显体现就是善于利用电脑、互联网、微博、微信等新兴媒体、新兴社交平台进行犯罪，而且呈现人数逐渐增多的趋势，如在进行盗窃、诈骗、传播淫秽信息时通过互联网、微博、微信等手段实施，这种犯罪更加具有隐蔽性和技术性特征，特别是受过更进一步教育的硕士、博士研究生跟普通大学生相比，使用更先进的犯罪工具，具有更成熟稳定的犯罪心理，在犯罪过程中具有更强的反侦查能力，而且在隐藏犯罪痕迹方面更狡猾，使公安机关侦破案件越来越难。

（二）“非贫困化”趋势

社会风气中的拜金主义和享乐主义给校园里的学生造成了极大的负面影响。进入大学后，许多出身贫穷的学生面对着各种各样的新生事物所带来的诱惑，他们的心理开始失衡，逐渐被物欲冲击了底线，因此，走捷径成为一些自控能力不强的学生的选择，如进行盗窃、诈骗、抢劫等以快速获取钱财的犯罪行为。在过去，大学生违法犯罪的动机，往往是因为家庭贫困，为了温饱而犯罪。但近年来，大学生违法犯罪的动机越来越出于追求享乐、虚荣；有的因为爱情失败，感情受挫；有的因为报复，以发泄个人的愤怒；有些人甚至因为无聊和寻求刺激而犯罪。这种“非贫困”趋势的影响极其恶劣，他们为了追求享乐而去实施犯罪，其主观恶性比为生活需要而犯罪更大。

（三）共同犯罪案件增多

共同犯罪的趋势在大学生实施的违法犯罪中越来越凸显。共同犯罪是指二人以上共同故意实施某种或某几种犯罪行为。二者之间有共同的参与行为和参与意识，大学生共同犯罪主要有大学生与校外社会工作人员串通实施犯罪和在学校里几个“志趣相投”的大学生联合犯罪两种类型。互联网的普及以及快速发展，使人与人之间沟通越来越便捷，没有人可以孤立生活在自己的空间。因此，大学不再是封闭的象牙塔，将不可避免地与社会接触，并受到社会的影响。大学生没有经验，思想相对简单，再加上个别大学生渴望挣钱，不能承受社会的诱惑，一些社会上的犯罪分子抓住大学生的这些特点拉他们进入“贼窝”，成为这些犯罪分子的犯罪棋子。涉及校外人员的共同犯罪种类繁多，多数涉及规模大、人员多的犯罪，如“非法传销犯罪”“有组织卖淫罪”等。共同犯罪的大学生多为朋友群体，主观恶意较少，他们的犯罪行为是由所谓的“江湖道德”和“兄弟情义”引起的，主要实施人身伤害和财产犯罪。

五、大学生违法犯罪的危害

（一）对个人的危害后果

大学生实施违法犯罪行为对个体的危害后果是指其违法犯罪行为对个体产生的不利方面，包括大学生在实施违法犯罪行为时对个体造成的不同程度伤害。危害还包括行为主体在行为后各方面所遭受的消极后果。各方面的主体主要包括大学生自身、受害者和他们的亲属。具体的危害后果如下。

（1）身体损伤。大学生违法犯罪给受害人造成的身体伤害毋庸置疑，包括死亡、残疾。如果他们遇到受害者的抵抗或报复，就大学生本身而言，自身也会受到身体伤害。对于施暴者亲属和被害人亲属，他们不会遭受直接人身损害，但对其身心健康产生间接影响。

（2）心理伤害。虽然大学生违法犯罪对人们的心理方面造成的损害是看不见的，但是这种伤害持续的时间更长，伤害的深度也不可预测，它通常比身体伤害更难治愈。遭受心理伤害的主体是被害人及其家庭，但是，许多实施违法犯罪的大学生也因害怕或道义上的谴责而精神上备受折磨。

（3）权利侵害。大学生违法犯罪侵害的权益不仅表现在侵害人的身心方面，而且表现在生命权、健康权、安全权、人身自由权、财产权、隐私权、肖像权、平等权等侵害人权利的各个方面。比如犯罪大学生故意剥夺他人生命侵害了受害者的生命权；大学生网络犯罪侵犯的是网络安全。

（4）财产损失。大学生违法犯罪有时会造成财产损失，如大学生盗窃笔记本电脑造成受害人财产损害；大学生实施各种侵权行为会使受害人遭受数额巨大的财产损失，除了刑事责任学生要承担外，对于受害人的相应经济补偿也需要由学生承担。

（二）对高校教学秩序的损害

高等院校是为国家培养各类专门人才的地方，高校秩序的主要组成部分是教学、科研和生活秩序。假如某高校发生违法犯罪的情况，通常会给那所高校的教学、科研和生活秩序产生负面效应，高校平稳安定的大局也将被打破。重大刑事犯罪案件在校园发生不仅影响了高校的秩序正常运行，而且使高校承受了严重后果，破坏学生、老师之间以及学生相互之间的和谐关系。

（三）大学生违法犯罪对社会秩序的危害

社会秩序是反映人类的组织、个体及其社会群体组织与个体之间相互关系、相互作用的有序状态。社会秩序呈现稳定状态是依靠规则存在。社会生活的重要组成部分是大学生活，受过高等教育的大学生违法犯罪不仅会对大学秩序产生负面影响，而且这种影响会延伸到社会秩序中。简单地说，对正义的社会规则的侵犯必然是扰乱社会秩序的行为。即使根据社会规则的要求对社会秩序进行修复，使其恢复到有序的社会状态，但是已经造成对社会秩序的损害，再多的弥补也没法回到从前的水平。

六、严峻的态势需要我们加强研究大学生违法犯罪问题

大学生不仅承载家庭的希望，而且代表国家的未来。实现“中国梦”，教育的重要性不容忽视。然而，我们必须面对的现实是，在素质教育方面，我国仍然面临着许多问题和挑战。大学生违法犯罪现象就更容易被忽视。

大学生违法犯罪是当今国家最棘手的社会问题之一。它不仅会影响那些卷入犯罪的犯罪者和受害者，而且还会阻碍社会的发展和稳定。因此，分析大学生违法犯罪的特征至关重要，司法机

关、政策制定者、学校管理者和公众应该共同努力来减少大学生违法犯罪的数量。

大学生违法犯罪是现今社会犯罪的特定领域，也是平稳推动高校管理和学生思想政治工作的一大痛点。面对大学生违法犯罪的发案数量如洪水猛兽般不断增加，找出其“病因”是一个急迫的现实问题，如何使得构建的大学生违法犯罪预防机制持久有效、富有特色？我们采取什么样的措施才能使大学生违法犯罪行为的发生量消减？在法治社会背景下，这俨然成为一个重大现实课题。也是一个值得每一个大学、每一位大学教师、每一位学生家长以及每一位有责任感的中国公民深入研究的课题，在高校管理者和政法部门面前，这一问题更不能避而不谈！

第二节　大学生违法犯罪研究综述

我国大学生违法犯罪案件数量自20世纪90年代中期起显著增加，从那以后，针对大学生违法犯罪的相关研究也随之增多。国内学者对青少年犯罪和大学生违法犯罪分别进行了大量的研究，为后来的研究人员提供了大量的资料和分析结果。如有学者认为，“大学生由于心理缺陷的存在导致了犯罪的发生”；[1] 也有学者认为，大学生内部负面和强劲的需求和心理不良反应是犯罪行为发生的根本原因。[2] 有学者认为，大学生违法犯罪是内外因素相互作

---

[1] 葛晓奇：“大学生违法犯罪心理因素探析”，载《青少年犯罪问题》1994年第5期，第21－23页。

[2] 刘建清：“浅析高校学生犯罪的心理原因及其预防”，载《赣南师范学院学报》1998年第2期。

用的结果。❶ 从搜集到的众多研究数据来看，国外对大学生违法犯罪的研究主要集中在青少年群体中的大学生身上，并依靠成熟的青少年犯罪理论对大学生违法犯罪进行研究。

对大学生违法犯罪的研究始于美国，关于这一问题的第一部学术著作是由 Tattum 和 Lane 合著的《校园欺凌》（1988），这使大学生违法犯罪成为学界和社会关注的一个独立的课题。随后，西方国家出现了一些关于大学生违法犯罪的学术专著，如琴·莎舒著、柯清心翻译的《校园恶霸之战》；Arnold P. Glodsteinde 等人著的《青少年技能流动：学生手册》（1996）；《手工犯罪：美国校园犯罪的统计研究》（2009）唐维尔斯著的《欺凌简介：学校，教育领导》（2003）《犯罪：美国校园犯罪统计研究》（2009）。R. Barri. Flowers 著的《大学犯罪：美国校园犯罪的统计研究》（2009）等。他们根据行为人的心理和年龄特点，从不同角度分析了大学生违法犯罪的原因，并提出了一系列预防大学生违法犯罪的措施。卡罗琳·J. 帕默著的《暴力宿舍内的犯罪和其他形式的受害》（1993）一书分析了校园暴力中高校宿舍犯罪的成因，提出了一系列防范高校宿舍犯罪的措施。❷

大学生走上违法犯罪的道路是每一个人都不想看到的现象。研究大学生实施违法犯罪的原因是我们研究问题的前提和基础，而如何做好大学生违法犯罪的预防则是研究的最终目的，在分析大学生违法犯罪的原因和大学生违法犯罪的发生方面，国内外学者进行了广泛而深入的探讨。

---

❶ 王守宽："大学生犯罪原因之探讨"，载《高教理论与实践》2000 年第 4 期，第 51 – 52 页。

❷ 姚如琢：《大学恶性犯罪问题研究》，上海师范大学 2019 年硕士学位论文，第 12 – 13 页。

一、关于大学生违法犯罪原因的研究

18 世纪和 19 世纪初的哲学家们提出了自由选择的理性罪犯，批判了残酷不公正的刑事司法制度。对犯罪的科学研究始于 19 世纪初，数学家们从政府管理数据中寻找国家和地区之间的经验规律；社会学家、心理学家和医生全面介绍了犯罪的社会原因和个人原因；后来，其他学科的新发展引发了对犯罪原因的新思考，尤其是压力理论、控制理论和文化理论。

就接触的诸多资料来看，针对大学生违法犯罪问题，国外还没有单独展开研究，而是把这个问题纳入青少年违法犯罪之列。国外关于大学生违法犯罪问题的专门著述鲜有报道，具体的原因分析和预防策略均分散在青少年违法犯罪的研究中。也就是说，国外对于大学生违法犯罪的发生原因，以及如何预防大学生违法犯罪的研究，大部分纳入青少年违法犯罪群体，使其部分享受未成年人的研究“待遇”。这从另一侧面反映出各国对于在校大学生——这个“未成年青年”特殊群体的关注与保护。各国政府、高校、司法部门针对大学生违法犯罪的严峻形势，在大学生违法犯罪的发生原因和预防对策方面，展开了深入研究，取得了一定的研究成果和经验，并收到了较好的实效。现分开简述国内外在大学生违法犯罪原因和预防对策方面的研究。

（一）国外在大学生违法犯罪原因方面的研究

国外在大学生违法犯罪原因方面的研究主要有以下方面的观点。

1. 贝卡利亚的犯罪原因论

恺撒·贝卡利亚提出了一个经典的犯罪理论，其核心思想是人的自由意志、理性等。贝卡利亚认为，自由意志使个人能够作出自己的选择。需要基于理智作出正确的选择。法律存在的原因只有一个：造福社会。法律能够维护社会契约，但有时会以牺牲人们的最大利益为代价。当这种冲突出现时，无论是通过个人理性还是通过操纵，犯罪就会发生。贝卡利亚认为，这意味着大多数犯罪的发生是出于犯罪人自己真实的或感知到的自身利益。其基本观点如下：犯罪是对社会契约的违背，衡量犯罪的标准是犯罪对社会的客观危害。贝卡利亚在某种程度上接受了卢梭的社会契约论及其思想依据，也接受了犯罪是对社会契约的违背[1]，即本质上是"法"的观点。贝卡利亚对此进行了详细的论证，他认为社会中的人们为了切身利益，自愿放弃一部分自由，以便安全、不受打扰地享受剩下的自由。而这部分被牺牲的自由的总和是浓缩的君主权。君主是这种自由的正式法律保管人和管理者。但是，仅仅分割和维护自由是不够的，因为总有一些人试图从国家那里夺回他们已经上交的那部分自由，又总想夺去已经留给别人的自由，这就导致犯罪的产生。

2. 犯罪生物学关于犯罪原因的研究

古典的犯罪生物学理论认为，人是"天生的罪犯"，他们的犯罪行为是无法被阻止的：无论是由于精神残疾还是身体残疾，罪犯都无法学会控制自己。相比之下，当代生物学理论强调的是生物社会原因，而不是严格意义上的自然原因。早期的生物学犯罪理论试图将身体畸形、残疾和丑陋与犯罪联系起来，而面相学等边缘学科试图将面部特征、性格和犯罪联系起来。犯罪学中的生物学理论，又称犯罪学中的实证主义理论，是一种更加物理化的犯罪学研究方法。生物实证主义倾向于解释个体所犯的罪行不是

[1] ［法］卢梭：《社会契约论》，何兆武译，商务印书馆2003年版，第234页。

由于个人的社会因素而导致的，而是由于基因导致的。生物学理论认为，犯罪行为是由个体的生理结构缺陷引起的。根据雷恩研究，其原因可能是遗传、神经递质功能障碍和大脑异常。[1]

犯罪生物学观点主张，生理是犯罪心理的基础，一个人之所以犯罪，是由体型、体质和遗传素质等生物学因素决定的。意大利人龙勃罗梭是该观点的代表。“天生犯罪人”这个学说的优点也即是它的最大弱点就是摈弃了社会客观因素的影响，从人本身内部较为稳定的遗传因素入手，力图探索出人类犯罪的终极原因。

3. 犯罪精神病理学关于犯罪原因的研究

在刑事司法领域，由于人格障碍的症状，经常会遇到表现出精神病理的罪犯。精神病理学被定义为一种基于一系列症状的人格障碍。反社会人格、精神病或反社会者是互换使用的术语。[2] 反社会者往往是破坏性家庭环境的产物。精神变态者是自身缺陷或异常的产物。反社会人格的特征是低罪恶感、肤浅的魅力、高智商、持续侵犯他人的权利、无法建立持久的关系、冲动、冒险、以自我为中心、控制欲强、强势和冷酷以及肤浅的情感。其来源可能包括社会性创伤、神经障碍和大脑异常。有趣的是，如果一个人在神经系统检查中受到低唤醒水平的困扰，他或她可能会寻求刺激或犯罪等高风险行为来抵消他们的低唤醒水平。其他可能导致精神病态人格的因素是父母有病理倾向、童年创伤事件或不

---

[1] Admin, Biological Theory of Crime – Explanation and Examples. https：//cn. bing. com/search? q = biological + crime + theory&qs = NM&pq = the + biology + of + crime + theory&sc = 4 ~ 27&cvid = 1FCD0C6C3EBC4A61ACBF8A3C29DDC920&FORM = QBLH&sp = 1.

[2] Siegal, L, Criminology (10th ed.), CA：Cengage Learning. 2009.

一致的管教。值得注意的是，许多慢性罪犯都是反社会者。因此，如果人格特征可以预测犯罪和暴力，那么人们就可以假设犯罪的根本原因是从生命早期阶段影响人类发展的力量中发现的。

犯罪精神病理学观点主张，人之所以犯罪，主要是由于精神上有缺陷。所谓精神缺陷，主要有精神病、病态人格（人格障碍、人格异常）、智能不足（低能）以及其他由中毒（兴奋剂、麻醉刑、致幻剂、酒精等）所引起的各种精神障碍。但它却无法解释多数犯罪者并无人格障碍和智力低下以及高智力者犯罪这些现象。也无法解释有人格障碍和智力低下者并不一定都犯罪这一问题。

4. 犯罪心理学关于犯罪原因的研究

精神动力学或精神分析理论以西格蒙德·弗洛伊德（Sigmund Freud）的著作为基础，他认为塑造一个人的人格有三种核心力量：本我代表本能需求；自我代表已理解的社会规范；超我是后天习得的道德推理。在考察犯罪心理学理论时，必须认识三大理论。第一是心理动力理论，其核心观点是，一个人的童年早期经历会影响他（她）未来犯罪的可能性。第二是行为理论，它通过行为建模和社会学习扩展工作来理解犯罪。第三是认知理论，它的大前提是认为一个人的感知及其表现方式影响他（她）的犯罪潜力[1]。与心理学理论密切相关的还有人格和智力。综合起来，这五种理论或特征（心理动力学、认知、行为、个性和智力）为解释一个人为什么可能犯罪提供了有吸引力的见解（Schmalleger, 2008）[2]。然而，人们不应该假设一个人犯罪只有一个原因。寻求单一解释的研究人员应该小心谨慎，因为犯罪问题没有万灵药。

---

[1] Jacoby, J, Classics of criminology (3rd ed.), IL: Waveland Press. 2004.

[2] Schmalleger, F, Criminal justice: A brief introduction (7th ed.), NJ: Prentice Hall. 2008.

犯罪心理学观点主张，犯罪来源于人的心理本能，即所谓本源性的心理原动力。心理原动力主要有侵犯性、利欲、性冲动和权欲四种。所谓侵犯性，亦即攻击本能，是动物赖以生存的一种本能。人由动物演化而来，在长期的演化过程中，这种野蛮的侵犯性虽在逐渐消失，但不可能完全消失。由于受到社会约束和监督，侵犯性便转化为潜在的形式，即犯罪。在平时这种侵犯性能很好地隐藏起来，但在发怒与激烈争斗时，就会不自觉地流露出来。所以侵犯性是一种人的心理本能，如果人能消除自己的侵犯性，就不会犯罪。利欲说认为，犯罪心理是以人的求生存的欲望这一本能为原动力的。这种生存欲望发展到一定程度，就转化为复杂的利欲心。人们无法满足利欲而又不能有效克制，在受到诱惑时，这种利欲心就会成为犯罪心理的原动力。利欲的内容是以人的根本需要为基础，结合当时的社会需要形成的。性冲动说认为，性冲动不仅是性犯罪心理的唯一根源，而且还可能导致其他犯罪心理，如杀人、抢劫、欺诈、盗窃等。该说以性的潜意识，即性的能量“力必多”作为其理论的中心，认为“力必多”是人的一切行为（包括犯罪行为）的原动力。权欲说认为，每个人都有保全自己，追求优越的本能，即具有权欲。此种欲望因某种原因而不能获得适当满足时，就会形成自卑感。“犯罪”是人为了克服自卑感而追求“过度补偿”的结果。上述四种心理本能说都从某一个方面揭示了犯罪有关的因素。其中有些论述确有一定的参考价值，但该理论或者片面强调人的生物属性，无视人的社会属性，或者忽视人的心理能动性，从而不可能正确揭示犯罪心理的实质及其产生原因。

5. 犯罪的社会学习理论关于犯罪原因的研究

犯罪的社会学习理论认为，有些人学会犯罪的过程和其他人学会从众的过程是一样的。该理论假定人在出生时既没有犯罪动机，也没有顺从动机。然后该理论提出了两个问题。首先，在微观层面，它问一个人为什么犯罪。这个问题的答案强调学习的过程，包括思想或认知、行为和环境之间的相互作用。其次，在宏观层面上，社会学习理论质疑为什么一些群体的犯罪率比其他群体高。这个问题的答案涉及文化冲突、社会组织差异和社会结构的概念。

相对于生物学以及心理学的犯罪原因理论都强调了先天素质和本能对犯罪的影响和作用，犯罪的社会学习理论则强调犯罪的社会学因素，即犯罪是社会环境所造成的，犯罪是后天习得的。犯罪的社会学习理论主要有塔尔德的模仿论、萨瑟兰的不同接触论、条件反射论和班杜拉的社会学习论四种理论。该理论的局限性在于它只强调外部环境对犯罪行为发生的决定作用，而忽视了犯罪者之所以犯罪的主观心理原因，无法解释为什么有些人学习犯罪行为模式，而有些人却没有。

6. 多元性犯罪原因论关于犯罪原因的研究

多元性犯罪原因论主张犯罪心理和犯罪行为并不源于单一的因素，而是多种因素综合作用的结果，如德国刑法学家、犯罪社会学派创始人之一李斯特所主张的犯罪原因“二元论”，意大利犯罪学家、犯罪社会学派创始人之一菲利所主张的犯罪原因“三元论”。

李斯特认为犯罪是个体（行为人的先天条件）原因和社会（后天自然所决定的社会环境和外部刺激）原因的结合，特别强调社会原因是主要原因。他指出，犯罪一方面是犯罪人个人特征的产物，另一方面也是犯罪人社会关系的产物。他一方面批判了龙勃罗梭的一元论。另一方面不认同菲利关于犯罪原因三要素的理论，反对将自然地理环境条件作为导致犯罪的原因之一，认为其应归于社会环境原因。李斯特提倡“社会病理学”，认为有必要研究社会病理学的缺陷，如失业、贫穷、酗酒、吸毒、卖淫、物价上涨等，这些都是犯罪的主要原因。其经典的“最好的社会政策也是最好的刑事政策”这句话，很好地阐释了预防犯罪最重要的方式是依靠社会政策和采取社会预防措施，而不是仅仅依靠惩罚来禁止犯罪。在打击犯罪的斗争中，社会政策要比刑罚和相关惩罚发挥更大的作用，而且更安全。[1] 因此，青少年犯罪不仅是个体因素造成的，也是社会环境造成的。对青少年犯罪问责的关键不在于青少年，而在于社会。

根据心理学、病理学和统计学的新发现，菲利把犯罪的原因分为三个主要因素：人类学、自然和社会。他认为，犯罪是由各种原因造成的，无论哪一类犯罪，从最轻微的到最残忍的，无非是行为人心理因素的状态，其自然条件及其诞生，生活或工作在其中的社会环境中这三个因素相互作用的结果。在此基础上，菲利提出了犯罪饱和定律，他把社会作为溶剂，犯罪作为溶解物，三种原因作为犯罪的解决办法，如温度、气压等条件。但是，也许是因为菲利缺乏化学知识，这个比喻并不合适，因为在一定的外部条件下，溶液的饱和度只反映溶质的最大量，而实际上并不一定饱和。饱和只是一种特殊情况，而菲利的犯罪饱和是指：在一定的三要素条件下，社会中发生一定数量的犯罪，不多也不少。这和化学饱和不太相似。虽然犯罪数量与这三个因素密切相关，但是得出犯罪数量与这三个因素的变化成正比的结论是非常武断的。

---

[1] ［德］李斯特：《德国刑法教科书》，徐久生译，法律出版社 2006 年版，第 14－15 页。

多元性犯罪原因论，较前述单一因素论，无疑是一大进步，它更能全面反映导致犯罪心理形成和犯罪行为发生的各种因素及其之间的关系，但它没有分清导致犯罪发生的本质和非本质的因素。

7. 从社会学角度对犯罪进行解释的控制理论关于犯罪原因的研究

早期犯罪社会学理论包括里昂环境学派与迪尔凯姆的价值崩溃理论。里昂环境学派的主要观点强调了犯罪人的出生、成长和社会环境在犯罪发生中所起的作用，否定了犯罪生物学因素。他们认为犯罪是由特定社会条件下的特定社会罪恶造成的。迪尔凯姆在《社会学方法论》中将价值崩溃理论表述为，犯罪不是一种先验的存在，而是社会本身固有的、不可避免的社会现象。从社会学角度对犯罪进行解释的控制理论主要有三类：一是社会结构类。其把犯罪的原因归于社会结构中的某些环节不完善，由此给那些对社会不满者的偏离行为提供了可乘之机。结构功能主义认为，随着社会的现代化、城市化，小型传统社区之间的亲密关系被打破了。随着一套共同规则的衰落、群体关系的破裂，人们的生活变得不可预测，因为一个群体的利益和行动与另一个群体发生冲突，社会就变得充满了矛盾和混乱。随着长期建立的规则的丧失，系统逐渐崩溃为一种反常的状态。芝加哥学派认为，在不断增长的城市数量和城市贫困人口爆炸式增长的包围下，犯罪的原因主要是根深蒂固的美国社会的一个领域——城市贫民窟，人们通过学习偏离的文化规范和价值观而犯罪。[1] 芝加哥学派的犯罪

---

[1] J. F，Jr，Criminology，the Chicago school，and sociological theory. Crime，*Law and Social Change*，2002，Vol. 37（2），pp. 107 - 115.

学家摒弃了当时的社会达尔文主义，将犯罪视为一种个体病理。他们认为犯罪是一个社会问题，穷人为他们的环境所驱使而犯罪，因为犯罪价值观取代了传统价值观，并代代相传。家庭和社区中的社会纽带、联系和社会控制的瓦解导致了社会瓦解。二是社会文化类。这类观点认为，在人们的心灵深处埋藏着对已有的社会风气和文化传统的依恋，由此表现出来的价值行为准则与现实观念相悖，个体心理的变化就会由反感发展到抵抗，由抵抗进而产生犯罪。如塞林文化冲突论、科恩的亚文化群论，以及日本学者的精神贫困论等。社区的性质以及各种社区类型的经济地位和文化价值在犯罪的控制中是至关重要的，种族和社区内个人的性质并不能决定犯罪的可能性。他们得出的结论是，无序的社区使得犯罪传统，比如传统价值观，能够像语言和其他社会形式一样传播。这项研究提出了文化传播的概念，描述了一个支持犯罪行为的连贯的价值体系的存在，在这个体系中，社会学习的行为代代相传。三是社会多元类。强调导致犯罪的原因是多元的，处于社会环境中的行为个体，在生理、心理、性格、爱好、情感等方面难免会受到来自社会的影响，而内在因素与外在因素的交织一旦在某一点上发生共鸣，就会产生越轨行为。

另外，苏联的一些学者更多的是从意识形态角度研究了犯罪发生的原因，主要形成了条件论、外力决定论、交互作用论和不同作用论等观点。[1] 而美国的一些学者普遍认为社会原因在青少年犯罪形成及其变化过程中的作用最大。他们一般从社会结构、认同过程和社会冲突三个角度展开犯罪原因研究。还有学者在犯罪原因的研究方面，引进了犯罪“风险因素”这一概念，用来替代

---

[1] 吴殿朝：《控制弱化与当代大学生违法犯罪》，中央文献出版社 2007 年版，第 30－31 页。

“犯罪成因”。[1]

在思考一系列犯罪的社会学理论时，重要的是要记住，理论是由生活经验、假设和理论家的世界观形成的。因为人生经历随着社会的变化而变化，所以关于犯罪的理论观点也会发生变化。随着时代和社会背景的变化，以往的理论失去了吸引力，其他理论开始出现更多的相关性。此外，每个人对犯罪的理解都受到个人社会经验的制约。鉴于理论是由理论家生活在其中的世界塑造的，我们对这些理论的应用、解释和结合可以帮助解释当代犯罪行为。

国外犯罪学理论类型繁多、理论倾向各异，其解释力有限，主要表现在两个方面：第一，不能完全解释某一类型的犯罪现象或犯罪行为；第二，可以解释这种犯罪现象或犯罪行为，但不能或不能完全解释其他类型的犯罪现象或犯罪行为。[2] 犯罪学理论的解释力受到三个因素的影响：犯罪现象、犯罪原因和因果关系，[3] 其实包括两个方面：首先，任何类型的犯罪现象或犯罪行为都是不同类型因素综合作用的结果，其因果关系是机械性的、情境性

---

[1] 该学者指出，描述犯罪行为最好的方法，不是从横断面上去记录、比较，而是从纵向上去跟踪调查，进而指出“犯罪成因”指的是直接的，机械的因果关系，有甲必有乙，甲的直接作用产生了乙，但“风险因素”讲的是概率，概率大了可以在一定程度上反映实际情况。同时，概率的大小也容易观察，计量。认为许多重要的“风险因素”，诸如：过度紧张症、注意力不集中症、弱智、犯罪家庭、家教缺乏、童年遭虐待、家庭解体、低收入、居住条件恶劣、大家庭共居、恶友、劣伴、学校风气恶劣、居住于高发犯罪社区，等等，都有导致犯罪的可能。[英] 费林顿：“21 世纪犯罪学研究议程”，载《国际罪犯矫治与比较犯罪学》，1999 年第 6 期。

[2] Wang, Y. F, On Criminology Theory and Its Construction, Criminal Law Review, 2009, No. 2, pp. 237 – 266.

[3] Wang, Y, Study on the Crime Cause and Explanatory power of Criminology theory, Juvenile Delinquency Prevention Research, 2015, No. 4, pp. 39.

的，这使得犯罪学理论难以充分解释某一类型的犯罪现象或犯罪行为。影响这类犯罪的原因及其过程是复杂的。因果因素的性质可分为社会因素、经济因素、自然环境因素、生物因素、心理因素，每一类还包括若干具体因素。各类因素之间的相互作用相当复杂，主要是因为难以解决三个问题：一是它们之间是如何相互作用的？二是终究是什么原因造就了这些因素？三是如何准确确定每个因素的作用力。近 20 年来，西方刑事科学研究的新趋势是通过实证研究的方法，科学地实施犯罪防控政策，具体而言，数据的收集、分析与犯罪防控政策完全统一。在数据定量分析的过程中，为了得到纯粹的因果关系，会对其他变量进行控制，但增加控制变量可能导致非真因果关系，因为因果关系既是机械性的，又是情境性的。

综上，犯罪生物学理论、犯罪精神病理学理论、犯罪心理学理论、强调犯罪的社会学因素的学习理论、主张犯罪是多种因素综合作用结果的多元性犯罪原因理论等，可谓解释角度众多，内容纷繁。从方法论上来讲，多数观点较为偏激、片面，穷尽一点而不计其余，而且都没有突出“大学生”较之青少年犯罪的特殊性，因此，也就无法准确地用来解释大学生违法犯罪的原因。

（二）相关犯罪理论对刑事政策的影响

什么是犯罪行为？什么导致了犯罪行为？一个社会如何回答这些基本问题，对它如何应对犯罪起着至关重要的作用。作为这项工作的一部分，犯罪学家和医疗保健、社会学和心理学等相关领域的专家提出新理论和检验现有理论，旨在解释犯罪行为产生的原因。以下每一种理论都随着更先进的技术的出现和当前检查犯罪行为的趋势而发展，它们也受到了公共政策变化的影响——尽管速度较慢。

1. 理性选择理论：严厉打击犯罪

美国司法系统在很大程度上受到经典犯罪学理论——理性选择理论的影响，该理论假定犯罪的选择产生于成本与回报的逻辑判断。该理论强调惩罚是阻止个人犯罪的最佳手段：当代价足够大于利益时，个人就会认为犯罪不值得。这似乎是显而易见的，但许多因素使得对犯罪和人性的这种简单理解变得复杂：犯罪人往往缺乏作出正确判断的信息或视角。换句话说，对理性选择的历史理解是假设存在一个完全理性的行动者，但人类从来都不是完全理性的。此外，当代理论家认为，那些会被惩罚吓倒的人已经不愿意犯罪了，基于理性选择理论的政策应该有更适度、更具体的目标和重点。但是，正当理性选择理论在学术方面不断发展的同时，根据其指令制定的政策却落后了。与理性选择理论的过时有关的例子包括："三振出局法"[1]、极端"严厉"的犯罪惩罚和将未成年人关进成人监狱。

2. 生物学和生物社会理论：解决根本原因

经典的犯罪生物学理论认为，人是"天生的罪犯"，他们的犯罪行为是无法被阻止的：无论是由于精神残疾还是身体残疾，罪犯都无法学会控制自己。相比之下，当代生物学理论强调的是生物社会原因，而不是严格意义上的自然原因。一些现代犯罪学家确实考虑了基因倾向（包括睾酮和智商水平），但他们关注的是这些因素与一个人的社会环境之间的相互作用，而不是关注那些看似不可改变的特征。这些犯罪学家认为，通过突出社会因素，可以减轻由生物因素引起的犯罪行为的风险。基于这一理论的政策

[1] "三振出局法"是加利福尼亚州对第三次犯重罪的人或经常违法者所作的法律规定，通常此处以更严厉的惩罚，大多是终身监禁。这需要根据触犯更严厉的刑罚的犯罪数量来区分。

往往从问题的根源出发，如对高危人群（如单亲、青少年和低收入人群）的准父母进行教育，教导儿童冲突解决方案以避免出现可能妨碍儿童健康发展的情况。

3. 社会学习理论：实例学习

社会学习理论认为，我们从事犯罪或非犯罪的行为都是基于我们周围的社会环境，我们特别受他人奖励或模范行为方式的影响。这一理论认为，犯罪行为是后天习得的，因此可以通过发展一个犯罪行为不规范的社会环境来抵消❶。这一理论最常被用作为青少年服务的支持性、惩罚性较低的项目的基础，例如：学校过渡环境项目，帮助进入大学的学生与学校、同学和老师建立联系，这些学校、同学和老师的行为比他们在以前的环境中遇到的更积极。

4. 标签理论：一次犯罪，永远是犯罪

标签理论认为，无论是非正式地将一个年轻人定义为“坏孩子”或“麻烦制造者”，还是正式的逮捕或监禁记录，贴上标签都会对特定的人产生长期影响。受标签理论启发的政策在20世纪70年代很流行，但它们被认为是无效的不再使用，取而代之的是“严厉打击犯罪”的理性选择方法。当代的研究已经显示了标签对个人的影响深远的证据，正如正式的标签已经被证明对青少年未来的教育和就业机会有可衡量的影响，这可能导致持续的犯罪行为。受标签理论启发的政策因此侧重于减少以前标签的负面影响，并为新的成长提供机会。例子包括：“禁止使用盒子”政策，禁止雇主询问申请人的犯罪背景，威斯康星州的“邀请罪犯上大学”

---

❶ Akers, Ronald, and Gang Lee, A Longitudinal Study of Social Learning Theory: Adolescent Smoking, Journal of Drug Issues, 1996, No. 26 (2), pp 317 - 343.

项目，以及类似的帮助有犯罪前科的人在大学取得成功的项目，有证据表明这能减少再犯。

（三）国内在大学生违法犯罪原因方面的研究

国内在大学生违法犯罪原因方面的研究主要有以下方面的观点。

（1）单因说。持单因说的学者认为，我国大学生违法犯罪是由一种因素所导致的。但是，对于这个因素的深层次理解上又存在着不同的观点。

一是社会失范论。社会失范是指以社会规范和价值观的崩溃或缺失为特征的个人或社会的状态。在这种状态下，以前社会普遍存在的规范和价值观正在瓦解或消失。这个概念是由社会学家埃米尔·迪尔凯姆提出的。他通过研究发现，社会反常现象常发生在社会、经济或政治结构剧烈而迅速变化的时期，并紧随其后。按照迪尔凯姆的观点，这是一个过渡阶段，在这个过渡阶段中，一个时期内共同的价值观和规范不再有效，但新的价值观和规范尚未形成并来取代它们。迪尔凯姆的社会反常理论对美国社会学家罗伯特·默顿产生了影响。默顿是越轨社会学的先驱，被认为是美国最有影响力的社会学家之一。他认为社会反常是一种人们的规范和价值观不再与社会同步的社会状态。默顿创立了结构张力理论，解释了社会反常如何导致越轨和犯罪。该理论指出，当社会不提供必要的合法手段，允许人们实现文化价值的目标时，人们就会寻找可能打破规范，或可能违反规范和法律的替代手段。例如，如果社会没有提供足够的工作，支付工资，使人们可以通过工作来生存，许多人将转向用犯罪的方法来谋生。所以，在默顿看来，越轨和犯罪在很大程度上是社会反常的结果，是一种社会无序状态。

有学者通过大学生沦为盗窃犯这一个案，从社会心理分析角度进行研究后，指出大学宿舍是大学生生活里接触到的团体之一，对于大学生来说，在这种团体中，团体规范对其个人的态度和行为影响最大。一旦大学生屈服于团体的压力，顺从了存在严重落后意识的团体规范，就可能走上犯罪的道路。由此得出大学生的堕落与大学生宿舍的颓废现象有关，必须重视对“宿舍”这种接触团体的正确引导，改变团体规范。社会失范论是20世纪80年代初，我国大学生违法犯罪研究刚起步时，颇具代表性的一种观点。这种观点实际上就是西方犯罪学中的社会失范原因论。但该观点不能解释没有出现社会失范情况下的大学生违法犯罪行为。

二是心理因素说。有学者主要从心理角度解释大学生违法犯罪的原因，从两个方面进行了分析。第一，心理原因。这方面包括的因素主要有：大学生的情绪（具有冲动性和不稳定性特点）、大学生的自尊心理、大学生的自卑心理。第二，思想意识原因。这方面包括的因素主要有：大学生自我意识的畸形发展、思想空虚、“精神家园”失落；法律知识贫乏、法律意识淡薄。❶ 也有学者认为大学生由于心理缺陷的存在而导致了犯罪的发生。❷ 还有学者认为大学生内在消极而强烈的需要与不良的心理反应是导致犯罪行为发生的根本原因。❸ 从心理因素方面探讨大学生违法犯罪的原因，无疑会丰富大学生违法犯罪的研究内容，但是，有些犯罪（出于激情而杀人的情况）用心理因素解释是不够的，还需要借助

---

❶ 池忠军、万国海：“大学生违法犯罪原因之探讨”，载《青少年犯罪问题》1995年第3期，第34－36页。

❷ 葛晓奇：“大学生违法犯罪心理因素探析”，载《青少年犯罪问题》1994年第5期，第21－23页。

❸ 刘建清：“浅析高校学生犯罪的心理原因及其预防”，载《赣南师范学院学报》，1998年第2期，第85－88页。

于其他外部因素的分析。

三是社会主因论。有学者通过对在校大学生中发生的犯罪现象进行考察后，认为研究犯罪产生的原因只能从产生犯罪的社会本身着手，而不可归结为历史的遗留或外力的强加。当代大学生违法犯罪与中国当代社会的性质、结构以及形成于这一特定社会的思想意识不可分离。其深刻的社会经济根源是：改革开放与市场经济建设在启迪人们经济观念的同时带来的负面影响。某些权力腐败现象对大学生违法犯罪有潜在影响，人文主义的缺乏是大学生违法犯罪最深层次的思想意识根源。❶ 该学者不仅从一般的刑法学和犯罪学角度，更从人文主义的高度，揭示了大学生违法犯罪的深层次原因。但是，该学者忽视了大学生个体的原因。

四是学校教育原因论。今天的教育比以往任何时候都重要。我们今天的社会状况强调良好的教育非常重要。犯罪和教育之间关联的一个方面表现为学校是孩子们学习许多重要社会技能的地方。在过去，社会化的主要住所是家，但随着父母工作变得越来越忙碌，他们失去了与孩子在一起的宝贵时间，因此孩子失去了更多与父母交流的机会❷。相反，孩子们在学校花费了很多时间，也因此获得了很多社交活动。教育可以培养足够的社交技能，阻止孩子们从事犯罪活动。学校强调学生的全面发展，包括尊重他人和努力成为一个好公民。教育也使学生以未来为导向看待生活，这将使他们更多地考虑犯罪活动的后果。一个受未来驱动的个体

---

❶ 刘洁、徐宝华："中国当代大学生犯罪问题研究"，载《安徽大学学报》（哲学社会科学版）1999 年第 2 期，第 98－103 页。

❷ William P. Barr，Crime，Poverty，and the Family. 1992. http：//www. heritage. org/Research/Crime/HL401. cfm. Can Married Parents Prevent Crime? Institute for Marriage and Public Policy. 2005. http：//www. marriagedebate. com/pdf/imapp. crimefamstructure. pdf.

更有耐心，不太可能承担与犯罪活动相关的风险。

但是，教育和犯罪之间关联的另一个方面是糟糕的学校表现和对学校的厌恶往往导致逃学乃至实施违法犯罪。剑桥大学的一位教授研究表明：不喜欢学校和老师，不参与学校活动以及不致力于学习的学生比其他人更有可能实施违法行为。那些表现出缺乏抱负的人通常开始逃学，最终完全退学❶。逃学与少年犯有关，但问题是：孩子们辍学是为了犯罪，还是因为他们辍学而犯罪？一个可能的联系是，在学校，青少年往往受到监督，不能像在校外那样不受约束地犯罪，机会是导致年轻人犯罪的原因❷。逃学和犯罪的关联可能是由于逃学的学生在学校表现更差。大多数青少年甚至在退学之前，就已经试图实施犯罪了❸。而教育也被认为是可以减少犯罪率的最有效途径。减少累犯的办法就是教育犯人，这是遏制累犯的最好方法❹。

有学者通过到监狱调查部分犯罪大学生，分析了大学生违法犯罪的学校教育因素：个性培养与人格塑造的矛盾、教学内容理念性与社会现实性的矛盾、教师职业崇高性与少数教师无为性的矛盾。进而提出我们的社会、学校，尤其是高等学校要深入思考：学校如何使我们的社会更少一些罪人，更多一些英才？高等学校

---

❶ Fagan, Patrick F. The Real Root Causes of Violent Crime: The Breakdown of Marriage, Family, and Community. http://www.heritage.org/Research/Crime/BG1026.cfm.

❷ Karpowitz, Daniel and Kenner, Max. ? Education as Crime Prevention: The Case For Reinstating Pell Grant Eligibility for the Incarcerated. http://www.bard.edu/bpi/pdfs/crime_report.pdf.

❸ Education and Crime, Law Library. 2008. http://law.jrank.org/pages/1077/Education ~ Crime.html.

❹ Karpowitz, Daniel and Kenner, Max. Education as Crime Prevention: The Case For Reinstating Pell Grant Eligibility for the Incarcerated. http://www.bard.edu/bpi/pdfs/crime_report.pdf.

在教育人、培养人、提高人的综合素质、塑造理想人格的问题上，是否还存在不适应的方面？❶ 这一问题的确值得深思。大学生走上犯罪的道路，在一定程度上说，与学校教育有着一定的关系。

总之，上述种种单因论的观点，都从某一方面分析了大学生违法犯罪的原因，这种原因也的确可以用来解释大学生为什么会走上犯罪的道路。但是，反过来，大学生违法犯罪不能一定说是由这种原因所导致的。无论怎样，单因论，还是为笔者分析大学生违法犯罪的原因提供了研究基础。

（2）二因说。持二因说的学者认为，导致我国大学生违法犯罪的原因有两个。对两方面原因的理解上，该观点又有三种不同的看法。

一是主客观原因说。有学者认为导致大学生违法犯罪的原因是由主客观两方面的原因构成的。主观方面的原因有：追求绝对“民主”“自由”的政治观、贪恋享受的人生观、利己主义的价值观、流氓无产者的荣辱观。客观方面的原因有：（1）“文化大革命”的影响；社会各种不良因素的影响，主要是资产阶级思想、封建主义残余在新形势下对大学生的影响。（2）家庭教育的松懈。不少家庭把教育的出发点和着眼点放在孩子升学上，只关心成绩，不关心孩子的思想。孩子考上大学，就放松对孩子的思想教育。（3）思想政治工作放松。表现为中学忽视对学生德育的培养、大学忽视德育和体育；学校对学生的错误行为批评不严厉、制止不及时、处理不严肃；学校管理制度不健全、管理不严格。❷

---

❶ 朱云，桂忠孝：“大学生违法犯罪的学校教育因素探——来自上海提篮桥监狱的调查报告”，载《思想·理论·教育》1996 年第 10 期，第 45－46 页。

❷ 袁纯清：“大学生违法犯罪浅析”，载《法学杂志》1983 年第 2 期，第 24－28 页。

二是双重因素影响说。有学者认为大学生违法犯罪是由两种因素共同导致的，但对这两种因素的理解上，存在不同的看法，又有两种观点。一种观点认为，大学生违法犯罪是内部和外部双重因素相互影响的结果。内部因素的影响主要有：政治素养不高；享乐主义、个人主义的人生价值观；滥性心理；不良的个性心理品质；变态心理；法律意识淡薄。外部因素的影响主要有：家庭因素；学校因素（主要表现为思想政治教育工作薄弱、学校管理松弛、法制教育跟不上）；社会因素（主要表现为不劳而获的享乐主义思想的毒害；西方不良思想文化的腐蚀；不良社会风气的影响）。[1] 另一种观点认为，大学生违法犯罪是前期教育因素和现实影响因素共同作用的结果。前期教育因素包括：中学思想教育的缺憾、大学思想教育的薄弱、家庭教育的滞后等；现实影响因素包括：生活环境的变迁、外来思想的影响等。[2] 可以说，双重因素的影响都可能导致大学生违法犯罪，但是，两方面的因素在犯罪形成的过程中所起的作用如何？各自的因素在其内部是否起同样的作用？该学者没有给予回答，因此，就不能够准确解释大学生违法犯罪的原因。

三是四维结构犯罪原因论。该观点从犯罪原因是一个系统出发，认为决定犯罪存在和变化的原因，包括社会和个体两个方面共呈四维结构。从宏观上看，犯罪是一种社会现象，决定其存在和变化的社会原因包括社会存在和社会意识。在社会存在方面大学生违法犯罪的原因是：在社会主义初级阶段，私有经济的存在与发展所带来的负面效应；发展商品经济带来某些犯罪现象的增

---

[1] 王守宽：“大学生违法犯罪原因之探讨”，载《建材高教理论与实践》2000年第4期，第51-52页。

[2] 孙涛：“浅析新时期大学生违法犯罪的原因”，载《青少年研究——山东省团校学报》2000年第2期，第46-47页。

长；社会主义社会仍存在阶级斗争；大学生由于从乡镇来到大城市，生活上的巨大反差以及因家境困难，物质财富短缺而形成强烈的需要体验。在社会意识方面大学生违法犯罪的原因是：私有观念、剥削思想、公德意识低落、外来文化的消极因素。外部原因必须通过个体的主观因素的中介、加工、转换作用，从而对犯罪行为的产生发生影响。从微观上看，犯罪是一种个体意识行为，产生犯罪的个体原因包括个体心理结构和个体人生观。大学生个性心理结构特征，包括认知结构特征、情感结构特征、意志结构特征和需要结构特征四方面。大学生个体人生观方面的特征是极端利己主义，这是实施犯罪行为大学生的思想基础，主要反映在：幸福观——追求物质享受；自由观——不受法律约束；道德观——知与行差距明显。该学者认为大学生违法犯罪的原因极其复杂，既有“十年动乱”带来的各种社会问题综合征的惯性作用，又有当前国际国内各种消极因素的影响；既有大学生本身的素质问题，又有大学教育存在某些管理、教育和制度上的缺陷及我们的工作没有及时跟上等原因。[1] 四维结构犯罪原因论借助于犯罪学领域的理论来探讨大学生的犯罪原因，并没有真正解决大学生违法犯罪的独特原因。

（3）三因说。这种观点认为我国大学生违法犯罪的原因有三个。但在对这三个原因的理解上，存在不同的看法，又有三种观点。有论者认为大学生违法犯罪的三个原因包括：主体外的宏观社会环境因素、主体外的微观社会环境因素及主体的心理和行为因素等。[2]

---

[1] 马周年：“大学生违法犯罪原因分析”，载《北京人民警察学院学报》1994 年第 1 期，第 13－16 页。

[2] 李庆：“试析当代大学生违法犯罪的原因及预防”，载《中州学刊》2005 年第 5 期，第 97－99 页。

还有人认为是社会原因、学校原因、大学生自身因素这三个方面的原因导致了大学生违法犯罪的发生。[1] 也有人认为社会原因、学校原因、家庭原因是大学生违法犯罪发生的因素。[2] 三因说这种观点实际上是“二因说”的翻版，均忽视了其他原因在犯罪中的作用，是不可取的。

（4）五因论。该观点认为我国大学生违法犯罪的原因有五个，进而分析了大学生违法犯罪发生的具体原因：①社会环境的影响。在改革开放的同时，社会上也泛起一些沉渣。②校园环境的影响。在市场经济浪潮的冲击下，大学校园失去了往日的宁静，个别学校成为经商和娱乐的场所。③升学导向及家庭教育的误区。一个时期以来从小学到大学，学校最关心的是升学率，学生最关心的是成绩，而道德修养、素质养成却被淡化。④道德和法制观念淡薄。⑤学校管理制度不健全，校园内部治安管理不善，疏于防范。[3]

（5）综合原因论。该观点认为我国大学生违法犯罪的发生并不是哪一种因素造成的，而是多种致罪因素综合作用的结果。这是一种占主流的观点。该观点下又有几种不同的具体观点。第一种观点认为，我国大学生违法犯罪的原因是复杂的、多方面的，进而指出了主要的致罪原因：放松思想改造，缺乏革命理想；受西方腐朽没落的思想意识和极端个人主义思想的毒害；追求享乐，寻找色情刺激。在对内搞活经济、对外实行开放的新形势下，剥削阶级的腐朽没落思想对广大青年学生侵蚀的渠道比过去大大增

---

[1] 段兴利、苏一星：“当前大学生中的犯罪现象及对策”，载《甘肃社会科学》1997 年第 1 期，第 77 – 78 页。

[2] 姜兵：“关于大学生违法犯罪现象的思考”，载《现代教育科学》2004 年第 5 期，第 76 – 78 页。

[3] 杨洪雁：“大学生违法犯罪现象探析”，载《河南教育学院学报》（哲学社会科学版）1997 年第 3 期，第 21 – 23 页。

加；道德修养差，法制观念淡薄；学校政治思想工作薄弱，管理不善。[1] 这种观点是从20世纪80年代的国家大政方针出发，议论多一些，没有多大的现实指导意义。第二种观点从马克思主义理论与思想政治教育的角度出发，指出分析大学生违法犯罪的原因是一件很复杂的工作，它既有综合性又有层次性，是社会因素、生物因素、地理因素、行为人的主观因素等诸多因素的产物。[2] 第三种观点认为，大学生违法犯罪是综合多因的结果，具体体现在社会环境、经济、文化、学校教育、家庭教育、婚恋、自然环境、大学生个体等几方面。[3] 第四种观点认为，大学生违法犯罪的原因在于：市场经济带来的急剧变迁和社会机制以及个人机制的弱化、学校弊端的影响、多元文化、不良媒体文化的影响以及人文主义的缺失。[4] "综合原因论"以及上面的"五因论"在解释大学生违法犯罪的原因方面，虽说是从不同的方面解释大学生违法犯罪的原因，实际上，都可以归为"多因论"的一种，均没有回答每一个原因在犯罪形成过程中所起作用如何。因此，同样也就不能够准确解释大学生违法犯罪的原因。

---

[1] 范宏亮："试析当代大学生违纪、违法及犯罪原因"，载《贵州警官职业学院学报》1990年第2期，第38－39页。

[2] 颜小冬：《当代大学生犯罪成因及预防对策研究》，华中师范大学2004年硕士学位论文；赵立涛：《大学生违法犯罪的心理分析及防范教育》，哈尔滨工程大学2003年硕士学位论文；夏永华：《我国女大学生违法犯罪及其防范》，华中师范大学2004年硕士学位论文；董艳梅：《论德育在预防当代大学生违法犯罪问题中的作用及方式选择》，东北师范大学2005年硕士学位论文；胡年珊：《大学生违法犯罪的成因及防范研究——以贫困大学生为主要研究对象》，华中师范大学2005年硕士学位论文；郑夕春：《新时期大学生违法犯罪现象与加强思想道德教育研究》，西南师范大学2005年硕士学位论文。

[3] 周宇中：《在校大学生违法犯罪预防、防范及犯罪处理实务全书》，安徽文化音像出版社2003年版，第255页。

[4] 田海粟："浅析当代大学生违法犯罪案增多的原因和防范措施"，载《甘肃农业大学学报》2004年第3期，第134－137页。

各位专家学者对于大学生违法犯罪原因的研究，可谓硕果累累。但是以上学者研究的犯罪原因，一方面不能准确解释大学生违法犯罪的发生机制是什么，另一方面对犯罪原因的解释仅适用于部分大学生违法犯罪。因此，国内对大学生违法犯罪的研究仍有进一步深化和拓展的空间。某些犯罪研究还不符合实际的预防措施，需要进一步整合做一个全面的分析。很多研究并没有解释针对大学生犯罪某种原因有多少程度的影响，在造成犯罪的过程中是否起到了决定性的作用。

至此，在大学生违法犯罪原因研究上作根本性突破的期望就摆在了本书面前。

二、大学生违法犯罪预防方面的研究

有学者指出，犯罪预防是人类社会不断进行自我阻止、自我完善和自我进步的过程。以人的完善为基本目标，以社会控制为补救手段的犯罪预防策略，应当是我们所追寻的一个犯罪预防规划的长远目标。❶

（一）国外在预防大学生违法犯罪方面的研究

总体来看，国外在预防大学生违法犯罪方面的研究以及取得的经验，以美国、日本和德国较为深入、成熟。现简述如下。

1. 美国在预防大学生违法犯罪方面的经验

美国的大学生违法犯罪率是比较高的，联邦政府高度重视大学生违法犯罪的预防工作，为最大限度地减少大学生违法犯罪，美国主要采取了以下措施。

一是开展丰富多彩的法制教育。美国历来重视对大学生的法

❶ 许章润：《犯罪学》，法律出版社2016年版，第250页。

制教育，教育部门通过联合法院、律师事务所等机构开展丰富多彩的社会实践活动，为学生提供参与法治实践的机会。学校除开设有专门的法制类课程外，其法制教育的内容还分散在其他文理各科课程中，如历史课、职业道德课、社会研究课、政治课、人文课等，都有相关的法律问题的讲述，通过此种方式来实行法律的渗透式教育。美国既有官方的法制教育网站，也有来自民间的法制教育网站。全美各州都有一个州立法制教育网站，还有各种由国家机构支持的法制教育计划。在互联网上、全美国的法制教育教师都能够从每周更新的法制教育专题中获取课时计划和策略。❶

二是制定完备的校园安全法律和规章。针对校园安全方面存在的一些现实问题，美国制定了一系列校园安全法律和规章。在1990年制定了《美国校园安全法》；1994年制定的《美国校园禁枪法》规定，各校区如发现学生带枪入校，有权将其至少开除一年。1994年制定了《美国校园、社会禁毒及安全法》，主要用以防止校园暴力，制止毒品和酒精的摄入❷，等等。美国制定这些校园安全法律和规章的目的在于维持一个健康安全的学术社区，维护校园的安全和稳定，消除实施违法犯罪行为的条件。违反学校政策的学生将受到学院学生行为规范的约束，并将受到包括停学、开除等纪律处分。对违法行为的刑事处罚可能包括指定社区服务、罚款和监禁。此外，有关的财产可能会被没收，学生申请贷款、助学金可能会被拒绝，驾驶特权可能会被取消。

---

❶ 谢佑平、王永杰："多元视野下的美国青少年法治教育：途径、策略及启示"，载《青少年犯罪问题》2007年第3期，第62－65页，第72页。

❷ 张仁骏："美国校园安全管理现状考察及启示"，载《中共济南市委党校学报》2006年第4期，第65－69页。

三是在校园内设立警察机构。美国各州从20世纪60年代开始，相继就建立了校园警察制度，美国大学的警察局维持着全面的预防犯罪和校园安全意识项目，与校园生活办公室和其他单位合作，犯罪预防协调员制订监督程序和方案，以促进安全、保障和犯罪预防。所有安全意识项目的共同主题是鼓励学生和员工意识到他们对自己和他人安全的责任。虽然在整个大学社区推广预防犯罪是每个学生的责任，但协调员采取一系列行动具体负责将预防犯罪作为基本理念贯彻下去。这包括但不限于开展项目，回答有关安全的问题，并鼓励员工和大学生积极地提高安全意识。为了帮助学生和员工保护他们的财产，开发并提供给大学社区各种教育项目和材料。

美国的校园警察制度在1990年通过的《美国校园安全法》中正式确立，成为预防和控制校园枪击、抢劫、性暴力的防火墙和灭火器。美国校园警察机构大体由三部分人员组成：一是经过考试培训取得资格的正式警察。他们持有警察证书，穿着警服，佩戴警徽，并能持枪及佩带各种执法警械。二是文职人员。三是勤工俭学的学生。后两部分人员没有警察执法权。美国校警的主要任务有三：一是校园防盗；二是制止和控制校园内各种违法、犯罪行为的发生；三是防止和控制恐怖活动。[1] 总之，美国高校基本上建立了法制化、专业化的警察队伍，并且具有专门的执法权，从而有力地保证了校园安全，能够较好地阻止大学生违法犯罪行为的发生。

四是利用现代科技手段使防范措施增强。为预防校园内部的违法犯罪案件，美国的高等院校充分依靠科技手段进行防控，不

---

[1] 张仁骏：“美国校园安全管理现状考察及启示”，载《中共济南市委党校学报》2006年第4期，第65－69页。

仅在校园重点部位和易发案区域设立多功能的技防设施、还建立了门禁系统、报警求助系统和监控系统，以形成多种设施结合、全方位的严密监控网。同时，完善的犯罪警报体系也被建立起来，一旦有案件发生在校内外或当地，警方将及时发布犯罪警报，犯罪嫌疑人的面貌特征、居住地点、手段等都会被通报出来，这样使得学生和员工及时得到犯罪警报的通知，以防止类似犯罪行为的发生。举个例子来说：当接到团伙斗殴或枪击举报时，校园警察可以马上把案件情况上报给校长和警察局。在警察的干预下，可以减少或者避免案件的发生，已经发生案件，则可以减少伤亡。

2. 日本在预防大学生违法犯罪方面的经验

正如上文所述，日本也是在研究青少年违法犯罪预防的范围内研究预防大学生违法犯罪问题。日本利用警察和民间力量，由警察与社区民间人士相互协作，共同预防青少年违法犯罪，日本还建立了“少年警察制度”这一种特殊的工作形式。少年警察制度是一个别具特色的制度。

日本的少年警察制度是以警察为主体预防青少年犯罪的工作模式，但并不仅仅依靠警察来完成。与少年警察制度相配套的还有“少年警察志愿者制度”。这些志愿者们在校园周边、网吧、超市、公园、娱乐场所等青少年易于聚集的地方，及时发现有违法犯罪倾向的青少年、有不良行为的青少年、已经被害的青少年和需要保护的青少年等，对他们进行必要的帮助和指导；开展多种社区活动以净化青少年的成长环境；加强监管、清除对青少年有害的信息等；走访福利机构，参加各种社会实践活动，创建一个令所有青少年都适宜居住的场所。日本的“少年警察制度”以及“少年警察志愿者制度”在预防青少年违法犯罪方面，是独具特色的工作模式，虽然它以警察为主导力量，但却以社区为核心，全力整合民间的力量，警察与居民密切合作，使社区在预防青少年违法犯罪过程中发挥重要作用，取得了良好效果。在校大学生作为日本法律制度中规定的“年长少年”，也是“少年警察制度”和“少年警察志愿者制度”工作模式的受益者。[1] 在预防大学生违法犯罪方面，不仅要发挥警察的作用，还要让民间人士参与其中。由于少年警察制度作用的充分发挥，日本的大学生违法犯罪率是西方国家中最低的。

3. 德国在预防大学生违法犯罪方面的经验

德国在预防大学生违法犯罪方面，注重发挥学校、家庭和社会的合力，研究者一致认为，治理犯罪主要靠打击，但最根本的还应当是预防犯罪，创造了三位一体的预防模式。[2] 其主要做法有四：

一是预防犯罪坚持学校为主导。在德国，研究教育的人士普遍认为，青少年违法犯罪防控当中，学校起着主导作用，每当有一个孩子不愿接受学校教育，将来就会在社会上产生一个不稳定因素。在教育法中，德国各州都把有关培养学生遵守法律、讲公德的条款做了明确规定，例如，柏林规定重要的教育目标是培养学生的守法意识，使每一位学生充分了解自己作为公民所享有的权利和义务。柏林施威夏特中学教学大纲明确提出，在学校里，教育的重要目标之一是学生的人格素质教育，降低自己的需求以利于社会，人格教育的内容是培养与社会和谐相处和有责任感的人。社会平等、文化多元性和人与人之间的亲密关系被德国学校

---

[1] 王国琦：“日本的少年警察制度”，载《人民公安》2007 年第 11 期，第 50－51 页。

[2] 柴野：“学校家庭社会三位一体 德国重点预防青少年犯罪”，载《光明日报》2004 第 5 期，第 14 页。

利用种种机会来倡导，并帮助青少年获得道德标准、社会技能和公民的责任感。进一步说，学校指导学生，使他们对应尽的公民义务、犯罪的性质、遵守纪律的重要性、犯罪的种种后果、刑事司法制度的工作情况以及预防犯罪的方式加以了解。在高校，通过帮助大学生们知晓道德标准、公民的责任、应尽的义务，以及使他们了解犯罪的性质、后果，本国的司法制度、预防犯罪的方式等，从源头上预防大学生违法犯罪。

二是重视发挥家庭在预防犯罪方面的作用。德国教育专家达成的共识是，子女人生观、道德观的形成受到家庭教育的深刻影响。子女不良个性的形成与基础家庭教育有缺陷有密切联系，子女教育缺陷的家庭潜伏着青少年走上违法犯罪道路的危机。孩子一生的成长与家庭教育和家庭影响有重要联系，作为孩子的第一任老师，父母对孩子成长起着关键作用。在德国，自觉履行家长职责，绝大部分家长都能做到。他们注重言传身教。父亲踏实肯干，母亲聪明贤惠，在他们的影响下，孩子把遵守信用，尽心尽责当成一种荣耀。德国家庭对于培养孩子的文明修养特别注重，这为其养成良好的素质和今后的成长打下了坚实的基础。

三是在预防犯罪中注重发挥社区矫正的作用。如果德国青少年已经走上了犯罪道路，也并不是仅仅将其关进监狱而已。相关领域的专家学者普遍认为，青少年被判刑后长期身处狱中，不仅使其脱离社会，而且还会受到“交叉感染”。《德国少年法院法》明确指出，社区矫正要在犯罪青少年中间开展。例如：要求青少年犯在一定时限内，在专职人员指导和监督下，到特定的场所进行社会公益劳动，使青少年犯通过开展服务社会的活动来补偿其给社会造成的损害，并在社会服务过程中使得犯罪青少年社会责任感增强，与此同时，让他们树立自立、自律的健全人格意识，驱使其幡然悔过。注重社区矫正在预防犯罪的青少年重新走上违法犯罪道路方面发挥了重要作用。

四是建立独具特色的青少年司法制度。第一，制定《德国少年法院法》。德国的青少年看护制度被普遍认为是教育的典范。1923 年的《德国少年法院法》规定少年法庭只审理未成年人（14 至 17 岁）和未成年人（18 至 20 岁）所犯罪行。德国早在 1923 年就制定了《德国少年法院法》，并建立专门的青少年法庭。该法明确规定了青少年犯罪的法律后果，包括教育处分和惩戒措施，这两种处理都不具有刑罚的效果。即使在司法实践中采用自由刑，少年法官也大都予以缓刑或者放宽执行，并规定相应的教育措施。该制度还规定了审判与判决不得公开、前科消除制度等。[1] 总之，所有措施的采用都必须从有利于青少年的教育考虑出发。

第二，制订青少年犯罪预防计划。《德国青年之家法》为有危险的青少年提供支援。由于儿童和青少年犯罪的数量正在上升，公安机关和青年福利机构以及学校的非政府赞助机构合作，做好犯罪预防工作。青少年犯罪预防计划主要目标是：评估青年福利机构之间可靠合作的有效理念，防止儿童和青少年犯罪；为潜在的犯罪或不听话青少年提供合适的救济服务；在青少年福利服务的庇护下，强调自愿参与。

第三，加强警方、青年福利署及社会福利署的合作。该联合项目［Cooperation between the Police，Youth Welfare Services and Social Welfare Services（PJS）］改善警察和社会服务部门之间的合作，旨在建立起不可磨灭、非个性化、可靠的合作关系，主要是加强城市社会服务之间（主要是青年之间）的通信网络和社会

[1] 樊荣庆：“德国少年司法制度研究”，载《青少年犯罪问题》2007 年第 3 期，第 67－69 页。

服务。

第四，建立预防团队合作［Prevention through Teamwork “PIT”］。该项目是在学校实施的预防犯罪方案。老师、警察和学生一起组织这个项目。该项目的目标是通过教授学生社交技巧，促进“社交技能”的发展以建设性地解决问题，使年轻人意识到犯罪的危险和后果，改善班级的社会氛围。强调价值观，培养学生的个性和能力。强调互动，以确保积极的互动体验，为此就共处规则达成协议是很重要的。

德国的青少年司法发展了一种以教育措施为特征的模式。未成年人刑事司法体现了教育惩戒的理念。未成年人法庭遵循最小干预原则和教育优先原则。它首先对少年犯实施教育措施，然后才把惩罚作为最后的手段。只有在教育措施不起作用的情况下，才通过惩戒措施来提高青少年对自身犯罪行为的认识，树立遵纪守法的意识。教育措施是处理青少年犯罪的保护性措施。惩戒措施相对而言更具惩罚性，两者都是德国教育惩戒的主要表现形式。德国在预防大学生违法犯罪方面的这些措施，对于大学生群体的保护、挽救、改造后重返社会，以及大学生违法犯罪的预防，无疑会起到极为重要的作用。

4. 意大利的犯罪预防

1934年颁布了第一部《意大利少年法》，在检察院系统专门建立少年检察官办公室，专门的少年司法宽免和人格调查制度也在该法律中明确提出并建立。意大利的青少年司法制度是一种独特的混合福利司法模式，坚持对未成年人的刑事保护，重视教育措施、惩罚和保护的方法不仅与成人刑事司法的惩罚取向有严格的区别，也不是北欧国家纯粹的福利模式。从本质上讲，它结合了司法模式和社会模式。意大利青少年司法政策的稳定性在很大程度上取决于福利与正义的平衡，以及对青少年的教育与保护的协调。

5. 英国的犯罪预防

20 世纪 80 年代，整个青少年司法体系在英国从福利主义变成了最小化干预，主要是为了避免正式司法体系的标签化可能给青少年带来的影响。《英国犯罪与社会混乱法》专门设立了未成年人犯罪工作机构，是未成年人司法政策的集中体现，也即未成年人司法委员会和未成年人犯罪小组通过将未成年人犯罪案件从法院转移到行政机构处理，从而实现对未成年人犯罪的综合治理。在这种模式下，青少年违法行为直接由社区项目工作者决定，无须少年法庭介入。决策过程中有社会工作者和一些专业人员参与，被叫作青少年司法的合作模式。在此种模式下，通过政策的集中加强和干预，使政府和社会专业机构以及其他组织实现共同目标。

（二）国内在大学生违法犯罪预防方面的研究

20 世纪 80 年代以前，对于大学生违法犯罪的数量，我国公安部没有进行过单独统计，从 20 世纪 80 年代开始，公安部对大学生违法犯罪才启动专项统计，这一时期针对大学生违法犯罪原因和大学生违法犯罪方面的研究并未出现显著成果。90 年代中期，随着违法犯罪人数中大学生所占比例显著增多，特别是 1994 年以后大学校园违法犯罪数量达到高峰，使得大学生违法犯罪方面的相关研究成果不断涌现。研究者都认为，为社会主义现代化建设事业培养人才的高等院校，应当尽可能多地为社会培养合格人才，尽可能少地出现甚至不出现“次品”大学生。因此，在预防大学生违法犯罪方面取得了较为丰硕的成果。广大专家学者和从事司法实务工作的同志，对预防大学生违法犯罪问题的研究从阶级、经济、社会、生理、心理等各个方面广泛而深入的进行，并在理论实务中提出了不少独树一帜的观点。主要表现为以下几个方面。

1. 预防系统工程论

针对大学生违法犯罪的现实，论者提出实施预防系统工程的观点。在这种观点下，又有三种不同的观点。

第一种观点认为，预防大学生违法犯罪的系统工程包括预测系统、预防系统与控制系统。具体的实施措施主要包括：开展心理咨询工作、净化校园文化、关注高校管理体制、增强大学生的法制教育、深化高校的全面改革、治理高校的周边环境。❶

第二种观点把预防大学生违法犯罪的系统工程设计为：加强思想政治教育，使大学生树立正确的世界观和人生观；加强校园文化建设，净化大学生的文化背景；营造良好的家庭教育环境，加强家长的引导作用；研究大学生心理、生理规律，加强对其成长的科学指导；完善法律，加强法制教育，增强大学生的法制意识。❷

第三种观点立足于我国的刑事政策，研究预防大学生违法犯罪问题，提出在预防的过程中，应体现社会防卫思想和人道主义的刑事政策理念，建立司法、学校、社会三位一体的犯罪预防网络，以社会治安综合治理为主线，坚持教育、感化、挽救的原则和个别化处遇，维护大学正常的教学管理秩序，并使已经犯罪的大学生接受教育改造和重返社会。❸ 也有论者提出从高校思想政治教育、心理健康、法制教育、制度管理等方面构筑“四位一体”

---

❶ 魏丽等：“在校大学生违法犯罪的原因与预防”，载《河北法学》2005 年第 7 期，第 154 – 157 页。

❷ 吕途：“大学生违法犯罪的预防对策”，载《中国教育科学探究》2005 年第 1 期。

❸ 张金明：“大学生违法犯罪的‘三位一体’预防网络”，载《黑龙江高教研究》2005 年第 11 期，第 127 – 129 页。

的预防大学生违法犯罪的机制，并将之作为高校德育工作的一项紧迫任务。[1]

预防系统工程论的观点在减少大学生违法犯罪的发生方面应当能够发挥一定的作用，但是，持该观点的学者建立的预防网络忽视了预防犯罪中的内部因素——大学生个体的作用，显然不利于实现预防违法犯罪的目的。

2. 综合防治论

针对大学生违法犯罪原因的综合性，有人提出了综合防治论。该观点下又有以下具体观点。

第一种观点认为，大学生违法犯罪问题，需要学校、家庭和社会共同关心，进行综合治理，形成一股强大的“合力”。具体来说，需要改革中学教育，这是预防大学生违法犯罪的前提。加强高校思想政治工作，这是预防大学生违法犯罪的关键。提高家庭教育质量。这是预防大学生违法犯罪的一个重要条件。优化社会大环境，这是预防大学生违法犯罪的可靠保证。[2]

第二种观点认为，针对严峻的大学生违法犯罪现实，可从六个方面进行综合预防，具体的对策包括：重视和加强学校法制教育；提高思想道德教育的实效性；重视大学生的心理卫生；学校要开展性知识教育；加强大学生班级管理，严格校纪校规；全社会都应重视大学生违法犯罪问题。[3] 还有研究者从大学生违法犯罪向多元化、智能化方向发展的现实态势出发，提出防范和减少大

---

[1] 杜琳、金辉：“构筑大学生违法犯罪机制的探索”，载《广西教育学院学报》2004 年第 5 期，第 59 – 60 页。

[2] 陈成文：“当代大学生违法犯罪问题研究当代大学生犯罪问题研究”，载《辽宁高等教育研究》1995 年第 1 期，第 87 – 93 页。

[3] 段兴利、苏一星：“当前大学生中的犯罪现象及对策”，载《甘肃社会科学》1997 年第 1 期，第 77 – 78 页。

学生违法犯罪的基本对策在于通过加强法制教育、思想政治教育、心理健康教育、高校及社会各部门的齐抓共管等各方面综合出发，培养大学生良好的思想、文化、道德素质，健康的心理素质以及法律意识。❶

第三种观点主要从马克思主义理论与思想政治教育的视角进行研究，认为大学生违法犯罪无论在原因、性质、种类和表现形式上，都具有与成人犯罪的不同特点。针对大学生违法犯罪预防的策略与措施应有别于成年人，提出对于大学生违法犯罪，学校和家庭要改变以往的教育方式，司法机关处理大学生案件应贯彻教育为主、惩罚为辅的方针。从保护、控制、堵塞等多个角度，采取大学生违法犯罪的预防措施。❷ 以上研究对于大学生违法犯罪的防控具有一定的积极意义，但是，把大学生违法犯罪后的司法机关处理这种事后措施作为预防违法犯罪问题的重点，有本末倒置的嫌疑。

第四种观点是从高等教育改革的大背景出发，研究大学生违法犯罪的预防问题。❸ 该研究者指出诸多对预防大学生违法犯罪问题的对策性研究多为一些具体方式的简单叠加，缺少对大学生违法犯罪防治的一般的法律理解。进而认为，大学生违法犯罪的预防应以高等教育改革为契机，努力为大学生成长成才创造良好条件，从源头上遏制大学生违法犯罪的发生。进而指出，从法律的角度看，大学生违法犯罪可以看作是对权利的过度行使和对义务

---

❶ 梁胜："构建可操作性的大学生违法犯罪预防机制研究"，载《警官文苑》2009年第3期。

❷ 颜小冬：《当代大学生违法犯罪问题》，中国检察出版社2004年版，第294－304页。

❸ 桂花乔："高教改革背景下的大学生违法犯罪预防研究"，载《当代青年研究》2006年第12期，第80－85页。

的不当履行。因此，该研究者从权利和义务两个角度来研究大学生违法犯罪的预防问题。通过权利实现的预防是指采用疏导的方法，既解决大学生思想性质的问题，又解决他们学习生活中存在的实际问题，加强疏导的重要途径是加强思想教育，包括培养健康的业余情趣，加强大学生业余活动的思想性、艺术性、多样性和趣味性，为大学生正常需求的释放提供一个既合法又合理的实现途径。而通过义务履行的预防是通过个体的义务履行来实现防止犯罪行为发生的目的，主要是从刑法的一般理论来研究犯罪预防中的一般预防和特殊预防问题。在校大学生是整个社会的一个重要组成群体，也应从权利义务这两方面共同努力来研究预防大学生违法犯罪问题。进而指出既要加强对在校大学生的法治教育和思想道德教育来达到一般预防的目的，还要切实贯彻“教育、感化、挽救”的方针来达到防止违法犯罪大学生再次走上“邪路”的特殊预防的目的。

第五种观点认为，优化社会环境，加强精神文明建设；落实社会治安综合治理措施，加强校园管理，创造良好的校园环境；加强基础文明教育，提高全体学生的道德素质；加强法制教育，培养大学生的法律意识；努力做好预防、疏导和转化工作等是预防大学生违法犯罪的良好措施。❶

上述“综合防治论”和“预防系统工程论”两种观点，对于预防大学生违法犯罪会起到一定的作用，但两种观点下的预防对策的有效性有待进一步的检验。

3. 单一视角下的不同预防论

这种观点是从不同的视角，提出了预防大学生违法犯罪问题

❶ 杨洪雁：“大学生违法犯罪现象探析”，载《河南教育学院学报》（哲学社会科学版）1997年第3期，第21－23页。

的具体措施。主要有以下几种观点。

第一种观点是改善家庭影响论。论者从家庭环境、家庭成员的关系及性格、家庭的文化氛围等方面探讨了家庭影响与大学生违法犯罪之间的关系，提出要改善家庭影响以预防大学生违法犯罪。❶ 还有研究者从对大学生个案分析为切入点，单独从家庭教育缺失的视角，提出完善家庭教育以预防大学生违法犯罪的观点。❷ 这种把预防大学生违法犯罪仅寄希望于改善家庭影响的做法是片面的，不可能起到真正预防违法犯罪发生的目的。

第二种观点做好心理预防论。该观点从大学生违法犯罪的心理角度出发，对具有消极个性及心理因素或违法犯罪心理结构的大学生，运用心理指导的途径与策略，打破其消极的心理要素与结构，培养其适应社会的心理结构，预防违法犯罪行为的发生，认为，“大学生良性自我同一性的建立；大学生个性倾向性引导；克服青年期的亲密——孤独危机；对挫折感的调节”是大学生违法犯罪的良策。❸ 大学生违法犯罪的预防问题离不开从大学生自身角度寻找对策，但是，不能因此而忽视从其他方面寻找对策。

第三种观点是加强德育工作论。持该观点的研究者针对部分大学生思想意识、行为表现中存在的问题，认为很有必要对大学生强化品德教育。❹ 根据内外因关系规律，指出大学生内部的深层

---

❶ 丁在运、王占武：“家庭影响与大学生违法犯罪浅析”，载《黄淮学刊》（社会科学版）1995 年第 1 期，第 97 – 98 页。

❷ 徐国杰：“从大学生个案分析看家庭教育的缺失”，载《中国家庭教育》2005 年第 2 期。

❸ 刘建清：“浅析高校学生犯罪的心理原因及其预防”，载《赣南师范学院学报》1998 年第 2 期，第 85 – 88 页。

❹ 张民，“从大学生违法犯罪谈高校德育教育”，载《青少年犯罪问题》1997 年第 2 期，第 39 – 40 页。梁京才：“浅谈大学生违法犯罪的预防”，载《山西高等学校社会科学学报》1999 年第 6 期，第 50 – 51 页。

次原因才是违法犯罪的最根本的动力，亦是引发违法犯罪现象的本源性原因。大学生思想道德失范，是违法犯罪的深层动因和总的根源。因此，提出从加强青年学生思想道德创新建设的独特视角，探讨防范大学生违法犯罪的方针战略。❶ 有研究者提出，增强高校德育工作的实效性，从德育理念、道德认同、道德自律、学生德育成绩评估等方面着手，强化德育工作的外在约束力与自律意识，是预防和减少大学生违法犯罪的有效途径。❷ 还有的研究者提出，形成良好的道德素质；培养健康的心理素质；健全体制，改进作风；加强校园文化建设；建设法制以及营造良好的家庭氛围等，以达到预防大学生违法犯罪的目的。❸

第四种观点是重视法制教育论。针对大学生违法犯罪的现实状况及其法制观念淡薄的现实，有研究者提出“从思想上明确大学生法制教育的重要性；要加强和提高高校法律课的地位，重视课堂教学，强化教育实践环节；营造健康的校园法治氛围，全方位加强学生的法制教育，引导学生养成遵纪守法的习惯；加强法制教育与理想道德教育相结合”❹，通过上述法制教育的措施和途径，以防止大学生违法犯罪案件的发生。

还有研究者提出完善法制教育以预防大学生违法犯罪的具体

---

❶ 杨月斌；“大学生违法犯罪新态势及其思想道德创建防制方略”，载《中央政法管理干部学院学报》1998 年第 5 期，第 61 – 63 页。

❷ 马素英：“从大学生违法犯罪现象看高校德育教育的实效性”，载《经济师》2005 年第 10 期，第 114 – 115 页；刘增芝：“当代大学生的犯罪原因及预防对策”，载《河北大学成人教育学院学报》2004 年第 4 期，第 94 – 96 页；赵书荣：“当代大学生违法犯罪的学校原因及预防措施”，载《黄河水利职业技术学院学报》2005 年第 2 期，第 77 – 78 页。

❸ 田海粟：“浅析当代大学生违法犯罪案增多的原因和防范措施”，载《甘肃农业大学学报》2004 年第 5 期，第 607 – 610 页。

❹ 董升太、马淑君：“论大学生的法制教育”载《教书育人》2005 年第 1 期，第 58 – 60 页。

建议:[1] 第一，要树立正确的法制教育指导思想，把大学生的法制课从“政治思想”课中独立出来。这要划清道德与法制教育的区别,[2] 为开展法制教育打下基础；第二，要进一步将学校法制教育工作制度化、规范化，以充分发挥学校在开展法制教育中的主阵地作用。如：规范学校法制教育教材内容；规范法制教育形式，对学生进行多种形式的教育，注意法制教育的生动活泼性，以巩固和提高其所学知识内容；聘请德才兼备的专职法学教师或加强对现有讲授法制课的教师的培训；建立权威性法制教育督导评估考核制度；完善法制教育运行机制，构筑学校、家庭、社会“三位一体”的教育网络，建立一个普法主管部门指导协调、教育行政主管部门统筹实施、各有关部门齐抓共管的法制教育工作机制。还有研究者提出，真正的法制教育，应该是对法律思想、观念的教育，培养学生的法律意识。通过教学，帮助学生养成健全的法律心理，使他们既能遵纪守法，又能运用法律武器捍卫自己的合法权益。[3] 这样才能够预防大学生违法犯罪行为的发生。

第五种观点是发挥高校（教育）作用论。有研究者从当前我

---

[1] 康树华、贾国凯：“我国青少年法制教育的完善”，载《青少年犯罪问题》2005年第6期，第20－24页、第37页。

[2] 我们通常理解的德育主要包括：政治教育、思想教育和品德教育。政治教育是指政治立场、观点、态度和政治理论；思想教育主要指人生观、世界观教育；品德教育则是培养良好的道德品行素质。显然，它们是无法涵盖法制教育内容的。法制教育的目的是要树立人们的法律意识和法律素质，最主要和最核心的是要通过法制教育，培养人们的宪法意识和权利义务意识；培养人们关心国家的民主和法制建设，自觉维护法律的尊严；既敢于维护自身的合法权益，又能够与各种侵害国家、集体和他人合法利益的违法犯罪活动作斗争（康树华、贾国凯：“我国青少年法制教育的完善”，载《青少年犯罪问题》2005年第6期，第20－24页、第37页）。

[3] 桂花乔：“高教改革背景下的大学生违法犯罪预防研究”，载《当代青年研究》2006年第12期，第80－85页。

国高校预防大学生违法犯罪的法制纪律教育、思想道德教育、扶贫助学、心理辅导等措施的施行效果出发，认为因为高校没有成立一个专门的预防体系，使得这些措施的效力没能提高到一个合力的层次。再加上不够重视，这些措施多数也是力度不够或者流于形式，实效性不强。[1] 该研究者还指出因为大学生生活在高校，主要活动场所在高校，主要接触的人员在高校，所以，预防大学生违法犯罪，高校理应发挥最关键的作用。指出，为有效地预防大学生违法犯罪的发生，必须整合高校内外资源，成立一个机构，构筑四道防线，形成一个体系。具体来说：一要成立一个由校领导、学生工作部门、思想政治理论课部门、保卫处、团委、学生会、心理咨询中心、宿舍管理部门、学校所在地派出所等单位参加的预防大学生违法犯罪的专门机构。以建立一个从思想到行为、从校内到校外的内控网络，形成一个多部门合作的防控体系，发挥体系优势，最大限度地利用各种资源预防大学生违法犯罪的发生。二要构筑四道防线：一是构筑思想防线。一方面，联系学生实际进行思想道德教育；另一方面，进行有针对性的法制教育以培养学生牢固的法制观念。二是构筑心理防线。要加强心理辅导，使学生有一个健康心理。三是构筑行为防线。一方面，要促使学生养成良好行为习惯；另一方面，密切关注平时行为偏激或者怪异的学生。四是构筑环境防线。学校要努力营造文明和谐的校园氛围，让学生受到文明和理性的熏陶；要开展多种活动，增加师生之间、生生之间的交流沟通，减少纠纷和摩擦，增进理解与友谊。同时，整治校园周边环境，消除犯罪的环境诱因。

还有研究者根据比较犯罪预防学的相关理论，在调查分析大

---

[1] 郑景光：“高校大学生违法犯罪预防体系的构建”，载《湖南科技学院学报》2010年第2期，第135-137页。

学生违法犯罪的基础上，提出了大学生违法犯罪的预防模式问题，指出应该建立高校“防控型”大学生违法犯罪预防模式的思路。在大学生违法犯罪预防机制的构建方面，指出应从“教育＋惩戒”的传统型犯罪预防机制向以“情境教育与控制”为中心的“防控型”预防机制转变，从而将大学生违法犯罪尽可能降低到最低限度。❶

还有研究者从高校教育管理角度寻求预防和减少大学生违法犯罪的对策，以此作为研究大学生违法犯罪问题的出发点和根本目的。提出的对策主要有：一是提高大学生法律素质；二是改进高校教育体制和管理模式。❷

还有研究者指出预防大学生违法犯罪，学校必须多管齐下、标本兼治，要注重对大学生的思想道德教育和法治观念教育，引导大学生树立正确的人生观、价值观、世界观。针对当前高校教育管理中出现的突出问题，提出学校应重视大学生的入学教育、发挥思想政治教育的引导作用、多形式强化大学生的法制教育。❸

也有研究者提出应当从教育的角度思考解决预防大学生违法犯罪的问题，指出当前大学教育存在的根本问题，在于过分强调功利性和实用性，道德修养和生命教育遭到了忽视。为此，必须明确大学作为一个文化教育机构的根本职责，以人文教育涵养学生，为学生提供安身立命的精神家园。❹ 这样才能够达到预防违法

---

❶ 万志昂：“论大学生违法犯罪预防的模式定位及其机制构建”，载《知识经济》2010年第6期，第14页、第51页。

❷ 于立华：“从高校教育管理角度谈大学生违法犯罪的预防”，载《才智》2010年第3期，第232页。

❸ 桂花乔：“高教改革背景下的大学生违法犯罪预防研究”，载《当代青年研究》2006年第2期，第80－85页。

❹ 王雪峰：“从大学生违法犯罪看大学教育的缺失”，载《黑龙江高教研究》2005年第11期，第124－126页。

犯罪发生的目的。

第六种观点是强化校园文化作用论。有研究者提出要加强校园安全文化建设，指出大学校园文化会对大学生产生潜移默化的作用。通过和谐的校园文化建设，努力形成一个有革命精神、优良传统、良好学风、遵纪守法和崇高理想的文化氛围和环境，使学生受到良好风气的熏陶和感染，在潜移默化中，把良好的道德行为和民族文化内化为大学生自身的内在素质。[1] 进而就能够达到预防大学生违法犯罪的目的。还有研究者从探讨构建和谐、健康的大学校园文化对于预防大学生违法犯罪具有的重大价值出发，认为大学生违法犯罪是一种法律现象，更是一种校园文化现象。文化对违法犯罪具有甄别、诱发以及影响违法犯罪样态的功能。校园文化是大学生违法犯罪的“过滤器”“制动器”，更是预防大学生违法犯罪的重要阵地。而世界观、人生观和价值观的扭曲、不良心理状态和低俗文化的蔓延都会引起大学生违法犯罪，因此，该研究者提出要加强校园物质文化、精神文化和行为文化建设，坚持以先进文化为指引方向、以师生员工为主体全员参与营造积极向上、和谐优美的校园文化，坚持物质文化、行为文化和精神文化建设三者相结合，以预防大学生违法犯罪现象的发生。[2]

上述种种从改善家庭影响论、做好心理预防论、加强德育教育论、重视法制教育论、发挥高校（教育）作用论、强化校园文化作用论等单一视角下探讨的预防大学生违法犯罪的措施，在一定程度上或许会起到作用，但若将其视为预防、减少甚至遏制大

---

[1] 林继熙：“构建大学生违法犯罪长效机制的探讨”，载《福建农林大学学报》（哲学社会科学版）2008 年第 4 期，第 96 – 98 页。

[2] 张忠国、傅剑波：“大学校园文化建设与大学生违法犯罪预防研究”，载《沈阳农业大学学报》（社会科学版）2008 年第 5 期，第 568 – 571 页。

学生违法犯罪的发生与蔓延这一“疾病”的“万能药方”是不现实的，因为其忽视了社会环境因素方面的预防措施。

4. 预防大学生违法犯罪的其他探索

除上面的探索以外，研究者还探讨了女大学生的违法犯罪预防问题。有观点认为女大学生违法犯罪的预防有赖于各种社会力量的参与和配合。从女大学生违法犯罪的防范来看，国家在支持就业、扶贫救济、净化风气上的制度保障，学校在帮助认知、加强性教育、提供心理咨询、管理学生事务、教师言传身教、增加激励措施、引导学生休闲等方面的教育牵引，以及增进家庭教育功能、建立良好家庭关系，改进培育方式与质量的亲情滋养应分别成为防范女大学生违法犯罪的重点、关键与基石。[1] 该对策对于女大学生违法犯罪的预防有一定的建设性意义，但这种对策不具有普适性，完全可以运用到其他大学生违法犯罪的预防方面。

另外，基于民办高校已从新生事物发展成为教育行业的支柱之一这一现实，还有论者从民办高校不断增长的在校学生违法犯罪率出发，提出民办高校应从加强心理健康教育、思想教育和法制教育等方面采取措施预防大学生违法犯罪。[2] 这是为数不多的研究者所进行的研究，视角是比较新颖的，但与其他方面的研究存在雷同现象。

同时，包括预防在内的大学生违法犯罪问题也引起了公安一线同志的关注，有研究者立足于北京市公安局朝阳分局范围内的

---

[1] 莫小春：“女大学生违法犯罪的心理探因及防范对策”，载《广西经济管理干部学院学报》2005 年第 1 期，第 81 – 83 页。张红：“浅析女大学生违法犯罪”，载《贵州民族学院学报》（社会科学版）2007 年第 1 期，第 34 – 37 页。

[2] 孙岩：“民办高校在大学生违法犯罪预防中的角色定位”，载《辽宁行政学院学报》2005 年第 5 期，第 30 – 31 页。

大学生违法犯罪情况，探讨了大学生违法犯罪的原因、特点及预防等问题。[1] 但是，实务界的研究有待上升到一定的理论高度。无论怎样，这种研究丰富了我们研究预防大学生违法犯罪的实践，也壮大了研究队伍。

5. 实践探索：成立预防大学生违法犯罪机构

在理论界展开探索预防大学生违法犯罪的过程中，实务界也进行了相应的预防大学生违法犯罪的实践探索，这主要是通过成立预防大学生违法犯罪机构而进行的。成立的主要机构有：2003年3月，江苏省南京市浦口区检察院牵头成立了全国首家在校大学生违法犯罪预防中心，南京大学、东南大学等南京10所高校成为首批中心成员，中心加强与高校的协调、联系，共同做好大学生违法犯罪预防工作；2004年5月，由团中央、教育部、全国学联主办的“中国大中学生心理健康教育在线网站”（www.psyhealth.cn）正式开通，主要为大、中学生提供心理知识普及、心理测量实践、心理咨询问答、心理健康辅导等多种服务，对于预防大学生违法犯罪起到心理疏导的作用；[2] 2006年6月，广西首个“大学生法制教育基地”在广西壮族自治区南宁市西乡塘区检察院和广西经济管理干部学院共同倡导下建立，紧随其后，首家面向全国的网站正式开通，即由检察机关创建主办、面向大学生的专业法律网站——“大学生违法犯罪预防网”。建立“大学生法制教育基地”，充分发挥检察机关的检察职能作用，专门组建队伍进行大学生法律教育工作，由检察院选派一名优秀的检察官

---

[1] 赵文忠：“透视当代大学生违法犯罪现象”，载《公安教育》2002年第11期，第34–36页。

[2] 邓公明：“大学生杀人行为的社会心理学分析”，载《青少年犯罪研究》2005年第5期，第58页。

担任学校法制辅导员，对大学生进行社会常识和法律知识的教育，这些法制辅导员还配合学校长期开展大学生如何进行维权的相关法律教育和犯罪预防的有关工作，通过法制辅导员对办案过程的讲解，使大学生真正学习法律，感受法律，提升大学生运用法律思维的处事能力，增强法制理念，使大学生知法、懂法、守法、用法，在大学生群体中广泛开展法制、品德教育以及维权和预防犯罪工作。

已经成立的上述大学生违法犯罪预防机构，相对于我国高校整体数量来讲，仍是杯水车薪，而且成立时间较晚，没有形成普及之势，因而预防大学生违法犯罪的作用还不明显。

三、现有研究存在的问题及其启示

（一）国外在大学生违法犯罪研究方面的经验及对我国的启示

通过上文的叙述，可以发现，对于大学生违法犯罪原因的研究，国外学者基本上依据现有的关于青少年犯罪原因的科研成果，这是值得肯定的。毕竟大学生是青少年这个群体中的一个重要组成部分，如果撇开这个客观现实，另起炉灶，创建一个新的犯罪原因理论，不仅徒劳，而且也很不现实。这是我们分析大学生违法犯罪原因时需要把握的一个问题。但是，国外的已有研究却没有考虑大学生接受教育的历史和现实，没有顾及大学生自身与青少年群体中的其他部分的区别之处，即没有考虑到大学生自身的特殊性，并且在解释犯罪原因方面，运用多种角度阐释，内容庞杂，如果仅从现象来看，似乎涵盖得很全面，但在方法论角度来看，有不少观点较为激进、片面，只对其中一个点深入研究而不管其他方面。出现这一问题，也正是在分析大学生违法犯罪原因的时候需要避免的。

同时，国外学者在预防大学生违法犯罪方面的研究，基本上沿袭了成熟的预防青少年违法犯罪研究理论，这是值得肯定的。国外在大学生违法犯罪方面，积累了不少有益的经验，取得了不错的成果，形成了一套可行、特色鲜明和侧重预防的体系和模式。大学生在丰富多彩的法制教育里全面提高了法律素养与理念；国外通过对校园安全立法的完善、科学的校警制度的设置以及专门的大学生违法犯罪预防机构的建立，使高校安全得到了全方位守护，对大学生的利益做了更好的保障，对于大学生违法犯罪的做了较好的预防；注重以社区为核心，发挥民间力量，并运用家庭、学校、社区的合力，从源头上预防大学生违法犯罪的发生。国外在大学生违法犯罪问题的经验和做法值得我国认真学习、借鉴。毕竟大学生是青少年这个群体中的一个重要组成部分，如果撇开这个客观现实，另起炉灶，创建一个新的预防大学生违法犯罪理论，不仅徒劳，而且也很不现实。这是我们研究大学生违法犯罪预防时需要把握的一个问题。但是，国外研究却没有考虑到大学生自身的特殊性，没有顾及大学生自身与青少年群体中的其他部分的区别之处，这也是分析大学生违法犯罪的时候需要注意避免的一个问题。

（二）国内在研究大学生违法犯罪方面存在的问题

国内学者在研究大学生违法犯罪问题上存在以下问题。

1. 研究队伍的多样与松散

笔者从搜集到的大量研究资料分析得出，国内研究大学生违法犯罪的科研团队主要由副教授以下人员、硕士研究生以及司法实务界中的部分人员构成，多样化的研究人员构成，对于研究大学生违法犯罪起到一定的积极作用，但是在研究团队内部，研究队伍的不集中、各自研究自己擅长领域的局面存在对于研究的深入和系统化会产生不利影响。到目前为止，大学生违法犯罪的研究领域，像青少年犯罪研究那样的研究团队还未曾组建，研究团队的缺失，就导致有关大学生违法犯罪研究重大科研项目难以落地，也就无法在“大学生违法犯罪”研究领域产生独特的风格，在该领域自成一派也自然变得难上加难。

2. 研究主题的多元与肤浅

国内学者对大学生违法犯罪成因及对策的研究大部分是犯罪的原因和特点的分析，这些基本相同，尽管从各种各样的学科的角度进行研究，但这些研究大多只表现在表面描述。研究大学生违法犯罪的主题多元体现在，大学生违法犯罪与高校马克思主义与思想政治教育、大学生违法犯罪与法制教育建设、大学生违法犯罪与素质教育、大学生违法犯罪与刑法学、大学生违法犯罪与犯罪心理学等问题，这些研究都处于表面描述性层面：提出了问题、给出了相应的建议，但前述研究对于大学生违法犯罪的预防和建议措施比较单一，或相类似，或操作性不强。由于理论基础研究不够深入和扎实，致使在大学生违法犯罪的研究方面成果不佳。

3. 研究方法较单一、缺乏创新

在大学生违法犯罪的研究中，上述研究者在研究方法上大致相当，没有什么与众不同，大部分采用“三段论”式方法来对犯罪现象、犯罪原因和犯罪预防对策进行研究。运用此种方法不能说不行。然而，运用相同的研究方法和思路，最后会导致研究就没有太大意义，并且使该领域的研究形象在其他领域的研究人员心目中大打折扣。这种缺乏个性的研究无异于把大学生违法犯罪与青少年违法犯罪混为一谈，无异于把大学生违法犯罪的研究缩小到犯罪学这个学科之内，这对于大学生违法犯罪研究理论的构建非常不利，也不利于大学生个人的成长。笔者尝试通过查阅文献资料、进行深度访谈和发放问卷等方法，充分利用实证研究方法，对大学生违法犯罪问题展开研究，这无疑具有独创性和挑战性。

4. 研究内容雷同

国内许多学者从不同的学术角度研究大学生违法犯罪，但通过数据发现将大学生违法和犯罪分别研究的文章较少，大学生违法是一个广泛的概念，数据是不准确的，类似案例太多，因此得出的结论是导致预防措施不够细化。如前所述，研究方法的大致相当已经展现出较多研究雷同，同样在研究内容上也出现了这个问题。具体表现为：首先是“人云亦云”，即对大学生违法犯罪的研究大多数是照抄青少年违法犯罪研究的内容，缺乏“大学生”的独特内容。其次是研究本身之间的内容雷同。当然，研究的主题和内容相同本身不可非议，但是，在研究的重点上应当独具特色，或者有新的研究亮点存在。令人惋惜的是，就看到的研究来看，几乎不见令人眼前一亮的研究。因此，应当对大学生违法犯罪研究的内容进行拓宽。

5. 研究理论缺失

当前涉及新型的大学生违法犯罪类型的研究不多，如对大学生违反反恐行为犯罪类型的研究，近年来受到国内外极端势力的极力拉拢和误导的个体大学生，受到极端思想影响，犯罪案件纷纷发生，大学生违法犯罪不仅影响校园和平、社会稳定，而且对国家安全也有影响。国内学者近年来对大学生涉入的新类型犯罪如网络犯罪的原因及其预防，没有提及或分析研究，对新类型犯罪的案件收集也不到位。

对大学生违法犯罪问题的研究，以往的研究由于研究方法的模仿、研究内容的雷同，也就没有上升到一定的理论高度。大学生作为青少年群体中的一个组成部分，他们与青少年群体中的小学生、中学生以及与大学生年龄相当的一般社会青年是有区别的，因此，研究大学生违法犯罪是需要理论支撑的。恩格斯在《自然辩证法》一书中说："一个民族要想站在科学的最高峰，就一刻也不能没有理论的思维。"[1] 本书试图在"社会腱"理论研究的基础上，对大学生违法犯罪问题，进行深层次理论研究。

第三节 研究的理论意义和实践价值

犯罪预防是犯罪学的核心。对于犯罪预防的研究一直是中外学者长期以来探讨和争论的主要问题之一。从我国现有的实际出发，运用辩证唯物主义和历史唯物主义的方法，找寻出使大学生偏离社会正常轨道，进入违法犯罪道路的各种因素和条件，对于揭示大学生违法犯罪这一社会现象的发生、发展具有重要意义，尤其是在当前我国市场经济体制已经建立，但经济运行机制和法律制度难免有不完善地方的背景下，面对为数不少的大学生违法犯罪队伍，加强对大学生违法犯罪原因的研究，不但现实意义相当明显，而且对于理论的指导意义也同样重大。本书为探讨大学生违法犯罪预防提供了独特的视角，也为其他犯罪预防提供了一定的参考。能否培养出合格的大学生，关系到我们党和国家的建设中是否有源源不断的人才涌现，关系到我国社会主义现代化强

---

[1] 《马克思恩格斯选集（第三卷）》，人民出版社1960年版，第467页。

国建设以及中国梦能否稳步实现。犯罪学的研究目的最终是预防犯罪发生。对大学生违法犯罪进行防控，既是对人才的珍惜，也是对社会的责任。对于大学生违法犯罪问题的研究，本书具有以下两方面的意义。

一、理论意义

本书的理论意义主要体现在以下四个方面。

（一）本研究将丰富并拓展家庭教育理论的内容

大学生实施违法犯罪，对于家庭来说，是一个沉重打击，是一个希望的破灭，甚至是一个家庭的破裂。反过来看，难道走上违法犯罪道路的大学生与其所接受的家庭教育内容就没有一点儿关系吗？大学生的父母以及其他家庭成员对大学生违法犯罪难道就真束手无策吗？绝对不是的！

（二）本研究将推动高等教育（包括管理）工作向纵深发展

一系列大学生违法犯罪案件的发生，不仅揭示出我们的大学管理中确实存在一定的问题，而且我们也应对培养社会所需要的高级专门人才的高等院校进行反思，对他们的人才培养目的、人才培养方案、教学内容、教学方法进行研讨！人才？如何让大学聚积的全国优秀青年都成为合格人才？从大学的角度分析大学生违法犯罪原因和如何预防大学生违法犯罪行为的发生？这是我们的高等教育需要深思的内容。

（三）本研究有助于犯罪学研究体系的完整和研究内容的深化

国内时常把大学生作为青少年群体的一部分，所以，对大学生违法犯罪进行系统研究，必然有助于犯罪学、青少年犯罪研究体系的完整和研究的深化。虽然在大学生违法犯罪研究过程中所运用的基本原则、采取的基本方法，与犯罪学中的基本原则、基本方法相一致，其研究的范围也从属于犯罪学，但是，大学生违法犯罪具有的自身特点也会导致大学生违法犯罪研究也有其独特属性，将大学生违法犯罪问题作为犯罪学、青少年犯罪研究的一门分支学科进行研究，对犯罪学理论与实践的丰富与发展具有重要意义。当然，与任何科学研究一样，在研究起步阶段总会显得粗糙，大学生违法犯罪研究也不例外，必然存在这样或者那样的缺陷，但瑕不掩瑜，到最后这项研究定会在犯罪学、青少年犯罪研究体系中占据重要的位置。

（四）有利于为中国制定相关预防措施提供理论依据

我国大学生违法犯罪的数量在近年来呈上升态势，减少和预防大学生违法犯罪这一难题一直摆在我们面前，亟须解决，只有努力使大学生违法犯罪的事件不发生或少发生，这样国家才能平稳有序发展。为了使制订的预防措施切实可行，有必要深入分析大学生违法犯罪行为，找出诱发犯罪的因素，只有找到致病的原因，才能标本兼治。因此，有必要从净化社会环境、维护社会良性运行的角度，深入研究导致大学生违法犯罪的因素，在预防大学生违法犯罪方面为我国提供科学并且可靠的理论依据。

总之，研究大学生违法犯罪问题，不仅关系到我们的家庭教育理论的革新问题，更关系到我们的高校培养什么人、如何培养人的问题。

二、实践价值

大学生因违法犯罪而陷入“泥潭”，作为家庭骄傲的大学生将被定罪处刑，这会给对其寄予殷切希望的父母、家庭带来五雷轰顶之灾。对于大学生的未来生活，他们的父母、亲戚，抱有很多美好期许，时常不计自己的辛苦劳作，宁愿砸锅卖铁，也要让他们读完大学。而对于一些家庭困难的大学生来说，孩子被处以刑罚可能使父母倾注的毕生心血付之东流，即使条件不错的家庭，对孩子的未来的期许也将会渺茫。而成为“狱中一员”会分散、消耗相当一部分我国本已十分稀缺的司法资源，无疑会浪费高昂的司法成本；就可能使学校从各高校激烈的生源竞争中争取到的宝贵学生资源不明智地被“浪费挥霍”掉，使大学生上学求知的希冀难以为继，更可能造成大学生的堕落、沉沦、仇视社会；可能使国家以前的成本投入不但血本无归，还要进行“二期投资”。昨日希望之星，今日却成国家负担，这无疑造成了严重的“国有资产”流失❶。总之，大学生违法犯罪的发生，最终将使家庭、大学生、学校、国家四受其伤。因此，研究大学生违法犯罪具有重要的实践意义，具体在以下方面体现。

（一）有助于大学生自身的发展

现实表明，在成长的过程中，会有许多不利因素导致某些大学生逐渐偏离正确的生活方式。因此，有必要对大学生违法犯罪的原因进行深入研究，明确大学生违法犯罪的原因；了解导致他们陷入违法犯罪的深渊的各种因素，帮助他们洗去心里的“污垢”，走向未来，成功完成生活的社会化过程。因此，加强对高校犯罪原因的研究，有利于高校自身的发展。

大学生这个群体的发展关系着国家的发展，这个群体的未来

---

❶ 因为国家对大学生，不惜投入，为的就是能够培养人才，希望其有朝一日能凭其所学报效国家，造福人民。

关系着国家的未来。而这个群体出现的违法犯罪率的居高不下，是一个令人焦虑的现象，令人痛心。以往研究是把大学生作为青少年群体中的一部分，大学生是青少年中受过高等教育的特殊群体，其数量在青少年中所占的比例逐年扩大。把大学生违法犯罪从青少年犯罪中突出出来，单独研究大学生违法犯罪问题，无疑会使大学生得到更好的发展。

（二）有利于未成年人司法制度的发展

青少年犯罪和成人犯罪之间有许多区别。接受高等教育的大学生基本已成年，但对于大学生来说仅是生理上的成年，在心理年龄和生活经验等方面与普通青少年有很大的相似之处。国内外学术界研究大学生违法犯罪行为时都倾向于以分析和掌握青少年违法犯罪行为为基础，通常来说，在对大学生违法犯罪问题研究时，是把它作为青少年犯罪问题的一个分支来进行的。所以，从司法层面对大学生违法犯罪行为问题的研究，将有助于对青少年违法犯罪行为司法制度的改进；同时加强大学生违法犯罪原因的研究，也对于青少年司法制度的发展有重要意义，并且为分析审理青少年违法犯罪案件提供理论支持。

（三）有助于大学教育、管理的改革与发展

大学生作为一个高素质的群体，理应成为社会的典范。作为接受过高等教育的大学生，其犯罪对社会的危害是不可估量的，这与社会对他们的期望是相悖的。做好大学生违法犯罪预防工作，是对高校教育体系的补充和完善。防止大学生违法犯罪是人才强国战略和构建和谐社会的必然要求。高等教育必须承担起应有的责任，发挥起应有的作用，遏制逐年升高的大学生违法犯罪率。

大学生与整个社会有着或多或少的联系，社会生活与他们关系密切，融为一体。在他们中间出现实施犯罪的“次品”，显示出

高等院校在自身教育与管理等方面存在一定的问题，对这些问题的研究，无疑会督促高等院校进一步查找犯罪原因，而在查找原因的过程同样使得大学逐步走向成熟。

（四）有助于将犯罪限制在最小的限度之内

在物质文明、政治文明、精神文明极为发达之前，世界范围内的犯罪现象将持续存在，有关大学生违法犯罪案件也不可能自行灭失。本书将对大学生违法犯罪问题提供一个切实有效的“药方”。家庭、学校、社会以及大学生本人，按“方”取“药”，肯定会对大学生违法犯罪这一“疾病”的治疗起到很大的效果。

总之，大学生违法犯罪问题的研究，不仅在高等教育领域具有很大的现实意义，而且在犯罪学研究上也具有重要意义。

第四节　研究思路与研究内容

一、研究思路

本书基于实证资料分析，得出大学生违法犯罪的原因——“社会腱”的断裂导致大学生走上违法犯罪道路。基于“打击不如矫正，矫正不如预防”的客观情形，提出了“强化依恋、提高认同、形成并巩固信念”的这一预防大学生违法犯罪的路径。终极目标是让“社会腱”在大学生中间不致出现断裂。在此基础上提出本书的研究思路。

第一，对国内外大学生违法犯罪现实态势进行扫描，并对其在大学生违法犯罪问题的研究状况进行系统梳理，指出以往研究中取得的成绩以及存在的不足，尤其是指出了研究理论的匮乏，为本书做好铺垫。

第二，在对相关概念进行界定的基础上，指出研究大学生违法犯罪的必要性与可能性。然后，就大学生违法犯罪的特点进行简要归纳，为下文的研究打下基础。最后，修正特拉维斯·赫希的犯罪社会控制理论后，本书提出采用“社会腱”理论研究大学生违法犯罪问题，并在“社会腱”的视角下具体建构大学生违法犯罪的研究框架。

第三，从“社会腱”理论中的依恋、认同和信念三个因素出发，分析导致大学生违法犯罪的原因，分别从家庭、学校和社会三方面，对依恋的弱化、认同的降低、信念的缺失导致大学生“社会腱”链条的断裂，进而引起大学生违法犯罪的发生进行深度剖析。

第四，基于第三部分分析的大学生违法犯罪的原因，提出“强化依恋、提高认同、形成并巩固信念”的大学生违法犯罪预防的具体措施，以减少或避免大学生违法犯罪的发生。

第五，在上文研究的基础上，得出本书的研究结论：大学生违法犯罪是“社会腱”断裂导致的；大学生违法犯罪是可以预防的，采取措施避免大学生“社会腱”的断裂，可以达到预防违法犯罪的目的。

当然，决定大学生违法犯罪的实施不能全部归责于家庭、学校、社会等环境要素，还取决于大学生自身、教师及大学生的亲属等人的共同作用对他们的影响，尤其是大学生个人的意义系统对违法犯罪的建构。

本书的研究思路具体如图 1－1 所示。

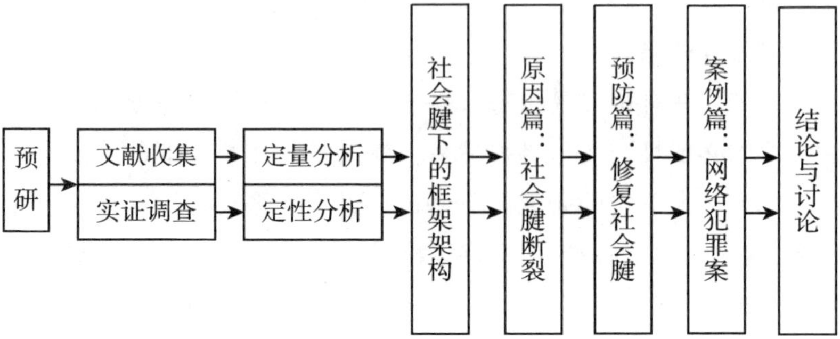

图1-1　基于“社会腱”下的大学生违法犯罪的研究思路

二、研究内容

在上文研究思路的引导下，具体将本书的研究内容设计为以下六部分。

第一部分，绪论。现实中的大学生违法犯罪现象时有发生，且呈现出多样化、智能化和快速增长的特点。本书引入“社会腱”分析大学生违法犯罪成因，依据“社会腱”中的依恋、认同和信念三因素，基于大学生群体的特殊性，立足于我国高等教育改革的大政方针、社会整体、社会转型的现实，汲取国外偏重于实际研究的优点，借鉴国外有关青少年犯罪原因的成熟理论，系统研究大学生违法犯罪的原因，提出防范大学生违法犯罪的具体措施，为社会、家庭、学校及个人形成合力预防犯罪提供理论支持和实践借鉴，对降低在校大学生的违法犯罪率和预防“天之骄子”走上违法犯罪歧途具有重大现实意义和战略价值。本书采取文献研究法、个案研究法、问卷调查法等方法，做到了多方法交叉结合，达到了规范与实证、理论与实践、一般与个案、整体与局部之间的有机结合。

第二部分，理论篇。“社会腱”视角下大学生违法犯罪。在对以往犯罪控制理论进行系统的学术史考察的基础上，重点研究修正后的赫希的社会控制理论，将社会控制理论中的依恋、奉献、卷入和信念四个因素从“社会腱”研究的视角予以修正：将赫希理论中的“少年对父母的依恋”修正为“大学生对家庭的依恋”；大学生对学校的依恋方面，不仅适用于困难家庭的大学生，也适用于家庭条件较好的大学生；大学生对社会的依恋是赫希理论所没有论述过的，而是必须要添加的一种类型；整合奉献和卷入概念后提出“认同”因素，这里的“认同”包括一个人在社会上承担的责任和义务、具有的远大志向和追求、较强的责任心等内容；在“信念”方面中国要求大学生赞同、承认、相信的价值体系和道德观念与美国对青少年的要求是截然不同的。故，对“信念”予以修正，强调在大学生中间开展理想、信念教育不能有丝毫的动摇，还要对大学生中的一些不正确信念及时予以扫除，避免任何犯罪倾向、苗头侵蚀大学生的头脑。“社会腱”三因素在大学生的生活中是浑然一体的。

第三部分，原因篇。“社会腱”断裂导致大学生违法犯罪。大学生的生活空间主要是家庭、学校、社会这三个方面。因此，这三个方面对大学生的影响也最为深刻。依据修正后的社会控制理论，把“社会腱”的三个因素依恋、认同和信念置于大学生的生活空间内，分别从家庭、学校和社会环境中的某些负面影响因素的存在，或使大学生对家庭、学校、社会的依恋之情弱化；或使大学生的认同度降低，无法完成自然人向社会人的转变；或使大学生的正确信念缺失。最终“社会腱”断裂导致大学生实施了各种违法犯罪行为。

第四部分，预防篇。修复断裂的“社会腱”。预防应是第一要义。强化依恋：注重培养家庭亲情和力避问题家庭的出现以强化大学生对家庭和对父母的依恋，提升教师队伍素质、营造良好有序的校园育人环境、革新学生管理体制、做好对大学生同辈群体的合理引导以强化大学生对学校的依恋，弥补经济体制改革中的漏洞与负面效应和提高国家的社会控制力以强化大学生对社会的依恋。提高认同：通过树立正确的教育观使大学生获得正确的教育行动方向，实施正面引导教育使大学生得到正确的角色认同，加强校园物质文化建设为大学生的行动提供物质保证，加强校园行为文化建设使大学生获得正确的行动指南，突出校园精神文化建设使大学生获得行动的精神指导，进而提升大学生角色认同感；净化大学生生存的社会环境使之获得正确的社会认同，加强网吧管理以清除网络垃圾对大学生社会认同的负面影响，进而提升大学生社会认同感。形成并巩固信念：强化父母责任为大学生正确信念的形成打下基础，加强家庭文化建设使大学生获得正确的信念；加强道德教育使大学生形成正确的道德观；加强法制教育使大学生形成正确的法制观念；注重发挥人文教育在大学生正确信念形成中的作用；切断低俗文化的传播使大学生的文化观念不偏离常轨。一句话，确保大学生“社会腱”链条中的每一个腱都不被削弱、断裂。

第五部分，典型案例篇。基于“社会腱”探讨的大学生网络犯罪案。针对大学生 A 实施的网络犯罪行为这一典型案例，将“社会腱”中的依恋、认同和信念三个因素运用到分析 A 走上犯罪道路之成因，可以得出这样的结论：A 之所以走上犯罪道路，与其正常的依恋、认同和信念“社会腱”三个因素的削弱、破裂有着密不可分的关系。依恋的弱化导致的“社会腱”破裂是其犯罪的根本原因，认同的降低导致的“社会腱”破裂是其犯罪发生的中间环节，信念的缺失导致的“社会腱”断裂是其发生的最终原因。一句话，“社会腱”的断裂才导致了A犯罪行为的发生。

第六部分，研究结论与讨论。在上文研究的基础上，得出大学生违法犯罪问题在引入“社会腱”理论后是完全可以解决的，要深刻把握大学生“社会腱”断裂这一“病因”，切实使大学生对家庭、对学校、对社会的依恋得到强化，采取措施提高大学生的角色认同和社会认同，使大学生的正确信念不仅要形成还要进一步得到巩固。最终实现预防大学生违法犯罪的发生。

第五节 研究方法

本书主要采用以下研究方法。

一、文献研究法

文献研究法主要有两种类型：传统（定性）分析方法和形式（定量）分析方法。在传统分析中应区分外部分析和内部分析。外部分析是指分析文献“历史上的来龙去脉”及其伴随文献出现的各种情况。内部分析是指研究文献的内容，弄清楚实际内容和文字内容之间的差别，确定文献作者的专业知识水平，弄清作者个人对文献中所描述的事实所持的态度，更主要的则是要对文献中所包含的实际材料加以解释和系统化。[1]

本书主要通过对前人在大学生违法犯罪问题上的一些研究成果进行系统梳理，发现其研究中可资借鉴之处及其存在的问题与

---

[1] 程继隆：《社会学大辞典》，中国人事出版社1995年版，第656页。

不足，进而为本研究的开展打下基础。

二、个案研究法

个案研究法是指把研究调查对象看作一个整体，给予详细描绘分析的一种研究方法。即搜集与研究能反映某一个“单位”的全部现象或一般过程及其各种各样的内部联系与文化背景的第一手资料。这种“单位”可能是一个人、一个家庭、一个社会群体、一个社会机构、一个社区、一个民族或者一个社会。但通常对一个社会或社会群体的个案研究，都含有为数较多的小单位个案研究。个案研究法主要采取参与观察和访谈法进行，伴之以文字资料的利用和研究。它的优点是能详细而缜密地了解对象。[1]

本书主要通过发放问卷获得第一手研究资料，对实施违法犯罪行为的大学生案例进行剖析，在此基础上，提出相应的预防大学生违法犯罪的具体措施，即强化大学生的依恋，提高大学生的认同，巩固大学生的信念。

三、问卷调查法

问卷调查法也称“书面调查法”，或称“填表法”，用书面形式间接搜集研究材料的一种调查手段。通过向调查者发出简明扼要的征询单（表），请求填写对有关问题的意见和建议来间接获得材料和信息的一种方法。这种方法具有两大优点：一是比较科学、客观、有效。问卷调查是严格按照统一设计有固定结构的问卷而进行的研究。就整个问卷调查法的研究过程来说，问卷的设计、问题的选择、问卷调查法的实施以及问卷结果的处理和分析等都

---

[1] 程继隆：《社会学大辞典》，中国人事出版社 1995 年版，第 686 页。

是严格按照一定的原则和要求来进行的，从而保证了问卷调查法的科学性、准确性和有效性，避免了研究的盲目性和主观性。二是可以节省时间和经费。问卷调查法可以在较短的时间内收集大量调查对象的数据资料，同时，由于问卷中的问题和答案都预先进行操作化和标准化设计，因此，所得的资料非常适合使用计算机进行定量处理和分析，能够显著提高研究的效率。此外，在问卷调查中允许调查对象匿名作答，使他们没有心理压力，可以自由地、真实地反映出自己的观点和态度，这样就可以提高回答的真实性。[1]

问卷的编制步骤如下：首先，对国内外相关文献资料进行广泛查阅，结合研究目的，将调查问卷的大纲和构架建立起来。其次，根据建立好的问卷大纲和架构，将相应的具体调查资料编制完成。最后，将先前编制好的各种调查材料组合，制作完整的调查问卷。以下具体内容是本调查问卷主要涉及的：被调查对象基本信息、影响被调查人对家庭的感情联系因素及其矫正对策、对学校的感情联系因素及其矫正对策、对社会的感情联系因素及其矫正对策、影响被调查人的认同因素及其矫正对策、影响被调查人的信念因素及其矫正对策等。

本书系统地整理和综合了从各类大学生违法犯罪侦查中获得的大量零散的原始资料。在此基础上做一些资料的处理、整理、研究，在这个过程中要运用唯物辩证法的观点，坚持实事求是的科学态度，对统计汇总的数据进行系统的分析和综合，从而揭示调查数据中所包含的固有规律。

本书作者于2020年11～12月进行问卷调查。问卷回收以后，

---

[1] 徐久生：《校园暴力研究》，中国方正出版社2004年版，第31页。

利用计算机，依靠 SPSS13.0 统计软件包，进行数据分析、汇总，开展相关的分析、研究工作。本书主要对在校大学生、实施违法犯罪行为的大学生、部分高等学校的学生管理人员、部分学生家长和教育行政机关的有关人员发放问卷，以获得其对大学生违法犯罪问题的有关看法，在此基础上开展本书的研究工作。

四、个别访谈法

在大学生违法犯罪访谈过程中，对每个对象进行个别访谈，了解各方面的反应然后将在不同采访中获得的材料进行分析，得出结论。还会与违法犯罪的大学生进行深度访谈，这种方法可以从研究者的角度进行划分，用于结构化和非结构化访问。结构化访谈是指严格遵守预先制订的调查大纲或问卷向受访者提问。这样获取的数据更加规范化，便于整理和定量分析。所谓非结构化访谈，是指调查者在访谈前没有拟订详细的调查大纲只就调查的主题提问。这种方法的优点是访客不受限制，可以自然表达自己的想法，让调查人员得到更生动、真实的情况。本书以犯罪大学生为访谈对象，访谈以结构化访谈为主，非结构化访谈为辅。

五、比较研究方法

在进行本研究的过程中，也会对实施违法犯罪的大学生和没有实施违法犯罪的在校大学生进行对比研究。本书首先论述了国内外高校恶性犯罪的预防措施并与国外先进的预防措施进行比较，以供参考。其次从大学生违法犯罪的不同研究角度进行比较分析。最后通过分析中华人民共和国成立以来各个历史阶段的特点，对这一社会问题进行历史比较研究，为全面认识大学生违法犯罪现象提供了客观依据，也为预防对策的选择提供了重要参考。

第六节 概念的界定

康德曾说："一切知识都需要一个概念，哪怕这个概念是很不完备或者很不清楚的。但是，这个概念，从形式上看，永远是个普遍的起规则作用的东西。"❶ 准确界定出相关概念是做好本研究的前提。

一、大学生

"大学生"作为犯罪主体，吸引了众多研究者目光。但人们对大学生一词概念的理解仅停留在一般认知层面。依《教育大辞典》的解释，大学生是指在普通高等学校学习的学生的统称。通常特指专科生和本科生，有时也包括研究生❷。根据第八版《现代汉语词典》，大学生是那些在高等教育机构学习的人。所谓高等教育机构是大学、专业学院和大学初级学院的总称。《现代汉语词典》赋予大学生的概念更接近常识。而本研究中的"大学生"，是指18周岁以上、25周岁以下的在校大学生，包括大专生、本科生、硕士研究生、博士研究生。从培养形式上看，广义的大学生不仅包括全国统一招收的全日制大学生，还应包括自学考试、远程教育、成人教育的兼职大学生。在本书中，我们所研究的一定要具有典型性，所以本书所指的大学生是狭义上的大学生，即全日制中的大学生❸。考虑到

---

❶ 《西方哲学原著选读（下卷）》，北京大学哲学系外国哲学史教研室编译，商务印书馆1982年版，第296页。

❷ 顾明远：《教育大辞典》，上海教育出版社1993年版，第218页。

❸ 杨先永、王辉："从高校层面预防大学生违法犯罪探析"，载《青少年犯罪问题》2013年第5期，第12页。

不同文化程度的大学生人数和比例，本书的研究对象主要是大专生、本科生、硕士研究生和博士研究生，这些在大学的象牙塔里，还没有真正进入社会的人。

需要特别说明的，本书只讨论在校的大学生，不包括已毕业的大学生。另外，由于军事院校的学生具有较强的特殊性，本书也不涉及。

二、违法犯罪

针对“违法犯罪”一词，在现代文献中，学者们分别从刑法学、犯罪学、社会学三个角度来界定其含义。王牧教授认为，从行为的客观实际情况看，近似犯罪的违法行为与犯罪行为之间不存在一条客观的明确界限，何时何地何种程度才算超越了违法的容忍界限而成为犯罪行为，有时是很难区别的。[1] 因此，本书中的“大学生违法犯罪”是一个广泛意义上的概念，既包括具有严重社会危害性的刑法意义上的犯罪，也包括违反现行法律规定的犯罪学意义上的违法，还包括社会学意义上的违反校规校纪的行为。为叙述的方便，统称为“违法犯罪”。

（一）大学生违法行为

违法行为指大学生不正当的，非法的或反社会的行为。违法是指违反现行法律，对社会造成一定危害的，有过错的行为。根据情节的严重程度，可以将违法行为分为一般违法行为和严重违法行为（即犯罪行为）。根据违反的法律，可以分为行政违法行为，民事违法行为，刑事违法行为和违反宪法的行为。违法概念有广义和狭义之分。广义上的违法行为是指所有违反现行法律规

---

[1] 王牧：《犯罪学》，吉林大学出版社2004年版，第45页。

定的行为，包括一般违法行为和犯罪。狭义上是指严重违法，但不构成犯罪的行为。这里我们讨论的是广义上的违法。违法与犯罪的关系是犯罪必须是违法的，但违法不一定是犯罪。不同之处在于，犯罪的社会危害程度要比违法行为的社会危害程度严重。大多数犯罪行为应负刑事责任，违法行为应负行政责任或民事责任。违法行为和其他一些行为是有区别的。首先，违法行为不同于不道德的行为。许多违法行为既是不道德的行为，也是犯罪行为。然而，并不是所有的违法行为都是不道德的行为。同样，一些不道德的行为并不构成违法行为。其次，违法行为不同于法律无效行为，当然，违法行为不能产生行为人在实施违法行为时所期望的法律肯定的有效结果。但是，不能认为所有法律上无效的行为都是非法行为。有些法律无效的行为虽然没有法律效力，但不构成违法行为。大学生不当行为表明可能的暴力倾向，主要表现以教室、生活区、校园等为中心的不当行为，如直接威胁、骚扰或跟踪教师、工作人员或其他学生的行为，对老师、员工或学生说话傲慢或使用粗鲁污秽语言等。

（二）大学生犯罪行为

《中华人民共和国刑法》（以下简称《刑法》）关于犯罪的规定是：一切危害国家主权、领土完整和安全，分裂国家，颠覆人民民主专政政权，推翻社会主义制度，破坏社会秩序和经济秩序，侵犯国家财产或劳动人民集体财产，侵犯公民的人身权利、民主权利和其他权利，危害社会，依法应当受到刑事处罚的，是犯罪，但是，情节明显较轻，危害不大的，不视为犯罪。但是不同的国家有不同的犯罪概念。有些行为在一个国家是犯罪的，但在另一个国家不是犯罪的。在我国刑法中，犯罪的定义是形式罪和实质罪的定义。前部分是形式的定义，“危害社会的行为”是对犯罪的实质定义。大学生实施上述行为当然构成犯罪。

三、“社会腱”

“腱”本是医学上的一个概念。依《汉语大字典》的解释，“腱”是指连接肌肉与骨骼的结缔组织，白色，质地坚韧，也叫“肌腱”。[1]《说文解字》是这样界定的：腱，筋之本也。[2] 本书在这里加以借用，“社会腱”的意思是指连接一个人与社会关系的纽带，或者是指把个人与社会连在一起的黏合剂。指一个人融入社会或“社会”化的程度。社会腱包含人与学校、工作场所和社区的社会关系。它是个体与社会双向建构的产物，主要包括依恋、认同、信念三个因素。

四、犯罪预防

在讨论“犯罪预防”时，一个共同的挑战是确定这个术语到底包含了什么。给犯罪预防下定义是困难的，因为“在实践中，‘预防’一词似乎混淆地适用于一系列相互矛盾的活动”[3]。美国学者 Gilling 认为“犯罪预防是一头难以驯服的野兽”[4]，也有学者在研究大多数发达国家中所谓的“犯罪预防”时，发现一系列令人眼花缭乱的活动和项目。通常的定义是：犯罪预防是指除执行刑法外，旨在减少国家认定为犯罪行为所造成的损害的所有个人

---

[1] 宛志文：《汉语大字典》，湖北人民出版社、四川辞书出版社 1999 年版，第 208 页。

[2] 许慎：《说文解字（上）》，岳麓书社 1997 年版，第 589 页。

[3] Brantingham, P. J. , & Faust, F. L, A conceptual model of crime prevention. *Crime and Delinquency*, 1976, Vol. 22, pp. 130 – 146.

[4] Gilling. , Crime Prevention & Criminal Justice Module 2 Key Issues: 2019https: //www. unodc. org/e4j/en/crime ~ prevention ~ criminal ~ justice/module ~ 2/key ~ issues/1.

刑法预防等非预防性内容。赞同广义概念的专家提出“刑法预防属于典型的事后预防”。虽然在预防上它不是最好的政策，但它也是一个完整的犯罪预防体系的内容，在事件的前、中、后预防[1]。有专家认为，自古典学派出现以来，刑罚理论一直对犯罪领域有着非常深刻的影响。到目前为止，“以刑震慑罪”的提出仍具有十分重要的意义[2]。狭义的概念更具有特殊性。具体原因有：第一，概念狭隘，更符合犯罪预防的初衷；第二，狭义概念体现了人们在犯罪预防方面感性认识对理性认识的升华。第三，狭义概念反映了现代预防活动注重发展犯罪方法以外的预防方法和途径的重要趋势；第四，狭义概念属于最基本的刑事政策手段。

（二）犯罪预防与犯罪控制

犯罪预防对不同的人有不同的意义，旨在防止犯罪的计划和政策，可以包括：警察将逮捕作为处理犯罪问题行动的一部分，法院对犯罪分子进行制裁，或者在特殊情况下，判处死刑。这些措施更正确地称为控制或镇压犯罪。然而，更多的时候，犯罪预防是指在犯罪行为发生之前，在第一时间防止犯罪。两种形式的犯罪预防都有一个共同的目标，即努力防止未来犯罪行为的发生，但进一步将犯罪预防与犯罪控制区分开来的是，预防发生在正式司法系统的范围之外，预防与警察、法院和惩教机构一起被认为是减少犯罪的第四大支柱[3]。这一区别使人们注意到犯罪预防作为对这些更传统的犯罪控制的替代办法。勒金斯·皮特将犯罪预防与犯罪控制区分开来，他提出了以下观点：“如果社会行动是由已

---

[1] 康树华、张小虎：《犯罪学》，北京大学出版社 2009 年版，第 195 页。

[2] 张旭：《犯罪学论要》，法律出版社 2003 年版，第 186 页。

[3] Waller，Irvin，Less Law，More Order：The Truth about Reducing Crime，*Westport*，*CT*：*Praeger*. 2006.

经发生的犯罪引起的，那么我们要做的是控制犯罪；如果只是预见到犯罪，我们会采取预防措施。”❶ 他试图指出的是“纯”预防的概念，这种观点长期存在于美国犯罪学的学术和实践中。

犯罪预防包括通过影响犯罪的多种原因的干预措施，寻求降低犯罪风险及其对个人和社会的潜在有害影响（包括对犯罪的恐惧）的战略和措施。犯罪预防可以分为三个阶段或层次，即一级预防、二级预防和三级预防。初级犯罪预防的目标是在问题发生之前阻止它。二级犯罪预防的目的是改变人，特别是那些有可能走上犯罪道路的高危人群。三级预防着重于刑事司法系统的运作和在犯罪发生后处理犯罪。主要的重点是干预已知罪犯的生活，防止他们再次犯罪。

事实已表明，精心规划的预防犯罪战略不仅可以预防犯罪，而且对于各国的社区安全和可持续发展有着促进作用。对犯罪预防越负责任，成效就会越显著，并且可提高所有公民的幸福指数。规划好预防犯罪战略在降低与正式刑事司法系统相关的成本和与犯罪相关的其他社会成本方面非常有效。

---

❶ Lejins, Peter P. edited by William E, Amos and Charles F, The Field of Prevention. In Delinquency Prevention: Theory and Practice, NJ: Prentice ~ Hall. 1967.

CHAPTER 02 >> 第二章

理论篇："社会腱"与大学生违法犯罪

犯罪学通常以犯罪现象、犯罪原因以及预防方法三者为研究对象，现代犯罪学科也是基于对犯罪具体原因的研究和探索而形成的，因此，现代犯罪学的历史基本可以认为与犯罪原因历史相同。在犯罪学领域，一般认为狭义的犯罪学是指犯罪学理论，广义的犯罪学仍然以犯罪学理论为核心。一些学者认为，犯罪的现象是犯罪的原因的结果，而罪因理论的基本价值反映在犯罪上就是犯罪的原因与预防，常被比作病因和疾病的关系❶。

大学生走上违法犯罪道路是国内外高等教育发展中的一个不和谐音符，危害性不容小觑。诸多现实的案例使我们深思：是什么原因让某些大学生群体敢于冒险以身试法？针对大学生违法犯罪，应当

---

❶ ［意］贝卡利亚：《论犯罪与刑罚》，黄风译，中国大百科全书出版社 1993 年版，第 69 页。

选用何种理论来剖析其中的原因？构建出关于大学生违法犯罪研究的分析框架是一个摆在面前亟待解决的问题。

第一节 犯罪预防思想的渊源

一、我国古代犯罪预防思想

我国春秋战国时期思想发展可谓达到了一个历史阶段的顶峰，同期出现了以儒家、法家、道家为代表的诸多治国思想流派。此后，这三个学派随着朝代更替而不断地继承和发展各自的学说理论，特别是儒家学派。中国古代的预防犯罪思想也以儒、法、道为代表，这三派的理论作为我国宝贵的思想结晶，其本质和研究重点有很大的不同，犯罪预防思想各有优劣。

（一）儒家、法家和道家的犯罪预防思想

（1）儒家所倡导的预防犯罪的思想。儒家思想是一个广泛的思想体系，由许多概念和思想组成。然而，作为理解和总结孔子思想体系的起点，最基本的概念是"仁"。当被问到什么是仁时，孔子回答说："仁就是爱别人"，这一概念体现了儒家的人性和世俗主义的基本思想。人性是儒家哲学的核心。孔子追求理想的和谐的人——社会关系和谐的人——自然关系。以仁政思想为基础治理国家的君主，应该实行仁政，这是实现和谐社会的重要因素。处于这样的社会中，社会结构和社会秩序是由"礼"这一概念来描述的，它反映了儒家关于政府和社会控制的理论。"礼"是中国传统法律文化和法律体系的核心。"礼"是在周朝发展起来的，作为一种礼制和行为规范，用来规范氏族上层成员之间的等级关系。

孔子系统地发展了这个概念，强调“礼”作为道德准则。“礼”体现了孔子关于和谐正义社会的社会秩序和社会关系的思想，强调通过道德教育来教人礼。在任何社会中，道德规范和法律规范都是控制社会的基本工具；谈起孔子所倡导的道德规范应当在社会控制中处于优先地位这一原则时，“礼”的重要性就尤为凸显。儒家学派认为治国理政、规范臣民的行为的根本准则便是“礼”，故应当通过道德教育来提高人的行为素质和思想素质，由此来达到预防犯罪的目的。到了南宋时期，朱熹作为儒学大师，其认为预防犯罪应当以遏制人的欲望同时严格贯彻“三纲五常”为主，兼顾其他社会领域的调控❶。

（2）在中国法律传统中，与儒家思想相抗衡的是法家主义。法家主张用“法”作为社会控制的主要手段。在中华历史中，中国制定了许多重要的法典。虽然孔子不否认正式法律和惩罚的效用，但他强调礼比法的优越性和有效性。孔子说：“受法的约束，人们只会知道如何逃避惩罚，而不会感到羞耻。”在“德”“礼”的指导下，既能使人们产生羞耻感，又能自觉地去纠正错误行为。在孔子看来，“法”侧重于惩罚，而“礼”侧重于预防。当社会秩序被纠纷和犯罪破坏时，孔子的最终目的是恢复秩序，使社会关系恢复到原来的状态。最好先应用“礼”；当“礼”不足以纠正违法者的错误时，可以用“法”来补充。这一原则以各种形式有影响力地表现出来，指导法律的实施。其中有影响的一种表达形式是：明德慎罚。这句话的意思是，“德”或“教”是执行法律的主要方法，而“惩罚”只是一种补充措施。只有当礼不能解决问题时，才使用惩罚。这种表达的另一种具有同样本质的影响形式是

❶ 杨在平：“犯罪预防与犯罪控制：我国古代犯罪思想与西方犯罪控制理论的比较分析”，载《太原大学学报》2013 年第 2 期，第 60－69 页。

恢复性正义的明理和中国的儒家哲学"德"胜"法"，即必须清楚地传达关心和教育，惩罚的使用必须非常谨慎。惩罚只是一种工具，道德教化和伦理内化是其根本目的。只有通过"礼"来恢复社会关系，这个解决方案才能产生持久的效果❶。

法家学派在不同的朝代都有着不尽相同的规则和法令，但是严苛始终是其最突出的特点之一，违反的人就会受到严厉的惩罚。因此，与儒家学派相比，他们认为预防犯罪的发生需要强有力的法律和制度，所以法制教育是法家学派所倡导的预防犯罪思想。法家认为"人的善是善，恶的罚是善"。重罚的实施会使人们害怕惩罚，减少犯罪，因为他们不敢承担犯罪的后果。这是从采取预防犯罪措施的效果的角度出发而进行的研究。

（3）道家的犯罪预防思想。道家对"无为"普遍认可和推崇。他们相信一切事物都有其规律，并按照规律运行。因此，在国家的繁荣时期，家庭、学校应顺从自然，采取过多措施去预防犯罪的发生会干预事物的运行和变化。然而，在犯罪行为频繁、犯罪现象滋生的时期，增加防范措施和"无为"成为一个需要解决的矛盾。因此，在这个时候，道家认为应该采取措施来预防犯罪，如遏制奸诈的思想和行为，教育人们减少私欲，改革国家的统治程序。

（二）传统刑教思想与现代预防犯罪理念的共通点

中国古代的刑罚教育思想旨在运用蕴含在整个传统法律体系中的法制教育方式来维护国家和社会的稳定，而预防犯罪的诸多理念也被包含其中。笔者通过结合现代社会犯罪预防的基本原则，

---

❶ Jianhong Liu. Principles of Restorative Justice and Confucius Philosophy in China. Newsletter of the European Forum for Restorative Justice, 2007, p. 3.

整合现代犯罪预防措施，从而去深入探索和梳理传统犯罪教育思想的精髓。从刑罚教育的实效性来看，中国古代预防犯罪的一些主张在某些方面与现代社会的主张是一致的。

1. 人性本质与现代的犯罪心理预防

刑罚教育思想中的预防犯罪观念强调人要反思自己的内心信仰，防止各种邪恶思想的干扰。“善心”是一种健康的心理，强调从人性的角度寻找犯罪心理的成因。在人性问题上，中国古代许多学者都有自己的见解。孟子认为自然是善的，而荀子认为自然是恶的，所以人们为什么要犯罪，他们有不同的看法，孟子将其归结为人性的缺乏，荀子却将其归结于自然的存在。即使在今天，仍然有很多关于人性的争论。无论如何，善良的人在生活的道路上仍然会受到后天习惯的影响，恶性也是如此。既然我们不知道人的本性在后天的生存环境中最终会走向何方，那么最好始终强调刑罚教育的思想，以确保后天教育在人的表现中发挥一定的作用。在柏拉图看来，人性的善恶过于抽象，不如将人性视为具体的，区分善恶需要以他们的教育为基础。这种观点与儒家代表人物董仲舒的观点十分相似。如若放任一个人完全自我发展，那么大概率会失败。因此，对于那些过于追求自我和追求物质利益的人，法律始终不可能成为他们的信仰。一旦人们的内心不再善良，人们对于法律便会置若罔闻，这种情况一旦达到一定程度，法律的底线也就会逐步被攻破。所以，当下只要公众心中增加了对法律的信仰，就是增加了成为好人的可能性，特别是在法治时代，加强犯罪预防与控制中的法制教育显得尤为重要。

2. 习惯形成与现代的法治环境预防

古代刑罚教育中的预防犯罪观念强调的是法制建设和整个社会环境对人的影响。“改变习惯”就是把人安排在良好环境下，充分发挥良好环境对人的潜移默化的影响。荀子曾经说过："居必择乡，游必就士。[1]"生动地说明，为了防止不良品质的形成，有必要对环境进行整理。因此，以仁治国的理念在古代被广泛推崇，历朝历代也在努力营造和谐稳定的社会环境。

现代社会要想让犯罪预防控制体系被公众接受和服从，首先需要让公众在心理上认可这一体系。此时，营造良好的法律环境，促进公众心理接受尤为重要。其次，可以找出法治氛围下构建的犯罪防控体系存在的问题，并进行相应的完善。只有深入人心的法律才能在人的帮助下实现效益最大化。

二、国外犯罪预防思想

（一）西方的犯罪控制理论

理论上有三种解释越轨行为的方法。第一种是应变论，强调从众不能使人满足，强迫人越轨。第二种是文化论，认为越轨行为是一套不为强大的社会所接受的标准。第三种是控制论，它解释了为什么人们可以自由地作出违法行为，那就是社会纽带的断裂。控制论有很长的历史，该理论的基本假设是，每个人生来就有触犯法律的自由。因此，犯罪是自然的。然而，社会制定规则、法律和纽带来约束公民参与社会秩序所接受的一套公认的标准。购买食物是自然的，但盗窃食物为犯罪。控制论解释了社会如何说服人们遵守社会给予我们的规则。控制论当时是一种解释青少年犯罪的新思路。然而，它不能完全解释当今的犯罪和青少年犯罪。根据美国人口普查局统计，从 1950 年到 1964 年，被逮捕的青

[1] 张良才、修建军：《原始儒学与齐鲁教育》，湖北教育出版社 2003 年版，第 48 页。

少年总数从 14 539 人增加到 961 132 人[1]，青少年犯罪在十四年间增长了 66 倍，这在当时的美国是一个严重的问题。因此，当时出现了许多理论，描述了青少年犯罪的原因。其中就有很多控制理论，例如，Skes 和 Matza 在 1957 年写了一本名为《中和技巧》的书。他们解释说，当人们做了他们认为是错误的事情时，他们会试图否认，他们认为强迫或命令他们作出越轨行为的人负有责任。他们认为自己的越轨行为没有受害者或者没有人受到伤害。特拉维斯·赫希也在那个时候提出了自己的控制论。

从社会控制的角度来理解犯罪是当代犯罪学的三个主要社会学视角之一。控制论者认为，社会规则的一致性是由社会化产生的，并通过与人和机构——家庭成员、朋友、学校以及工作单位的联系来维持。

1. 犯罪控制理论概念

人们犯罪行为的原因和如何控制犯罪行为，这两个问题是西方学者研究犯罪控制理论主要关注的两个方面。探究犯罪产生的原因作为西方犯罪控制理论的出发点，这种理论认为欲望是人犯罪的根本原因。人皆有自己的欲望，且每个人的欲望是无穷的。这意味着一旦完全打开个人欲望的大门，那么每个人都有犯罪的可能，个人和整个社会法益将无时无刻处于被侵害的风险之中。然而，犯罪活动仅仅只是社会中的一小部分。换言之，尽管每个人都有可能犯罪，但是多数人还是能控制住自己的欲望不去侵犯法益。这种现象产生的原因是传统行为模式和社会约束两者产生的强烈的束缚。因此，应当从原因的角度出发去控制犯罪行为，

[1] Travis Hirschi's Control Theory in Causes of Delinquency [EB/OL]. https://graduateway.com/travis-hirschis-control-theory-in-causes-of-delinquency Jan 19, 2017.

要加强社会约束力来控制犯罪的发生。正确的行为可以通过增强社会约束力的方法来实现。不良影响的产生会增加个人压力，进而个人通过控制自己的欲望，使他们自愿地去接受社会的约束，不去犯罪。

2. 迪尔凯姆的社会控制论

社会控制论的第一个概念可以在一些启蒙思想家和犯罪学古典学派的著作中找到。英国哲学家托马斯·霍布斯曾在17世纪撰写了一篇关于放纵自己的欲望和邪恶的心理倾向的文章，约束这些心理倾向需要外部因素的介入和相应的政府角色参与的人❶。社会控制理论的起源与埃米尔·迪尔凯姆有关，这位多产的法国作家被许多人视为社会学和结构功能主义的创始人，他除了解释社会规范崩溃导致的社会反常状况，还认为犯罪和反常作为社会事实，存在于所有社会。迪尔凯姆说："我们是社会人，在某种程度上我们是道德人❷。"在他看来，犯罪的功能是确定行为的界限，这些界限在社区中被集体承认，并被负面的社会反应强化。因此，社会秩序是通过社会化的过程来维持的，以避免与越轨行为相关的"反对"。这个过程也是改变边界和社会变化发生的手段。迪尔凯姆对社会控制的看法如下：试图阻止违法行为和惩罚违法行为就是社会控制。身处反常社会中，反常行为都是正常的。一种行为是否被认为是越轨行为取决于它发生的环境。

犯罪控制理论的源头和基石就是迪尔凯姆的思想。社会控制和犯罪行为的出现是密切相关的，并且两者是反向变化的。换句

---

❶ Hobbes's Moral and Political Philosophy, first published, 2002; substantive revision, 2018.

❷ Durkheim. Translated by Everett K. Wilson and Herman Schnurer Mineola. Moral education, 2002, p. 64.

话说，当社会有了更多的控制和约束，人们就会少犯罪。但是，如果社会的约束力和控制力不强，那么人们将难以抑制自己的欲望，其犯罪行为将会增加，也会导致别人犯罪，并最终导致社会犯罪的快速繁殖，破坏社会的正常发展。如果没有社会的控制和约束，犯罪的滋生是很正常的。因此，为了加强对犯罪现象的控制，需要政府和社会采取措施加强对社会的控制，如加强道德教育等，以影响社会公众的行为和思想，使他们明辨是非，知道犯罪的影响和不良后果，社会和道德对他们产生一定的压力，从而降低犯罪的发生率。

3. 赫希的以家庭为中心的社会控制论

赫希是西方国家早期犯罪控制理论家的代表人物。他提出了以家庭为中心的社会控制论。这是一种专注于家庭以及如何控制犯罪行为的理论。与犯罪控制的一般理论相同，赫希还发现，多数犯罪人都是为了满足自己的欲望去犯罪，但也会有一部分人会克制自己的欲望不去犯罪。因此，人们为什么犯罪并不是他要寻找的问题，他要发掘的是人们为什么不犯罪，阻止人们犯罪的原因是什么。为什么人们要遵守各种社会规范而不是打破它们？从这个角度出发，他提出了自己的观点，这就是著名的以家庭为中心的犯罪控制理论。这一理论主要包括预防犯罪发生的三种措施。第一种是“直接控制”。例如，父母应该根据孩子的行为适当地奖励或惩罚他们。第二种是“间接控制”，希望孩子遵守社会规范，以免让父母不安。第三种是“内在控制”，影响儿童自觉遵守规范的内在因素。

（二）西方犯罪控制理论与中国古代犯罪预防思想的差异与内在联系

中西犯罪和犯罪原因的差异是中西文化的差异。然而，诸多历史事实也表明，这种差异是互补的前提而非冲突的根源[1]。传统犯罪学是研究犯罪原因的通常方法："为什么有些人犯罪?"或者"为什么有些人不犯罪呢?"问题的核心是犯罪或不犯罪的"人"，从根本上决定和解释人类行为的本质就是人性。虽然我们可以认为这两个问题是同一个问题，因为有人犯罪就一定意味着有人不犯罪，但是这两个关于人性的假设是不同的，忽视这一点就会错误地认为这两个问题是相同的。如果我们把犯罪的人和不犯罪的人看作一个整体，也可以说明人性是"善"和"恶"的。为什么有些人犯罪？人性的假设是"人性恶"。为什么有些人没有犯罪呢？人性的假设是"人性善"。前者是"西方文化"对"人性"最基本的假设。西方"人性恶"文化在解释犯罪原因时，强调人本主义、利己主义是犯罪的根源。后者是中国文化中最基本的"人性"假设。中国传统文化中的人性观也是多种多样的，包括善、恶、非善恶。然而，人们继承了儒家的"仁人观"，强调社会因素和不良环境对人性和犯罪的影响。

从个人的角度看来，个人也有善良的人性和邪恶的人性。年龄序列非正式社会控制理论的理论模型建立的事实前提是犯罪行为在生命过程中的稳定性与变异性并存。为了解决两个问题："为什么一个人有时会犯罪?"以及"为什么人有时不会犯罪?"也就是说，犯罪或不犯罪是个人选择的结果。这也说明，把人性单一而绝对地定义为"善"或"恶"是不科学的，人性是"善"与"恶"的结合。因此，一个人在获得一定的物质或精神利益的基础上，会选择行为，包括犯罪行为和法律行为，但这个选择过程还

---

[1] He, X. L. Differences and Complements between Chinese and Western Cultures. Thought Front, 2011, pp. 98 – 105.

受到社会因素等其他因素的影响[1]。

三、西方的控制理论与中国古代犯罪预防思想之间的联系

根据西方犯罪学的犯罪控制理论，犯罪预防理论的理论前提是犯罪原因理论。用社会控制力量去解释犯罪产生的原因，这样的理论我们称为控制理论。在笔者看来，控制理论既可以用于研究犯罪的成因，又能激发许多预防犯罪的思想火花。这种控制理论与中国古代的犯罪预防思想有以下几点相似之处。

第一，在迪尔凯姆看来，道德纽带是一种约束力，是一条由个人延伸到他人之间的纽带，这种约束在内心上或者社会中都是必不可少的，“道德”是个人控制自己行为的一种束缚，它主动调控着个人的行为，因此道德的作用是不言而喻的。而“德”在中国古代所强调的含义则是美德。修养高的人会去主动探究自己在社会环境中的命运，由此便形成了自然状态下的理想道德。例如，儒家学派主张以道德教化的方式去预防犯罪的发生，以此来减少无“德”人员的数量，减少犯罪的发生。在朱熹看来，先天的性情可以靠后天的道德修养来改变，性情决定着人的欲望大小。可见，朱熹认为道德修养对于预防犯罪有着重要作用。因此，迪尔凯姆的“道德”与中国古代文化大致相似，但迪尔凯姆的“道德”来自外部控制，对个人来说有利于身心健康和维系正常的社会生活。中国古代所倡导的“德”，主要是个人通过内在去控制和约束自己的行为，以达到古代社会所提倡的正气、修身、齐家、治国、平天下[2]。

---

[1] Xiaofei Wang, Ying Zhuang. The Future of Criminological Theory: Tendency and Construction Methods. Open Access Library Journal, Vol. 5 No. 3, March 2018.

[2] 杨在平，“犯罪预防与犯罪控制——我国古代犯罪预防思想与西方犯罪控制理论的比较分析”，载《太原大学学报》2013年第2期，第18-22页。

第二，先秦儒家、法家、道家都认为个人内在的人性以及外在的社会是犯罪现象产生的主要原因，并在道德、法制、政治、经济方面去采取相应的措施预防犯罪。犯罪的社会原因在赫希的社会控制理论中也被重点提到，他认为预防犯罪的关键因素是社会对个人的约束力。他假设传统的道德秩序的信仰在每个社会中都存在，社会对个体约束的差异决定其是否会犯罪，受到社会约束较小的人往往更自由也更容易受到诱惑；相反，受到社会约束强的人会考虑各种因素，使自己无法摆脱社会道德约束，从而不犯罪。

第三，社会控制理论首先强调个体对家庭（尤其是父母）、学校、同伴和朋友的依恋。首先，如果个人与这些人、群体有密切的情感联系，对预防犯罪就会有很大的好处，从而大大降低犯罪的发生率。其次，一个人对教育和职业地位的抱负越高，越轨的行为对他来讲成本就越高，他就不会轻易地从事越轨行为去破坏自己正在投入并期望实现的目标，同时也没有更多的时间和精力去投入犯罪等越轨行为。最后，由于犯罪活动总是与懒惰密切相关，个人可能面临的诱惑和犯罪将会被传统的合法活动隔开，最终会使得个人没有更多的时间和精力去思考或者实施犯罪。笔者认为，同中国古代相比，这些犯罪预防理论有着近乎相同的内涵。例如，儒家的代表人物荀子主张德治与法治的有机结合，即强调德治、礼治、政治、刑治的综合运用。同时，他还提出了"政治教育与修身齐头并进""文艺和经济并驾齐驱""一般预防与特殊预防有机结合"等预防犯罪的途径。综上来看，西方犯罪学中的控制理论与中国古代的犯罪预防思想存在着一定的差异，同时也存在着许多内在的联系。

第二节　赫希的社会控制理论四要素

“社会腱”一词的英文含义是“Social Bond”[1]，“Social Bond”一词在美国社会学家、犯罪学家特拉维斯·赫希的著作《少年犯罪原因探讨》中有注解。在《少年犯罪原因探讨》一书中，赫希试图陈述和测试犯罪理论，认为犯罪的人相对而言没有亲密的依恋、渴望和道德信仰，而这些信仰将大多数人束缚在法律之内。赫希分析了在加利福尼亚州西部康特拉科斯塔县收集的大量犯罪数据，对比了压力、控制和文化偏差理论的假设。他概述了这些理论的假设，并讨论了归因于每个理论的逻辑和经验困难，社会控制理论（social control theory）便由此引出。在社会控制理论中，赫希作出了这种假设；是什么阻止人们违反规范，根据赫希的观点，从众是由社会控制产生的。当人们与社会的“社会纽带”被削弱时，他们就会从事违法行为。

一、社会控制理论

控制理论解释了下层社会儿童的越轨行为。这种形式的控制理论是当时控制理论的主流。然而，特拉维斯·赫希在1969年写了一本名为《少年犯罪原因探讨》的书带来了一种全新的控制理

[1] 针对Social Bond一词，学者们曾有不同理解。有的认为是“社会联系”（吴宁：“青少年犯罪心理成因分析的社会控制理论解读”，载《理论与改革》2007年第5期，第139－140页），有的认为是“社会键”（江志华：“‘社会键’理论与青少年犯罪预防”，载《当代青年研究》2004年第6期，第44－48页）。本书更倾向于理解为“社会腱”，因为它不仅能够更好地解释犯罪的发生原因，也更利于选择有效的预防犯罪措施。

论，被称为社会联结理论。赫希提出的控制论对人性持否定态度。他看到人类是自私的，我们做决定的基础是该行为给我们带来需要的利益。他认为，每个人都有犯罪或越轨行为的自由，社会阶层和犯罪没有关系。社会关系是影响我们不犯罪的主要原因。我们不犯罪的原因是我们都害怕失去那些对我们来说很重要的人或是重要的关系，例如，父母、老师、同事甚至雇主。如果我们犯罪或作出不正常的行为，我们可能会有破坏与对我们重要的人之间关系的风险。因此，他提出了四种主要的社会联系来保证一致性，即依恋、奉献、卷入和信念。

社会控制理论的基本观点是：[1] 犯罪倾向是每个人都会产生的，任何人都可能成为犯罪人。阻止个人去实行违反社会准则的行为可以通过调节个人与社会关系的联系来实现，而个人与社会关系变得薄弱时也就会发生犯罪行为。赫希认为，任何人都会产生犯罪的倾向，如不加以控制，犯罪行为就会在人群中蔓延，犯罪的群体就会扩大。把个人和社会联系起来的"Social Bond"一旦被削弱，犯罪就会产生，而少年犯罪正是在个人与社会的联系薄弱或者断裂时产生的。[2] 朋友、父母、邻居和重要的社会机构，如学校、工作单位等的联系会因为犯罪行为被破坏。出于保护这些关系的目的来控制个人，不去进行犯罪行为；一旦没有社会联系，漠视别人的利益，就会使个人随意实施犯罪行为。赫希认为，依恋、奉献、卷入和信念是组成"Social Bond"的四个部分。[3]

---

[1] 吴宗宪：《西方犯罪学史》，警官教育出版社1997年版，第706页。

[2] ［美］特拉维斯·赫希：《少年犯罪原因探讨》，吴宗宪译，中国国际广播出版社1997年版，第10页。

[3] 吴宗宪：《西方犯罪学》，法律出版社1999年版，第519－526页。

（一）依恋

社会控制论的第一个要素依恋（attachment），是个人对他人观点的敏感程度，是指个体在情感上依附于别人，如父母、朋友、老师等。每个人会非常在意这些人对自己的看法，害怕失去他们的尊重和感情，因此就不太可能犯罪。赫希引用迪尔凯姆的话说：“我们是社会人，我们就是道德人。”换句话说，如果我们不受作为社会成员的约束，我们就不受社会规则的约束，我们可以自由地按照自己的利益行事，这往往会导致我们犯罪。依恋是指人与社会之间的一种共生关系。根据赫希的说法，在社会中，与他人有强烈而稳定的依恋关系的人不太可能违反社会规范。相反，一个依恋薄弱的人被认为不关心他人的愿望，从而倾向于偏离社会期望。因此，如果一个人依附于自己的家庭、朋友和社区机构，他就不太可能故意从事伤害行为。虽然有强烈的家庭和社区依恋的人可能会实施违法犯罪行为，但赫希认为，他们更有可能考虑自己的决定，避免越轨行为。

依恋是个人对他人或群体的感情和感受。当依恋在人与人之中产生时，在进行某种活动之前就会去主动考虑他人或者群体的感情和意见。对普通人来说，抑制犯罪的重要因素就是增强这种感情联系，随着这种感情联系的增强，个人想要实施犯罪活动时就很有可能会去担心破坏这种联系。因此，控制少年犯罪的诸多因素中，依恋起着重要的作用。甚至在赫希看来，依恋是最重要的社会联系，想要将价值和规范内化于心，依恋也是必要因素。

依恋意味着，如果我们想与那些对我们有意义的人保持联系，我们就会创造社会联系的一致性。根据特拉维斯·赫希的说法，这种联系越强，这个人就越有可能在决定是否实施犯罪行为时考虑到这一点。他认为依恋是社会关系四要素中最重要的。依恋是孩子对父母、教师的一种情结。孩子们在家里和父母在一起，在学校和老师在一起，学习尊重他人，遵守社会秩序。如果青少年能很好地融入家庭和学校，为了不让父母和老师失望，他们可能不会陷入亚文化，更不可能去实施犯罪。

根据赫希的理论，依恋体现在三个方面。

1. 对父母的依恋

赫希认为，犯罪的重要制止因素就是对正常人的感情联系。这种感情联系的程度直接影响了个人是否进行犯罪时的最终决定。❶ 儿童对父母的感情是最强烈的，假如对父母没有感情对其他人就更不可能有感情。对父母的依恋是最重要的依恋，即使一个家庭因各种原因不完整，儿童也应当保持对父母一方或双方的高度依恋。尊重他人的情感是建立在对父母依恋的基础之上的，只有让个人感受到家庭的温暖，家庭才能有效地发挥控制少年犯罪的作用，个人实施少年犯罪的概率就会降低。赫希还分析了对父母依恋的三种情况：对传统父母的依恋、对非传统父母的依恋、对父亲的依恋和母亲的依恋哪个重要。根据赫希的研究，青少年犯罪的概率取决于对父母的依恋程度。这是因为，青少年的适当社会化和对于行为准则的内化过程都在持续地受到对父母依恋的制约。疏远了父母，孩子不会自发地感觉或者产生道德准则，也就不能发展起适当的良心或超我。少年犯罪的可能性随着与父母的感情而变化，这种感情受到削弱就会增加少年犯罪的可能性，这种感情增加就会减少少年犯罪的可能性。❷ 因此无论父母的阶级

---

❶ ［美］特拉维斯·赫希：《少年犯罪原因探讨》，吴宗宪译，中国国际广播出版社 1997 年版，第 71 页。

❷ HirschiTravis, *Cause of Delinquency*, Berkeley, University of California Press, 1969, p. 88.

地位或种族如何，与少年的关系越密切，少年实施犯罪的可能性也就越小。而且对父亲和母亲的依恋同等重要。

赫希对依恋假说的测试着重于孩子对父母的依恋对于降低青少年犯罪的可能性尤为重要。他最初的测试考察了依恋父母的三个维度：虚拟监督、与父母沟通的亲密度和情感认同。赫希认为，第一个维度是虚拟监督，也就是父母跟踪孩子的行踪和同伴的程度，应该与孩子的犯罪行为成反比，因为这增加了当孩子面临犯罪行为的诱惑时，父母在孩子心理上的存在程度。第二个维度是孩子与父母的亲密沟通，代表父母和孩子讨论一些重要问题的频率越高，孩子犯罪率越低。第三个维度是衡量对父母依恋的标准，即孩子对父母的情感认同，指的是孩子是否想成为他或她的父亲或母亲所代表的那种人。赫希假设，那些更有可能想要像他们的父亲或母亲一样的年轻人不太可能从事犯罪活动，因为他们更看重父母对他们的看法。在这三个方面，赫希都发现了依恋假说的有力支持。那些认为父母意识到自己行为的孩子，那些与父母有更高水平沟通的孩子，以及那些报告与父母有更高情感认同的孩子，实施犯罪的可能性大大降低。

2. 对学校的依恋

传统工作和传统家庭以及婚姻生活三者是靠学校联系起来的，学校自身也是一种传统的社会机构。参加传统活动和接受传统价值观是学校的普遍要求，因此个人正常地从童年过渡到少年主要依靠对学校的依恋，这种依恋也能够控制少年犯罪活动。赫希认为，少年对学校的依恋程度、学习能力、学习成绩决定了学校与少年犯罪的关系。成绩较差和缺乏学习能力的学生实施少年犯罪的概率更高。[1]

---

[1] HirschiTravis. *Cause of Delinquency*. Berkeley. University of California Press. 1969，p. 20.

对学校的依恋程度较低的学生的学习能力和学习成绩也较差，这样的学生也就更容易进行少年犯罪。

虽然赫希承认青少年对学校的依恋与他（她）对教育和参与学校相关活动的承诺之间存在重叠，但他将对学校的依恋概念化为独立的社会纽带元素。一般来说，年轻人越依恋学校，就越担心失去老师和其他学校工作人员的尊重。赫希通过学术能力和表现、学生对学校的喜爱程度、对教师意见的关注程度以及对学校制定行为规则的权威的接受程度来衡量对学校的依恋。赫希认为，学术能力高的学生在学校的表现会更好，会体验到与优秀表现相关的奖励，而且会比那些在学校表现不好的学生更喜欢学校。那些喜欢学校、关心老师对自己看法的人，也应该更少犯罪。

赫希的发现支持了这些预测。虽然学习能力的影响比其他变量的影响更弱，但都与预期方向的犯罪有关。例如，喜欢学校的男孩比不喜欢学校的男孩被举报犯罪的可能性要小得多，成绩好的男孩也比成绩差的男孩被举报犯罪的可能性小得多。其他研究人员对赫希关于学校依恋的假设进行了测试，他们经常重新定义这个变量。最普遍的情况是，对学校的依恋在某些方面被认为是对传统目标的承诺和/或参与与学校相关的活动（如家庭作业）的要素，在某些情况下，对学校的依恋被视为对他人的整体依恋的一个方面。大多数研究分析了对学校的依恋对犯罪的影响，使用的变量包括喜欢学校、较高的学术能力、关注教师意见、对教师兴趣的感知、对学校的总体积极态度。发现对学校更依恋的年轻人不太可能犯罪，这与赫希的预测一致。

3. 对同辈朋友（peers）的依恋

赫希用自我报告法对有前科的少年所进行的调查表明，对于少年来说，有前科的人也更容易结交同样有前科的少年朋友。[1] 依恋是一个传统上被研究的关于亲子关系的概念。根据鲍尔比的依恋理论，这是一种情感纽带，是在幼儿时期根据主要照顾者（父母）对婴儿需求的反应而形成的。因此，早期与父母建立的亲密关系会影响青少年的情绪发展和与同龄人的关系技巧。因此，早期的互动模式和由此产生的心理表征通常会伴随个人的生活，引导他（她）的态度、行为和对他人的期望。根据依恋理论，在青少年时期，同伴关系变得更加重要。同理心作为一种潜在的机制可能有助于解释强大而健康的情感纽带如何与青少年较少的情感障碍和行为问题相关联。青少年时期同伴依恋与行为问题和情绪困难呈反比关系，而与亲社会行为呈正相关，安全的同伴依恋关系非常重要。在从婴儿期到青春期的过渡期间，孩子变得更加独立于父母，并向同龄人寻求社会支持。随着同龄人成为强大的社交媒介，对父母的依恋仍然是他们生活中同样重要的一部分。研究青少年与同龄人的依恋关系，以及这种关系如何影响他们的情绪和行为是很重要的。

那些与父母建立安全依恋关系的人更有可能与同龄人建立安全依恋关系。同伴依恋的研究尤其在社会关系变得更加复杂的青少年中备受关注[2]。安全的同伴依恋被定义为一种建立在信任的基础上的关系，同时相信对方会尊重自己的需求和愿望，并且在交流感情时他（她）能够理解并作出回应。因此，青少年安全的同

---

[1] HirschiTravis. Cause of Delinquency. Berkeley. University of California Press. 1969, p. 135.

[2] Gorrese A, Ruggieri R. Peer Attachment: A Meta – analytic Review of Gender and Age Differences and Associations with Parent Attachment. Youth Adolesc [Internet]. 2012; 41 (5): 650 – 720. Available from: http://link.springer.com/10.1007/s10964 – 012 – 9759 – 6 pmid: 22476726.

伴依恋关系是建立在相互理解、信任和良好沟通质量的基础上的❶。与此相反，不安全的同伴依恋表现为从同伴群体中疏远和孤立的感觉。这种感觉可能是由于害怕被拒绝，同时渴望接近和联系，以及沟通不良和不信任❷。因此，那些认为他们的同龄人既不支持也不值得信任，并且经常感到被同龄人孤立的青少年，往往会表现出情绪和行为上的困难，最后有可能发展为违法犯罪❸，同伴依恋能够解释青少年参与诸如攻击行为和药物滥用等行为问题中的作用❹。依恋不安全感增加了抑郁和焦虑等情绪症状的可能性。这些困难可能与当青少年感到无法信任他人和沟通自己的情感困境时的痛苦感有关，尤其是在这个群体归属感如此重要的发展阶段。此外，建立安全的同伴依恋关系的青少年更有可能从事亲社会行为❺。比如激励青少年相互合作，因为他们相信这是值得的。这种安全的依恋可能有助于孩子进入学校时形成有意义的同伴关系；这些关系可能会提供更多参与亲社会行为的机会，从而

---

❶ Theisen JC, Fraley RC, Hankin BL, Young JF, Chopik WJ. How do attachment styles change from childhood through adolescence? Findings from an accelerated longitudinal Cohort study. J Res Pers [Internet]. 2018; 74: 141 – 6. Available from: https: //doi. org/10. 1016/j. jrp. 2018. 04. 001.

❷ Roelofs J, Onckels L, Muris P. Attachment Quality and Psychopathological Symptoms in Clinically Referred Adolescents: The Mediating Role of Early Maladaptive Schema. Child Fam Stud. 2013; 22 (3), p. 377 – 85.

❸ Gorrese A. Peer Attachment and Youth Internalizing Problems: A Meta – Analysis. Child Youth Care Forum. 2016; 45 (2), p. 177 – 204.

❹ Lee C – T, Padilla – Walker LM, Memmott – Elison MK. The role of parents and peers on adolescents' prosocial behavior and substance use. J Soc Pers Relat [EB/OL]. 2017; 34 (7): 1053 – 69. Available from: http: //journals. sagepub. com/doi/10. 1177/0265407516665928.

❺ Shaver PR, Mikulincer M, Gross J. T. ; Stern JA, Cassidy JA. A lifespan perspective on attachment and care for others: Empathy, altruism, and prosocial behavior. In: Cassidy J, Shaver PR, editors. Handbook of attachment: Theory, research, and clinical applications (3rd ed). New York, NY: Guilford Press 2016, pp. 878 – 916.

在青少年时期维持与同龄人的积极互动，加强孩子对他人的良好和值得关心的看法。相反，不安全依恋的青少年对同伴行为有负面预期和敌意归因，这可能会削弱亲社会行为，导致青少年走向犯罪[1]。

通过对朋友的情感认同、对最好的朋友关于重要问题的意见的尊重来评估同伴依恋和犯罪之间的直接关系。赫希认为社会联系更紧密的少年不太可能有不良少年朋友；另外，从众意识越强，不良少年与犯罪之间的相关性就越高；反之，从众意识越弱，不良少年和犯罪之间的相关性就越低。综上所述，具有安全同伴关系（高信任和沟通水平和低疏远水平）的青少年表现出更高的共情（认知和情感）和亲社会行为水平，较低的情绪困难和行为问题水平；较高的认知共情和情感共知水平直接使得情感问题越少，越不容易实施违法犯罪行为。

（二）承诺（奉献、投入）

承诺（commitment，又译为“投入”），即个人在普通社会中分析实际情况后所作出的理性投资和当其实施越轨行为所要承担的风险。[2] 赫希认为，如果传统的生活方式是人们花费了自己的时间和精力去营造和顺应的，长期致力于传统的生活、财产、教育、名誉等诸多花费精力的活动中，实施危及自身所长期从事的传统目标和地位的活动的概率就会很低，因而少年犯罪活动就不太可能发生。反之，对传统价值观的奉献越低，则预示着个人具有从

---

[1] Houtackers R. The relationship between attachment, the self - conscious emotions of shame and guilt &problem behavior in adolescents. MaRBLe Res Pap. 2016, pp. 292 - 301.

[2] ［美］乔治·沃尔德、托马斯·伯纳德、杰弗里·斯奈普斯：《理论犯罪学》，方鹏译，中国政法大学出版社 2005 年版，第 23 页。

事犯罪等危险行为的条件，犯罪等其他活动就会被用来代替传统活动，个人成为犯罪人的概率就越高。根据赫希的观点，社会机制所固有的就是社会控制，越轨这种非常规行为自然而然地会影响个人在社会中不同领域取得成功的可能性。如果个人能够认识到越轨行为与奖惩之间的关系，意识到越轨行为意味着取消那些奖励，那么这种内在的调节机制就会产生效果。

赫希的奉献概念是基于承诺水平和越轨倾向之间存在关联的前提。因此，一个投入了时间、精力和资源以符合社会规范和期望（如追求教育目标）的人，比没有投入时间、精力和资源的人更不可能偏离社会规范和期望（如追求教育目标）。

赫希着重于目标承诺的两个方面，这两个方面可能与青少年犯罪对教育和职业目标的承诺的解释相关。赫希对承诺假设的检验集中在社会控制理论和压力理论相互竞争的预测上。对于压力理论来说，那些对职业成功有很高期望但实现这些目标的能力有限的人将会经历挫折，并可能将犯罪作为非法实现目标的一种方式。然而，从社会控制理论来看，有远大抱负的人不太可能犯罪，因为他们致力于实现自己的目标。赫希发现个人对教育的投入与犯罪行为呈负相关。与压力理论的预测相反，雄心壮志并不会导致少年犯罪，即使是那些发现很难成功实现这些目标的青少年。赫希的控制理论将罪犯描绘成在当前或未来的努力中几乎没有投入的人。那些渴望实现某些职业或教育目标的人，以及那些积极朝着目标努力的人，更不可能犯罪。大多数调查传统目标与犯罪之间关系的研究都支持赫希的预测；那些志向远大，在学校努力学习的人不太可能成为不良少年。承诺通常是通过职业和教育抱负的指标、获得好成绩的感知重要性和在学校努力学习等与教育相关的变量来衡量的。如果青少年实施任何违法行为，社会纽带将使越轨行为的代价更高。如果被抓，人们会失去太多。由于害怕犯罪的后果，他们就不敢犯罪。上大学或获得一份高地位的工作被认为是承诺，因为如果青少年被抓住，他们就会有犯罪记录，将来也找不到地位高的工作。特拉维斯·赫希解释说，人们犯罪的原因是他们实施犯罪不会给自己带来太多的损失。

赫希认为，三个相互联系的方面表现了青少年所奉献的传统活动：[1] 转变为成年人身份、接受教育、获得地位更高的职业。赫希认为，追求接受教育方面的志向越高，其实施少年犯罪的可能性就越小。抑制少年犯罪的重要因素包括具有较高的教育志向和追求教育上的成功；那些追求接受较高的教育和渴望优良的学业成绩的少年犯罪的概率更低。因为青少年越追求高层次教育，对学业成功的追求越高，付出的时间和精力就越多。这样一来自然就不希望其他的越轨活动影响或者断送了自己的教育目标的实现，也没有时间和精力去感知或者实施犯罪。教育志向和职业志向两者之间的差异不是十分重要，甚至在这里趋同，无论是两者中哪一个都能抑制少年犯罪活动，因为不论是教育志向，还是职业志向，追求越高，犯罪活动所产生的损害也就越大，犯罪所造成的危害也就能被提前研判到，因而也就更能间接抑制个人的犯罪行为。因此，高学业追求或者高职业追求都是青少年犯罪概率降低的因素。

（三）卷入

卷入（involvement，又译为“参与”）是赫希社会控制理论的第三个要素。他认为在社会认可的活动中花费大量的有组织的时间减少了越轨行为的可用时间。因此，一个积极从事传统好的行

---

[1] 吴宗宪：《西方犯罪学史》，警官教育出版社 1997 年版，第 710－711 页。

为（如工作）的人很少有时间和机会从事越界活动。行为异常与空闲时间、无聊感、参与体育和青年俱乐部以及参与学校活动之间存在关联。卷入，是指花费一定的时间和精力参加传统的活动。赫希认为，卷入并全力以赴地忙于各种传统事务，必然就会缺少时间和精力去从事越轨或者其他活动。贯彻有关计划的人很难有时间进行越轨活动。卷入传统活动的人，总是与按时进行某种活动、限期完成一定任务、遵守工作时间、贯彻有关计划等行为联系在一起的，因而很难有进行越轨行为的机会，也使得个人不具备时间和精力去感知诱惑、深入思考犯罪活动，将个人完全与犯罪人隔绝开。另外，游手好闲的个人总是更容易从事犯罪活动。

赫希指出，在"Social Bond"的各个成分中，对传统活动的卷入与犯罪的关系最为密切。个人花费大量精力参加的传统活动分为两类：一类是传统的工作、运动、娱乐和业余爱好。根据赫希的研究，从事日常的家务劳动，或者从事篮球、足球、排球等体育运动，看电视、读报纸、杂志和连环漫画等休闲活动，以及从事其他自己爱好的活动等，青少年的大量空闲时间就会被这些活动消耗掉，使他们没有多余的时间和精力去接触或者从事少年犯罪。传统活动的另一类与学校有关。青少年走向社会必然要经过学校这个环节，在学校中青少年从事活动的情况与犯罪也有较大关系。学校会产生一种控制作用去吸引学生从事可能与学生未来工作并没有关联的活动，成功地发挥这种控制作用，学生从事少年犯罪的可能性就会大大降低。相反，学校事务和家庭作业所需要青少年付出的时间和精力越少，青少年便有可能会利用这些空闲的时间和精力去揣摩犯罪或者实施犯罪。

通常是这样描述少年犯罪的，"少年犯罪人是寻求'有事可做'的人"。相较于成年人，青少年明显有更多的空闲时间去从事其他活动，假如他们不能以有意义的方式去消耗掉这些空闲时间，那么少年犯罪就有可能发生。青少年觉得自己想要从事的活动时间越少，他们就越有可能进行少年犯罪行为。但如果青少年从事的不是传统的活动，而是诸如吸烟、酗酒、约会、驾车兜风等他们这种年龄所不应该去从事的活动，那么青少年犯罪的概率依然很大。由此可见“Social Bond”的控制作用受到大量的空闲时间的影响而降低了自身的积极影响，空闲时间的增多也增加了少年犯罪的可能性，“游手好闲是滋生邪恶的工厂”，不过，从另一方面看，青少年不合理的消耗空闲时间也会导致少年犯罪行为。

参与是指青少年参与规范社会行为的程度。如果他太忙于做规范的事情，他就很难找到时间从事越轨行为。青少年在日常生活中需要做的正确事情越多，他们就越难有时间去实施不正常的行为。如果青少年沉迷于传统的活动，他们甚至不能在日常生活中考虑越轨行为。例如，如果一个大学生的日程表上充满了课程、活动和作业，他就没有时间实施犯罪和越轨行为。或者说个人的时间为传统活动所消耗的程度决定了其实施犯罪的可能性的大小。参与可能是社会控制理论中最常识性的部分。逻辑很简单，一天只有那么多的时间，如果大量的时间花在作业、运动、爱好或工作等活动上，就没有时间做违法行为了。俗话说，“懒汉是魔鬼的工厂”。

（四）信念

信念（belief）是赫希的社会控制理论的最后一个要素，与个人对共同社会价值和规范的道德有效性的信仰程度有关。赫希认为，那些强烈相信规范的人不太可能偏离它们；那些质疑或挑战规范的人更倾向于作出越轨行为。根据赫希的逻辑，坚持信念和指导方针可以减少偏差的可能性[1]。然而，当个人夸大信念并无视已有的法律规定时，就会发生违法犯罪。作为对传统规范的信仰，如果一个人接受了社会的规则和规范，他就会遵守法律，按照社会规范的要求行事。例如，如果一个青少年接受了成为一个好学生的社会规范，他会作为一个好学生，并努力在学校学习好。但是，如果青少年不从社会规范中接受好学生的社会规范，他就不会成为好学生，可能会尝试犯罪或越轨行为。赫希认为，人们对法律和规范的道德有效性的相信程度是不同的，所以有些人比其他人更尊重社会规范。只要一个人相信规范的有效性，他或她就不太可能偏离规范。

信念，是对共同的价值体系和道德观念的赞同、承认和相信。赫希认为，身处缺乏共同价值和道德信念的社会或者群体中，个人犯罪的概率就会很高。赫希认为，社会中必定存在着共同的价值和道德理念。为什么在有着相同信念的人中也会有人选择犯罪有人选择不去犯罪，其原因体现在两个方面：第一，对信念的内化程度不同。在一些人的心中，这类信念仅仅是一些没有被深化吸收的知识，因此对其理解只停留于表面，个人可能经常读到或者浏览过内容，但是并没有将信念转化成为指导个人行为的准则，既不能用信念去辨别越轨行为和正常行为，又没有力量去制止犯罪行为。第二，对越轨及犯罪行为的合理化。在一些人的心中，能够深刻理解共同价值体系和道德观念，个人也能明辨出是非，但是已知是错误的行为但仍要去实施。对于这些人来说，错误行

[1] https：//people. uvawise. edu/pww8y/Supplement/ – TheoristsSup/SocControlTh/HirSocConThHiBEnc. htm#：~：text = Social% 20Control% 20Theory% 20Intrinsic% 20to% 20Hirschi% 27s% 20% 281969% 2C% 201977% 29，attachment% 2C% 20% 282% 29% 20commitment% 2C% 20% 283% 29% 20involvement% 2C% 20and% 20% 284% 29% 20beliefs.

为的产生是合理化机制发挥作用的结果，犯罪行为在个人心中得到了认同。犯罪行为被合理化后，依然会保持个人心中认可的道德观念和价值评判，即使认识到自己的行为是错误的，却依然实施这种行为。

为了检验传统规范信念与犯罪之间存在负相关关系的假设，赫希分析了对犯罪的各种态度与法律制度和犯罪行为之间的关系。犯罪与对法律制度的尊重和成就之间负相关，与父亲的亲密沟通，喜欢学校等负相关。赫希的结论是，缺乏对法律体系的尊重是社会纽带整体薄弱的结果，信仰本身和社会纽带的其他元素都影响了犯罪的可能性。控制理论认为，缺乏社会整合很可能与对传统道德和犯罪的薄弱信念有关。在赫希提出的社会联系的四个要素的背景下，可以探讨潜在违法犯罪分子社会孤立的许多因素。更具体地说，赫希的要素可以用来假设：社会孤立和薄弱的联系如何使想实施违法犯罪的人面临更高的实施越界行为的风险。持续的社会隔离的一个潜在结果是抑郁和孤独，而与抑郁和孤独相关的行为可以是违法犯罪。然而，较少的参与和承诺可能会潜在地转化为对生活的消极态度（如“反正我也没什么可失去的”）。

赫希认为，“Social Bond”的四个方面相辅相成，个人从事犯罪行为或者传统行为都受到了四个方面相互关系的影响。一般来说，个人在某一方面与传统社会的联系越密切，在其他几个方面与社会的联系也较为密切。总的来说，社会控制理论的主要预测得到了大量的实证支持。可以肯定地说，控制理论揭示了犯罪的几个明显事实：犯罪青少年对父母和学校的依恋程度较低，对传统目标的承诺程度较低。少年犯不以学术为导向，也不积极努力实现长期目标。犯罪分子对法律和规范的道德有效性的信任度较低，对犯罪态度较宽容的青少年更有可能从事犯罪行为。得到较少支持的假说是那些涉及对朋友的依恋和参与传统活动的假说。特别是，赫希关于对朋友的依恋和犯罪之间存在负相关的预测缺乏支持，大多数研究发现这两个变量之间要么没有关系，要么存在微弱的正相关。参与传统活动和犯罪之间的关系已经在一些研究中被记录下来，但大量的研究发现，这些变量之间要么没有关系，要么有积极的关系，导致我们得出结论，这仍然是一个问题。

社会控制理论成功地指出了在犯罪原因中重要的社会联系的具体因素，但它可能被更好地认为是一种一般性理论，指出缺乏社会整合是犯罪的主要原因。正如赫希所说，行为是一个人与社会联系的功能。社会内部的人受社会控制；社会之外的人可以自由地遵循自己的冲动。这个基本观点被引入赫希后来与 Michael Gottfredson 合著的《犯罪通论》中，并对我们理解犯罪的原因产生了巨大的影响。

二、自我控制理论

控制理论的主要问题是它不能解决当时社会严重的青少年犯罪问题。根据美国人口普查局从 1964 年到 1974 年的统计，被逮捕的青少年总数从 961 132 人增加到 1 168 073 人[1]。这意味着赫希的控制理论未能有效控制青少年犯罪的数量。该理论的弊端在于没有将偏差视为问题来研究，仅局限于解释青少年犯罪，却无法解释严重犯罪。因为赫希是在美国梦破灭的基础上建立这一理论的，所以这一理论并不能适用于世界各地。因此，如果这个理论可以使用更多的因素来联系社会关系，它可能会变得更可信，使更多

---

[1] Kandel, D. , and Davies, M. Friendship networks, intimacy, and illicit drug use in young adulthood: A comparison of two competing theories, Criminology 29, 1991, p441 –469. http://dx. doi. org/10. 1111/j. 1745 –9125. 1991. tb01074.

人接受它，即使它超出了传统的控制理论[1]。随后，赫希与 Michael Gottfredson 合作，脱离了他的控制理论的经典社会联系公式，于1990年出版了《犯罪通论》。在赫希最初的社会联结理论中，他强调了“间接控制”的重要性——当青少年不在父母的监视之下时，父母依然对他们有一种“心理存在”的潜意识的影响，这个理论的实质包含了四个控制要素：依恋、承诺、卷入和信念。然而，Gottfredson 和 Hirschi 认为“直接控制”是最有效的养育方式的关键。因此，他们提出了一种新的犯罪理论，该理论只基于一种控制——自我控制。

（一）自我控制理论基本含义

赫希和 Gottfredson 将自我控制理论作为一种广义理论，解释了所有个体在克制犯罪或犯罪“倾向”上的差异，指出，这包括所有年龄和环境下的所有犯罪和越轨行为[2]。人们有避免犯罪行为的不同倾向，无论他们发现自己身处何种环境[3]。

赫希和 Gottfredson 对指犯罪倾向和违反法律的实际事件进行了区分。他们认识到，除非有犯罪机会，否则犯罪人不可能采取行动。因此，他们把犯罪看作是低自制力、高犯罪倾向的人接触非法机会的副产品。尽管如此，由于大多数犯罪行为很容易发生，而且犯罪的机会总是存在的，随着时间的推移，低自制力的人不可避免地会卷入犯罪行为。也就是说，自我控制，而不是机会，

---

[1] Travis Hirschi's Control Theory in Causes of Delinquency. Retrieved from https：//graduateway. com/travis – hirschis – control – theory – in – causes – of – delinquency//，2017.

[2] Akers，R. L，Sellers，C. S，Criminological Theories：Introduction，Evaluation，and Application（4th ed.）. California：Roxbury Publishing Company.

[3] Gottfredson，Michael R.，and Travis Hirschi. A General Theory of Crime. Stanford，CA：Stanford University Press. 1990.

是人们一生中参与犯罪的主要决定因素❶。可以看到，低自制力在生命早期发展，并在成年期保持稳定。Gottfredson 和赫希将自控能力差的根本原因归结于不适当的育儿方式。父母或监护人如果拒绝或不能履行监督孩子的义务，当发生异常行为时，不惩罚这种行为，就会导致孩子缺乏自制力。正如丹尼斯·吉弗（Dennis Giever）所解释的那样，“不依附于父母、缺乏监管、越轨者或者罪犯的孩子的自我控制力往往较差”❷。因此，当不采取措施阻止孩子的负向发展时，自控能力的缺乏使犯罪行为很自然地发生。

Gottfredson 和赫希描述了自我控制的五个维度：冲动性、倾向于简单任务、倾向于身体活动的偏好高于心理活动、以自我为中心和脾气成分。他们认为，高自制力可以有效地降低犯罪的可能性——也就是说，拥有自制力的人在生活的各个阶段从事犯罪行为的可能性都大大降低。相反，一个人的自制力越低，他（她）参与犯罪行为和类似犯罪行为的程度就越高。正如 Gottfredson 和赫希最著名的陈述，他们从“没有工作的金钱，没有求爱的性，没有法庭拖延的复仇”中获得满足。缺乏自制力的人往往在行动过程中缺乏勤奋、坚韧或毅力，对这些人来说，他们保持着一种冒险的观点。此外，这些罪行不需要什么计划技巧，而且往往导致受害者的痛苦或不适。Gottfredson 和赫希强调，低自制力的人所犯的罪行和类似行为的类型具有很大的通用性。根据该理论，自我控制可以解释性别、文化、年龄和环境的各种差异，并且“可以解释任何时候的所有犯罪，以及许多没有被国家批准的行为形

❶ General Theory of Crime（Gottfredson & Hirschi） https：//soztheo. de/theories - of - crime/control/general - theory - of - crime - gottfredson - hirschi/？ lang = en.

❷ Dennis Giever. Introduction to the Media Review Section ［J］. Criminal Justice Policy Review，volumn：10，1999，p. 117.

式”，并且“出于所有的意图和目的，个人层面的犯罪原因”。一般犯罪理论的实证检验在揭示自我控制和犯罪之间的联系方面是相当一致的❶。研究发现，低自制力与反社会行为显著相关，而且这种关联可以在任何文化或国家背景下看到❷。此外，美国学者Pratt和Cullen直接检验了低自我控制与犯罪之间的关系，低自制力必须被认为是犯罪行为的一个重要预测因素，但是缺乏自制力并不是犯罪的唯一原因的论点或者视角可以被认为是犯罪的一般理论❸。父母效能是青少年自我控制的主要前提，“尽管父母的效能与自我控制之间的联系非常紧密，但他们对种族、家庭结构以及年龄和性别的测量与自我控制显著相关。❹”这一分析表明了家庭背景，而不仅是父母的监控和监督模式，对于解释犯罪也具有重要意义。

---

❶ Grasmick等人（1993）利用来自俄克拉荷马城的395名成年人的社区样本，从Gottfredson和Hirschi的理论中探究了自我控制的六个不同维度，为控制理论领域提供了有影响力的研究。包括6个不同维度：（1）冲动性；（2）喜欢简单的工作；（3）风险；（4）身体；（5）自我中心；（6）坏脾气。在他们提出的24个项目中，主成分分析表明，23个项目结合在一起形成了一个可靠的、单维的自我控制量表。同样地，Alexander Vazsonyi和他的同事们发现，Grasmick等人（1993）开发的自我控制量表在分析来自不同国家（匈牙利、瑞士、荷兰、美国和日本）的自我控制和偏差行为时具有类似的预测能力。

❷ “An Empirical test of a General Theory of Crime：A Four – Nation Comparative Study of Self – Control and the Prediction of Deviance,” Vazsonyi, A., Pickering, L., Junger, M. & Hessing, D. (2001). Journal of Research in Crime and Delinquency. 38：pp. 91 – 131.

❸ Pratt, T. C., & Cullen, F. T. (2000). The empirical status of Gottfredson and Hirschi's general theory of crime：A meta – analysis. Criminology, 38, p931 – 964.

❹ Chase – Lansdale, P. L., Gordo, R. A., Brooks – Gunn, J., & Klebanov, P. K. Neighborhood and family influences on the intellectual and behavioral competence of preschool and early school aged children. In J. Brooks – Gunn, G. J. Duncan, &L. Aber (Eds.), Neighborhood poverty：Volume 1. Context and consequences for children. New York：Russell Sage Foundation, 1997, pp. 79 – 119.

（二）自我控制理论对预防大学生违法犯罪的启示

自我控制理论为有效预防大学生违法犯罪提供了有价值的理论思路。自我控制以犯罪自我为中心，以联系犯罪人员与犯罪行为为研究切入点和重点，使传统的以犯罪共同原因为切入点的预防思想发生了转变，因此，预防犯罪要主动而不是被动，并由外部控制向内部控制转变。此外，在预防犯罪方面也更加具有操作性和现实性，使预防犯罪具有较强的针对性、有效性。从实证犯罪学的角度来看，大学生违法犯罪往往可能不是完全自愿的，如果想要发展犯罪，即需要自己在一个临时或永久的、道德和个人条件生存的环境下，内外因素共同作用走向犯罪[1]。身处社会中，这个大环境无时无刻不在影响着每个人的行为。大学生违法犯罪无疑是社会环境作用的产物。而在犯罪活动中，大学生将行为的意义和价值作用于社会和环境，并在理解意义和价值评价的基础上进行具体的行为。虽然青少年犯罪行为对他人和社会是有害的，但它对犯罪人自身来说仍然具有价值和意义。因此从某种程度上说，人们了解自己，感受自己的方式决定其行为，或者说"人们对自己的想法和感受决定了他们的行为[2]"。因为人的行为，包括大学生违法犯罪行为，是在与社会互动的过程中形成的，在这个过程中，人的认知与环境等要素形成了一种动态的、互动的、清晰的关系。人不仅是一个受外部事件影响的反应性有机体，而且是一个积极的、具有自我反思、调节和组织能力的机体。[3] 人们是

---

[1] ［意］恩里科·菲利：《实证派犯罪学》，郭建安译，中国人民公安大学出版社2004年版，第132页。

[2] ［美］乔纳森·布朗：《自我》，陈浩莺等译，人民邮电出版社2004年版，第4页。

[3] 黄希庭、郑涌等：《当代中国青年价值观研究》，人民教育出版社2005年版，第103页。

积极的，可以通过内部标准和对自己行为的评价来调节自己的行为。问题的关键在于建立什么样的内部标准以及如何建立内部标准。总的来说，主要是建立道德和法律意识。众所周知，良好的道德在预防青少年犯罪中起着核心作用，青少年个体道德价值观的内容是在个体社会化的过程中逐渐形成的。

在社会化过程中，成人在示范和教学中起重要作用，而青少年在观察和学习中起重要作用。在运用道德力量方面，支配青少年行为的内部标准往往是坚定而明确的。以自律为基础的自我控制机制与道德规范相结合，将道德推理转化为行动。道德力量的使用包括抑制和促进。一方面是使阻止青少年从事不道德、违法和犯罪行为的力量显现出来，另一方面是使促使青少年从事道德和社会规范允许的行为的力量显现出来。然而，作为内部标准核心的道德标准并不是一成不变的行为内部调节器。如果自我控制机制没有正常被激活，它也就无法发挥作用，许多借口都将道德的约束和不道德的行为相分离。这些外部压力是多数青少年所伴有的，犯罪的青少年只是其中的一小部分。因此，外部压力和紧张会导致青少年自我控制能力低下，而自我控制不当、缺乏自我控制应该是青少年犯罪的一个主要原因。

由此可见，内在标准和自我评价性反应在约束大学生违法犯罪中起着基础性作用。无论社会控制手段多么严格，如果不满足青少年的内在标准，或者没有激活青少年自我评价性反应，对青少年的违法犯罪行为的抑制作用就达不到理想效果❶。也就是说，社会规则不是基于周围的社会行为而机械地强加给个体的，而是基于社会角色的个性主观内在的。这种主观上的过程

---

❶ 安冉：《自我控制理论与青少年犯罪预防》，吉林大学2020年硕士学位论文。

是指社会进入内部，采用非正式和正式的社会化过程，并将其行为转化为个体精神的过程。因此，自我控制的本质是一种遵守规则的道德意识，即自愿承担社会责任，而不是简单地屈服于外部。

第三节 国外犯罪预防与控制理论

一、美国犯罪预防与控制理论

（一）美国犯罪预防发展史

美国现代预防犯罪的历史与20世纪60年代犯罪率急剧上升后人们对美国刑事司法系统失去信心密切相关，当时，公众对刑事司法系统的支持下降。犯罪学研究表明，许多传统的犯罪控制模式在减少犯罪和提高社区安全方面是无效或者低效的，例如，对执法的主要部分机动车预防性巡逻、快速反应和刑事调查等的研究表明，它们对降低犯罪几乎没有影响，显然，仅靠刑事司法反应不足以完成减少犯罪的任务。这一观点不仅适用于执法，也适用于法院和监狱。有趣的是，对司法系统失去信心的现象并非美国独有。加拿大、英国和其他西欧国家也发生了类似的情况，而且出于同样的原因，在20世纪80年代中期，美国城市事务学者Paul Lavrakas认为减少犯罪需要超越对刑事司法系统的单一依赖，英国则改变公共政策的重点，不再把警察、法院和监狱视为减少犯罪的主要机制，这些刑事司法机构是我们对犯罪作出反应的手段，不应指望它们来预防犯罪❶。而关注社区、家庭和就业是解决犯罪新方法的核心，特别要关注最贫困的城内社区。为了确保居民的即时安全，政府还采取了一些减少犯罪的措施。其中一些项目包括社区巡逻和街区监视。这种城市犯罪预防和重建运动实践被证明对预防犯罪是有效的，这种预防犯罪的模式也被称为以社区为基础的预防犯罪模式，是社会和环境措施的混合。这种综合方法的根源至少在社会方面可以追溯到20世纪30年代早期，克利福德·肖和亨利·麦凯的芝加哥地区计划，该计划的目的是在犯罪率和帮派活动居高不下的社区进行社会变革。当地的公民领袖协调社会服务中心，促进社区团结，消除社会混乱，他们为年轻人开发其他项目，包括与学校相关的活动和娱乐❷。这些项目的新一代，包括大卫·霍金斯和理查德·卡塔拉诺（1992年）制订的完善的社区关爱（CTC）战略，结合公共卫生和预防科学的原则，确定犯罪的关键风险因素，并实施旨在应对这些因素的循证预防方法。目前，CTC已经成为这些预防系统中发展最好的方案。

犯罪预防最初采用的是公共健康模型，区分初级、二级和三级预防。公共卫生模式的重点是预防疾病。身体健康与实施鼓励健康生活方式的战略有关，而不是等待生病和随后提供治疗。这种逻辑也被应用到其他社会政策中。早期投资资金以节省后期成本的潜在经济利益对决策者特别有吸引力，包括在犯罪预防领域。

---

❶ Paul Lavrakas. Enhancing Citizen Participation and Solving Serious Crime：A National Evaluation of Crime Stoppers Programs. July 1，1989. https：//doi. org/10. 1177/001112878903500300б.

❷ 20世纪60年代在纽约市开展的青年动员（MOBY）方案是这类预防犯罪行动的另一个例子。由5 000多万美元资助的MOBY试图采取综合办法发展社区。基于Richard Cloward和Lloyd Ohlin（1960）提出的为合法的成功提供机会的概念，MOBY在社区中创造就业机会，协调社会服务，并赞助社会行动团体，如租户委员会、法律行动服务和选民登记。

Brantingham 和 Faust（1976）主张区分一级、二级和三级预防犯罪活动：初级预防犯罪活动是改变为犯罪行为提供机会或促成犯罪行为的物质环境和社会环境条件❶，使犯罪不能发生。二级预防犯罪旨在早期识别潜在的罪犯，并试图以一种他们永远不会犯罪的方式干预他们的生活。三级预防犯罪处理的是实际的罪犯，以阻止他们再次犯罪。

（二）社会控制理论在美国犯罪预防中的运用

最有影响的犯罪预防分类方案是 Tonry 和 Farrington 提出的将犯罪预防区分为发展干预、社区预防、情景预防和刑事司法预防❷。发展预防是一种防止激发个人犯罪潜能的一种主动干预措施，主要针对人类发展中发现的风险和保护因素的干预措施❸。改变社区犯罪的社会条件和机构为社区预防（如家庭、同伴、社会规范、俱乐部、组织）的主动干预措施❹。而增加实施犯罪所带来的风险即为情景预防。刑事司法预防是指由刑事司法系统的执法机构实施的传统威慑和改造策略❺。预防犯罪被视为减少犯罪的替

---

❶ Brantingham, Paul J., and Frederick L. Faust. "A Conceptual Model of Crime Prevention." Crime and Delinquency, 1976, pp. 284－296.

❷ Tonry, Michael, and David P. Farrington, eds. Building a Safer Society: Strategic Approaches to Crime Prevention. Vol. 19 of Crime and Justice: A Review of Research, edited by Michael Tonry. Chicago: University of Chicago Press, 1995a.

❸ Farrington, David P., and Brandon C. Welsh. Saving Children from a Life of Crime: Early Risk Factors and Effective Interventions. New York: Oxford University Press, 2007.

❹ Hope, Tim. "Community Crime Prevention." In Building a Safer Society: Strategic Approaches to Crime Prevention, edited by Michael Tonry and David P. Farrington. Vol. 19 of Crime and Justice: A Review of Research, edited by Michael Tonry. Chicago: University of Chicago Press, 1995.

❺ Blumstein, Alfred, Jacqueline Cohen, and Daniel S. Nagin, eds. Deterrence and Incapacitation. Washington, DC: National Academy Press, 1978.

代方法，在正式司法系统之外运作。

1. 发展性预防—社会控制理论中的依恋关系断裂的修复

发展性预防的基本观点是：青少年和成年的犯罪行为受到“在个人发展过程中习得的行为和态度模式”的影响❶。生命历程的最初几年对后来的经历影响最大。正如美国学者 Greg Duncan 和 Katherine Magnuson 所指出的：“发展科学的原则表明，尽管在生命的任何阶段都可能有有益的改变，但早期的干预可能比晚年采取的干预在促进幸福和能力方面更有效。”他们进一步指出：“幼儿期可能为干预提供一个不同寻常的机会窗口，对环境的接受能力很强是幼儿的典型特征，随着个体年龄的增长，他们获得了塑造环境的独立性和能力，使得干预工作更加复杂和昂贵。”❷ 发展性预防通常对年轻人从童年早期经历到青少年和 20 多岁参与犯罪的高峰期进行纵向研究。发展预防的目的是科学确定影响犯罪的危险因素或后来的犯罪“根源”。

发展性预防已成为改善儿童生活和防止他们走上犯罪生活的一项重要战略。基于一系列干预模式的有效性和越来越多的证据使这一理论获得相当大的支持。发展性犯罪预防作为一种早期干预形式，力求解决犯罪的早期原因，其中包括减少社区和个人的危险因素，增加保护因素，以预防儿童长大后犯罪。最著名的发

---

❶ Tremblay, Richard E., and Wendy M. Craig. “Developmental Crime Prevention.” In Building a Safer Society: Strategic Approaches to Crime Prevention, edited by Michael Tonry and David P. Farrington. Vol. 19 of Crime and Justice: A Review of Research, edited by Michael Tonry. Chicago: University of Chicago Press, 1995, p. 151.

❷ Duncan, Greg J., and Katherine Magnuson. “Individual and Parent – Based Intervention Strategies for Promoting Human Capital and Positive Behavior.” In Human Development Across Lives and Generations: The Potential for Change, edited by P. Lindsay Chase – Lansdale, Kathleen Kiernan, and Ruth J. Friedman. New York: Cambridge University Press, 2004.

展性预防犯罪的例子有：家长教育计划、技能培训等学校强化计划、学前教育制度等。发展性预防包括使用科学的方法为个人、家庭、学校或社区提供资源，尽早消除导致反社会行为和犯罪的条件，最好是在损害难以修复之前，大多数人认为这是预防犯罪的合理方法。当然，我们面临的双重挑战是，要明确到底是什么在个人、家庭、学校和社区中增加了参与犯罪的可能性，然后尽可能早地对这些已确定的情况采取措施。然而，评估谁有未来犯罪的风险，孤立风险增加的原因，然后有效地干预以防止未来犯罪的发生是一项困难的任务。Farrington 和 Welsh（2007）帮助我们了解一些与事后犯罪相关的关键风险因素，以及似乎最有效的干预方式。风险因素有个人因素：智力和素养低、个性和气质从众心理以及冲动。也有家庭因素：犯罪或反社会的家庭原因往往有父母监督不到位、父母间经常性冲突或破碎的家庭。还有环境因素：在一个社会经济地位低下的家庭长大、与犯罪同伴交往。事实上，发展性预防是根据赫希的控制理论中行为人对父母、学校及同辈间依恋关系的断裂而采取的相应干预措施。

2. 社区预防—承诺、参与

以社区为基础的预防犯罪的努力往往被认为是发展预防和情境预防的结合。与这两种犯罪预防策略不同的是，学者们对社区预防的定义和属于这两种策略的项目类型意见不统一。这源于其早期的概念，一种观点集中于犯罪的社会状况和社区对其进行管理的能力；另一种观点是"不论涉及何种机制，犯罪都在整个社区一级运作"❶。蒂姆·霍普的定义是，社区犯罪预防包括旨在改

---

❶ Bennett, Trevor H. " Community Crime Prevention in Britain. " In Kommunale Kriminalprävention: Paradigmenwechsel und Wiederentdeckung alter Weisheiten, edited by Thomas Trenczek and Hartmut Pfeiffer. Bonn, Germany: Forum Verlag Godesberg, 1996, p. 169.

变影响社区犯罪的社会条件和制度的行动，这是迄今为止最具启发意义的概念。这不仅是因为它将社区预防与发展和情境预防区分开来，而且还因为它突出了社区在解决犯罪和暴力的棘手社会问题方面的力量[1]。这种对社会因素的关注忽略了物理空间设计的概念，包括 Oscar Newman 的防御空间和 C. Ray Jeffery 的通过环境设计预防犯罪[2]。

霍普认为，“预防社区犯罪是指旨在改变被认为是维持社区犯罪的社会条件的行动”。它通常集中于通过加强地方社会机构的能力来减少居民区犯罪。一个社区的结构和组织对其经历的犯罪的影响超过了其居民的个人特征。这意味着社区（无论社区如何定义）不仅仅是其居民的总和，居民的互动方式、可获得的机会、提供的服务，以及它们之间的关系——集体的关系以及与相关服务提供者和机构之间的关系都会对社区产生影响。因此，这种方法侧重于居住社区和邻近地区，并试图改变与犯罪有关的社会状况。然而，确定应该改变什么社会条件并找到方法并不是一件简单的任务。加强社区建设有助于预防犯罪。联系紧密、人们相互认识的当地社区通常不太容易发生犯罪。增强“社会资本”或人与人之间的关系可以有利于保护人们免受犯罪。如社区建设活动、提供福利服务及增加社区支援小组，均有助加强社区意识，并有助预防犯罪。预防社区犯罪的重点是通过提供服务加强社区，在社区成员之间建立联系，使他们与外部资源和服务联系起来，帮

---

[1] Hope, Tim. “Community Crime Prevention.” In Building a Safer Society: Strategic Approaches to Crime Prevention, edited by Michael Tonry and David P. Farrington of Crime and Justice: A Review of Research, edited by Michael Tonry. Chicago: University of Chicago Press, 1995, Vol. 19, p. 190.

[2] Jeffrey, C. Ray. Crime Prevention Through Environmental Design. Beverly Hills, CA: Sage, 1971.

助他们打击犯罪（包括通过警察、卫生机构、民间社会和非政府组织的力量）。这要求各机构共同努力，有效的机构间预防犯罪需要分享数据以帮助了解犯罪问题的性质；制订提供服务的协调计划；保持定期沟通；以及联合评估干预措施的影响。

在社区环境中成功的干预措施大多旨在通过处理风险因素或加强保护因素来帮助青少年发展。另一些则旨在塑造年轻人所处的环境，使他们远离犯罪的机会。有两种方案被认为有希望预防或减少青少年犯罪或反社会行为：导师制和课后娱乐。

一是导师制。通常涉及从社区中挑选非专业人员，以一种非评判、支持的能力，与有风险的年轻人一起度过时间，同时也充当一个角色榜样。指导的基本理念是，年轻人需要与有爱心的成年人建立积极的关系，以便发展和茁壮成长。对大多数年轻人来说，这是由他们的父母提供的，但一些年轻人可以从与其他成年人的关系中受益，作为一种补充，或在某些情况下，作为与父母关系的替代品。指导应该通过直接帮助（如辅导家庭作业、工作申请）和间接帮助（如扮演一个积极的角色榜样）来减少犯罪。年轻人与导师在一起的时间越多越有助于减少犯罪的机会，并帮助清除犯罪网络。

二是课后娱乐。上课后的娱乐活动既是情境预防，也是发展预防。与"懒汉是魔鬼的作坊"这句格言相一致，人们认为课后的娱乐活动可以通过限制年轻人在无人监督的情况下与同伴一起度过的时间来减少青少年犯罪。它还为那些可能在学校功课中挣扎的年轻人提供了在其他领域表达能力的机会，从而防止他们产生自卑和疏离感。然而，有证据表明，课外娱乐活动也有潜在的缺陷，可以给犯罪的年轻人与其他犯罪的同龄人见面的机会，这可能会导致犯罪活动的增加。防止这种情况的关键似乎是确保课后项目不仅仅是年轻人聚会的场所，而是为他们提供有组织的活动，并受到适当监督。

3. 情景性犯罪预防

情境性犯罪预防被定义为一种预防方法，“它不依赖于改善社会或其制度，而仅仅依赖于减少犯罪机会”[1]。减少犯罪机会基本上是通过对物理环境、产品，或系统，以直接影响罪犯的感知，增加犯罪的风险与成本，减少犯罪的动机和诱因等方式，这些不同的方法作为情景犯罪预防详细分类系统的基础[2]。具体言之：减少犯罪机会的措施是针对高度具体的犯罪形式，以尽可能具体和持久的方式管理、设计或控制环境；以增加犯罪所带来的风险，并减少违法者所认为的获益。这种预防犯罪的模式是假定许多罪犯是理性的，对现有的犯罪机会会作出明智的反应。如果行为人认为犯罪是困难的，那么犯罪倾向就会减少；如果不制止违法行为，那么违法行为就会升级。一般认为，罪犯会权衡从犯罪中获得的利益、被逮捕的潜在风险和被捕的相关成本。这种权衡的结果将决定他是否犯罪。

布兰丁厄姆通过分析犯罪空间和犯罪时间趋势得出结论：犯罪不会在时间、空间或社会上随机或均匀地发生。犯罪不会在不同的社区、不同的社会群体、不同的日常活动中、不同的一生中

---

[1] Clarke, Ronald V., and David Weisburd. "Diffusion of Crime Control Benefits: Observations on the Reverse of Displacement." In Crime Prevention Studies, vol. 2, edited by Ronald V. Clarke. Monsey, NY: Criminal Justice Press, 1994, p. 3.

[2] Cornish, Derek B., and Ronald V. Clarke. "Opportunities, Precipitators and Criminal Decisions: A Reply to Wortley's Critique of Situational Crime Prevention." In Theory for Practice in Situational Crime Prevention, edited by Martha J. Smith and Derek B. Cornish. Vol. 16 of Crime Prevention Studies, edited by Ronald V. Clarke. Monsey, NY: Criminal Justice Press. 2003.

随机或统一地发生，而是个人在不同的活动节点（家庭、工作、学校、购物、娱乐）进行一系列的定期活动❶，这些活动节点有一定的连接，人们在日常生活中往往沿着相同的轨迹活动。因此，个人偶然地观察到和了解潜在的犯罪机会，当潜在的犯罪人与潜在的犯罪目标或受害者发生交集时，潜在的犯罪人的犯罪意愿就会被触发，后者将成为实际的犯罪目标。这些日常活动有助于解释为什么特定地区的犯罪率会上升——这一现象被称为"犯罪模式理论"。

通过环境设计预防犯罪（CPTED）基于以下理念：可以操纵物质环境来产生行为影响，从而减少犯罪的发生。这些行为影响可以通过减少物质环境支持犯罪行为的倾向来实现❷。更具体地说，环境设计预防犯罪现在通常包括一系列设计技术，如通过对目标设置障碍来阻止犯罪、消除潜在罪犯的隐藏场所、限制逃生路线以及加强对潜在罪犯的监视增加其犯罪的风险等控制物理环境的方法来防止犯罪❸。可以通过推广电子眼"街道上的眼睛"，使用闭路电视监控技术（CCTV）来实现监控，一个促进自然监测的具体设计例子是确保树木和灌木不干扰街道照明❹。更多实现自然监测的设计如下：一是出入控制，即封锁出入场所和物品的通道，减少犯罪的机会。这可以是围墙，景观美化，视频和电话激活进入居民区的形式。二是领地感，以对空间的所有权感来设计，

---

❶ Brantingham, Paul J., and Frederick L. Faust. " A Conceptual Model of Crime Prevention. " Crime and Delinquency, 1976, pp. 284 – 296.

❷ Crime Prevention Through Environmental Design, Social Science, Apr 13, 2000, p333. https://books.google.com/books/about/Crime.

❸ D. Rosenbaum, A. Lurigio, Robert C. Davis. The prevention of crime: social and situational strategiesPublished 1998, pp. 125 – 126.

❹ Jeffrey, C. Ray. 1971. Crime Prevention Through Environmental Design. Beverly Hills, CA: Sage.

可以促进领地感。如果出现反社会行为，空间的所有者通常会介入，通过安装监控设备或是加固防护措施来减少实施犯罪行为的可能性。三是活动支持，公共空间可以通过音乐或表演来激活，吸引人们进入一个空间，人的存在通常会让一个区域感觉更安全。四是图像/维护：维护一个区域通过发送监控信息的线索。一个似乎没有得到维护或照顾的地区可能会引起非法活动。清除公园垃圾和维护公共基础设施，如公共候车亭和公共厕所，都是有助于预防犯罪的典型例子。有高水平监护的地区不太可能吸引非法活动。五是目标强化，对目标进行强化会降低它们对潜在犯罪者的吸引力。这可能包括安装安全装置以减少物品被盗的可能性。另一个例子是安装混凝土护柱，以防止车辆攻击物理财产或进入步行区等。

总之，阻止犯罪机会是预防犯罪的有效方法。增加被发现的风险，减少犯罪的获益和增加犯罪的难度都是预防犯罪的方法。现场犯罪预防可以简单到安装锁和警报器，通过照明增加监视，使建筑物更难进入、不易被损坏或难以隐藏罪犯。

4. 刑事司法预防

刑事司法预防是指由执法和刑事司法系统的机构实施的传统威慑和康复策略。司法预防是减少犯罪总战略的重要组成部分，并在时间和地点上得到公众的广泛支持。在预防犯罪和控制犯罪之间取得更大的平衡，将有助于建设一个更安全、更可持续的社会。

刑事司法犯罪预防是在犯罪发生后进行干预已知罪犯的生活，使他们不再继续犯罪。就其预防性而言，它通过使人丧失能力和个人威慑来发挥作用，这一定义强调了法庭和矫正（包括监狱和社区教养）在预防或防止未来犯罪方面的重要性。它涉及基本的犯罪学和刑法概念，如丧失能力、威慑、康复和矫正。这里我们主要考虑警务预防。

警察属于人民，为人民服务。如果没有社区的支持，警察就很难发挥作用，因为社区成员的报告有助于警察发现相当多的犯罪。以社区为基础的警务支持将警察与当地社区联系起来，这可能是通过警察参与社区活动；设立警察－社区委员会，以确定地方警务工作的优先事项；建立以社区为基础的角色，帮助警察与有犯罪倾向的人联系。问题导向的警务旨在确保更具反应性的警务。问题应该更具体地加以界定，而不仅仅对服务的要求作出回应；应考虑其他解决方案，包括物理和技术上的改变，开发新的社区资源，增加城市条例的使用，以及改善分区的使用范围并谨慎管理执行❶。集中威慑警务的杠杆旨在通过以下途径预防犯罪：详细分析迫在眉睫的犯罪问题；与高危罪犯沟通；在高危人士实施犯罪时，为受害者提供迅速的警务资源，同时透过相关支援服务，增加他们脱离犯罪的可能性，并动员当地社区声讨正在进行的犯罪（尤其是暴力）活动。这一方法依赖于各种服务，包括警察、检察官、福利服务、青年工作者、受犯罪影响的当地社区成员和其他机构，其有效性取决于在犯罪持续发生时迅速作出警务和刑事司法反应的速度，以及阻止犯罪的可能性。

总之，这些干预措施有可能减少再犯的风险，这是预防犯罪的一个重要方面。问题导向的警务可以帮助防止需要警务反应的问题再次出现。社区导向的警务是一项战略，旨在鼓励公众作为警察的伙伴，在预防和管理犯罪方面发挥作用，通过法庭程序提

---

❶ Garland, David. "Ideas, Institutions and Situational Crime Prevention." In Ethical and Social Perspectives on Situational Crime Prevention, edited by Andrew von Hirsch, David Garland, and Alison Wakefield. Oxford, UK: Hart, 2000, p. 244.

供的治疗方案可以解决犯罪的原因；监狱中的改造计划可以防止再次犯罪。各种模式有重叠和相似之处（例如，社区和发展性犯罪预防）。在任何情况下，各种形式的预防犯罪都可能同时进行，如可以采取安全措施防止机动车被盗属于情境预防；社区组织与有风险的年轻人合作，鼓励他们上学属于社区预防。与此同时，可能还会提供一些方案，帮助新父母培养养育健康儿童所必需的信心和技能，这属于发展预防。

二、英国犯罪预防与控制理论

英国的预防和早期干预政策在减少青少年犯罪、反社会行为方面成果显著。这个方案的总体目标往往是为个人的需要提供灵活的、有针对性的办法，试图考虑到广泛的潜在个人（低成就、问题行为、欺凌）、养育（养育不一致、心理健康不良、家庭暴力）和家庭（社会经济压力、贫困的社区环境）等危险因素对青少年犯罪和反社会行为的影响。英格兰开展的相关早期干预项目是根据赫希社会控制论和自我控制论的基本理念从个人、父母、学校、同伴和社区五个方面进行分类。有些方案以特定人群为重点：如强化家庭干预，与最具挑战性的家庭合作，以减少反社会行为、青少年犯罪和旷课；而强化监督及支援计划（Intensive Supervision and Support Programmes ISSPs）则集中于少数15—17岁的个别顽固不化的青少年罪犯。其他计划可按倡议的类型来描述，如以积极活动为重点（如青少年积极活动、公开驾驶）或专门针对反社会行为（挑战及支援计划），以及采用的其他更广泛的方法：普遍的与针对风险的、基于区域的或系统的改革。

然而，在实践中，大多数青少年犯罪早期干预方案跨越了许多不同的领域，形成了一种复杂的预防干预体系，包括转移注意力活动、执法措施等。这反过来又影响到整个刑事司法系统，包括那些有犯罪风险的年轻人。在此，我们着重于直接预防干预措施，这些措施的主要目标是减少或预防青少年的犯罪和反社会行为。为了简单起见，我们总结了在英格兰开展的早期干预项目，包括：以个人为中心的和以家庭为基础的干预❶、以学校为中心的干预和以社区为基础的干预。

（一）以个人为中心和以家庭为基础的干预措施

这类干预措施主要有三种：多系统治疗（Multi – systemic therapy MST）❷，功能家庭治疗（Functional Family Therapy FFT）❸和多维治疗寄养（Multidimensional Treatment Foster Care MTFC）❹，这些项目包含与早期有效干预有关的许多关键特征。例如，它们是针对个人、家庭、学校和当地社区内的危险因素的多模式方法，使用经过试验和测试的方法，使用认知行为方法，并针对被认为是高风险的年轻人。

---

❶ 在英格兰，一些项目结合了个人和家庭干预的特点。

❷ 这是英国首次对 MST 的随机对照试验评估，跟踪了 108 名 13—16 岁的年轻人和他们的家人，他们被分配到一个小组，在 2004 年 1 月至 2009 年 11 月期间接受 MST 和通常的青少年犯罪服务（YOS）或只接受 YOS 服务。随访分别在 6、12、24 和 36 个月进行。初步的研究结果显示了在减少犯罪方面的积极结果，特别是对男孩，并且与国际证据一致，这种治疗似乎对不同的人群都很有效，这里是跨种族的。

❸ FFT 于 2007 年在英国的布赖顿开始了它的第一次试验，目前一项随机对照试验正在由精神病学研究所的国家育儿医师学会与布赖顿和霍夫青少年犯罪服务机构合作进行。这项随机对照试验将涉及 100 个家庭，重点是 FFT 对犯罪、再犯罪和反社会行为的影响。MST 和 FFT 的工作对象都是有反社会、和/或有犯罪行为的家庭的 11—18 岁的孩子，而强化寄养则是针对青少年罪犯，他们的选择可能是监护或强化监管和支援计划。

❹ 评估项目表明，在年轻人完成 IF 安置后的一年中，IF 样本的再定罪率与对照组处于相似的水平。但是需要注意的是，IF 样本更有可能在 12 个月后接受教育或培训。结果的可持续性也需要成为研究方案效果的一个组成部分。

多系统治疗（Multi - systemic therapy MST）、功能家庭治疗（Functional Family Therapy FFT）和多维治疗寄养各采用多模式框架，结合多种不同的方法，例如，各种旨在提高社会技能、有效解决问题和愤怒管理的青少年技能训练，以及对年轻人和他们的家庭的治疗，以减少防御性和攻击性的沟通模式，促进家庭中的支持性互动。

在朴次茅斯和周边地区的持续青少年罪犯项目 The Persistent Young Offender Projec（PYOP），包括愤怒管理和人际交往技能培训，一对一地指导重新融入教育，认知行为治疗和个人咨询，以及团队活动和户外活动。因此，持续青少年罪犯项目（PYOP）证明了儿童技能培训、指导（与其他服务结合提供时）、认知行为治疗和非学术活动的有效性。显示出被警察指控的犯罪数量显著减少，一些年轻人不再犯罪。在参与教育、家庭关系、情感和个人问题、参与有组织活动和合理利用时间方面也有改善。强化监督和支持计划 Intensive Supervision and Support Programmes（ISSPs）同样是为顽固不化的少年犯设计的，并作为社区预防的一部分使用，而不是基于监禁和判刑，采用类似的多种形式，包括家庭小组会议、个人指导和技能建设，并受到警方的密切监督。

（二）以学校为基础的项目

英国很少有明确的以学校为基础的项目旨在减少青少年犯罪和反社会行为。在上述确定的两项倡议中，都采用了一种普遍而不是有针对性的方法。例如，更安全的学校伙伴关系（the Safer School Partnerships SSPs）项目试图解决学校所有学生的主要行为问题，如欺凌、逃学、反社会行为和违法行为。自 2002 年起，学校推行全校性纪律教育，并更积极地让警方及其他支援人员参与，以促进学校安全，减少受害、阻止犯罪及反社会行为。这些课程旨在通过学校的权力结构和/或决策过程影响学校环境的改变。此外，该方案利用了更广泛的社区，虽然在这种情况下以地方警察部队为代表，但这确实使方案具有监视的意味。在英国，根据资金来源和当地警察学校的策略，项目有不同的形式。例如，青少年司法委员会（Youth Justice Board）YJB 资助的三个项目有一名完全执行任务的警官和支援小组位于每一所中学。其他安全学校伙伴（SSP）模式往往采取一名警官覆盖多所学校的更容易接触的方法，以及更强化行为和教育支持团队[1]的方法，其中一名警官是多机构伙伴关系的一部分，附属学校集群。

在实践中，以学校为基础的干预通常不是一个独立的方案或课程。相反，它是学校实施的许多不同活动的混合。例如，有证据表明，这种方式旨在提高大学生的情感技能，同时可以减少诸如欺凌和消极的学校态度等问题的产生，并可能因此减少年轻人的反社会行为。

（三）基于社区的早期干预项目

在英国有许多项目可以归入基于社区的项目。在英国，以社区为基础的规划和早期干预战略通常分为两大类。第一类是完全有针对性的服务，服务对象是已经有不良行为的青少年（指标性），包括青少年包容和支持小组 Youth Inclusion and Support Panels（YISPs）、挑战和支持项目以及在拘留室分诊 Challenge and Support projects and Triage in Custody Suites. 第二类是针对更普遍的、有选择性的、风险更大的青少年群体的服务，这些服务以不同的方式结合了发展活动和情境干预，重点是转移注意力，减少

---

[1] 行为和教育支持小组（best）是一个多机构团队，为弱势青年及其家庭提供全方位的专家支持。它们旨在促进儿童和青年的情感健康、心理健康、行为和上学。他们的主要关注点不是减少反社会或冒犯行为，这超出了本书的范围，但感兴趣的读者可以参考 Hallam et al.（2005）的进一步细节。

参与犯罪活动的机会，如青少年积极活动 Positive Activities for Young People（PAYP）、青少年共融小组 Youth Inclusion Panels（YIPs）、街头队伍 Street Based Teams（YCAP 的一部分）及“处理刀具行动计划” Tackling Knives Action Programme（TKAP），青少年包容和支持小组通过一系列有针对性的干预措施，包括家庭小组会议和育儿支持计划，在一名专职工作人员的协调下，与一组非常特殊的、有犯罪和反社会行为风险的年轻人合作。

纵观美国、英国采取的各种预防措施，可以发现其实质都是赫希犯罪控制理论在犯罪预防中的运用。

第四节　修正赫希理论后形成的“社会腱”

赫希理论有着特定的研究对象——少年犯罪（不满 16 周岁的人犯下的罪行），[1] 该理论的研究对象是美国社会中的少年犯罪。赫希认为，个体与社会的纽带受到削弱进而产生了青少年违法犯罪。犯罪预防就是在这种纽带变得薄弱时，主动承担起重建这一纽带的各要素所必需的责任。[2] 毕竟社会制度历史文化方面中美两国的差异还是比较大的。一旦“移植”该理论并适用于研究中国当代大学生违法犯罪预防，重建个体与社会这一纽带的过程中，仅从对象的差别（已满 18 周岁的大学生实施的严重危害社会的行为）上讲，就需要对其进行修正。

---

[1] ［美］特拉维斯·赫希：《少年犯罪原因探讨》，吴宗宪译，中国国际广播出版社 1997 年版，第 43 页。

[2] ［英］戈登·休斯：《解读犯罪预防——社会控制、风险与后现代》，刘晓梅、刘志松译，中国人民公安大学出版社 2009 年版，第 67 页。

一、关于依恋方面的修正

赫希理论所讲的依恋是对两种心理学概念，即超我或良心用社会学理论来表述。由此可见，赫希的社会控制理论既汲取了犯罪心理学的精华，又把超我或良心这种在人格组成部分中不能测量的部分转移到人际关系中，使其成为一种从外部也能观察的理论，变得更加有利于进行实证研究。因此，赫希理论又克服了犯罪心理学的缺陷。

赫希在依恋的论述曾指明犯罪发生的一方面原因，也曾暗示强化依恋可以预防犯罪。但是，赫希没有从犯罪人的角度研究为何个人没有对学校、家庭产生依恋的实际原因，而仅仅是关注家庭亲情、着力去分析问题家庭等措施和途径以增强大学生对于家的依恋，优化教师队伍，强化大学生对学校的依恋这种外部因素，类似此类的诸多问题皆需研究。另外“对正常社会的依恋”也是要增加研究的部分。大学生处于社会边缘或者社会之外是因为对社会没有正常的依恋，要尽力去建立大学生和学校的依恋关系，消除社会上存在的影响大学生不能对社会产生依恋的因素，通过补充经济体制改革中的不足、提高国家的社会控制力等措施和途径以增强大学生对社会的依恋。这也是预防大学生违法犯罪方面需要考虑的问题。

修正后的大学生依恋腱主要有三种类型。

1. 大学生对家庭的依恋

赫希理论有关少年对父母依恋的论述的确很经典，但是，对于少年为什么对父母没有产生依恋的原因他并没有讲到，也没有提出强化少年对家庭和父母依恋的具体措施。因此，运用赫希理论分析大学生违法犯罪时，需要将赫希理论中的“少年对父母的依恋”修正为“大学生对家庭的依恋”，大学生群体产生依恋的途径和措施需要进一步研究。大学生尽管长时间生活在大学校园中，且大学环境一般和家庭环境又有较大的差距。但是，大学生和父母的依恋（感情联系）并不会因为其长时间生活在大学中而削弱甚至中断，家庭因素对于大学生的成长有着重要作用。

依恋是指一个受人信赖的权威人物和一个孩子之间的终身情感纽带。婴儿对主要照顾者的依恋反应以及由这些建立起来的关系会持续其一生。婴儿时期的父母与孩子互动建立了孩子的内在世界观，这在以后的生活中也能解释父母与孩子的相互作用。大学生的情绪反应和调整可以根据其幼时是否有一个安全的或不安全的依恋关系来判断。家庭成员之间的相互作用是家庭系统理论的核心，这不仅影响到每个成员，而且也影响到整个家庭系统。家庭成员之间的互动影响着每个成员和整个家庭环境。每个家庭成员的行为能影响着家庭的质量。这些家庭关系的动态，依次影响每个成员。根据这种家庭相互影响的理论，大学生应对学业压力的挑战和适应大学新环境的能力在一定程度上受家庭影响。大学想要帮助学生首先需要认识到独特的家庭动态问题的重要性[1]。

一般来说，家庭关系好的学生在学业和社交方面表现更好，而且很少有心理健康问题。研究表明和父母关系良好的学生，在学术上和适应大学环境方面表现不俗。而和父母经常冲突的学生无论在学业还是大学生活的适应方面表现都不太好。健康的家庭环境在帮助青年人方面发挥着重要作用，家庭环境确实影响学生的情绪状态。当家庭关系是积极的，学生在压力大的时候会寻求父母的帮助。

2. 大学生对学校的依恋

赫希理论有关少年对学校的依恋方面的论述有一定的局限的，

---

[1] Deborah, Ann Baker DeWall. Family relationships and college adjustment of first generation college students. https://lib.dr.iastate.edu/rtd/1231, 2005.

研究对象主要是下层少年，这是不可取的。本书在研究强化大学生对学校的依恋方面，适用的对象也包括了家庭条件不错的学生。而且学习能力和学习成绩决定了少年犯罪的概率这一点是不够严谨的，我们要进行修正。因为，目前就有很多现实的案例表现出成绩好的学生依然会有犯罪行为。本书的研究对象——大学生，和赫希所研究的对象——少年，两者显然不相同。

大学生对学校的这种感情体现为大学生在其社会化的过程中，学校是一个不可或缺的重要因素，学校不仅为一个人从小学生、中学生向大学生身份的转变和过渡提供了条件和平台，而且为其提供了一个社会化的场所，通过体验校园生活的不同部分为其未来走向社会提供了"预演"。因此，大学生群体对学校的"依恋"远不仅是使得他们不去犯罪，还有感情层面的因素，两者相结合产生了独特的"依恋"关系。大学生对学校的感情依恋，不仅包括其对学校这个场所产生的感情，也包括其对学校这个场所内的人，比如教师和其他学生产生的依恋，即大学生在实施任何行为的时候，不仅要考虑该行为对学校造成的影响，还要考虑该行为对教师、其他同学所造成的影响。同时，大学生对学校的依恋还体现为学校（包括学校老师、管理、服务人员以及其他同学的行为等）的负面影响也会影响大学生感情。如若不能妥善处理这种负面影响，那么就会削弱大学生对学校的感情依恋。

3. 大学生对正常社会的依恋

赫希理论没有这部分的论述，但笔者认为这是必须要添加的一种类型。由于大学生本就处于社会当中，所以这种依恋关系一直都存在，离开了社会，大学生的成长环境就成了"无源之水，无本之木"。同时，社会中的一些负面因素也会影响大学生的行为，这种负面影响包括但不限于政治、经济、文化等诸多领域。

这种负面影响如果能消除反而会强化大学生对正常社会所产生的依恋，而达到远离违法犯罪的目的。

二、整合奉献和卷入后提出认同因素

这里的“认同”是把赫希理论中的奉献和卷入因素加以整合后出现的一个因素。精神分析学中所讲到的自我意识就是赫希所说的奉献。选择进行何种犯罪是个人权衡自己的情况后作出的个人决定。基于此，赫希理论发展了犯罪心理学观点。赫希论述卷入的时候，指出“游手好闲是罪恶的温床”这一常识观察结论。那么犯罪人的“自我或者常识”为什么没有形成，“游手好闲”为什么产生，究其原因，在于犯罪人对传统价值观不予认同，对社会不愿承担任何责任和义务，对传统社会活动不予认可，导致其拥有了大量的闲暇时间去实施违法犯罪行为。因此，纠正失当的家庭教育方式以提高大学生的角色认同感，加强校园文化建设以提高大学生对学校的角色认同感，改造不良的社会环境以提高大学生的社会认同感，就可以使大学生远离违法犯罪。

这里的认同不仅是简单的词语含义，也强调了个人在社会中所应当承担的社会责任。在此基础上，研究如何提高大学生的认同。主要方法有：纠正失当的家庭教育方式、加强校园文化建设、改造不良的社会环境。

三、关于信念方面的修正

赫希理论假定青少年犯早期就从一个正常的环境中脱离了，这是在研究大学生违法犯罪时需要重点关注的。因为，中国大学生坚信和认同的道德观念与美国学生相比截然不同。因此，理想信念教育对于大学生来说应当贯穿始终。同时，还要对大学生中的一些不正确信念及时地予以扫除，避免任何犯罪倾向、苗头侵蚀大学生的头脑。对于那些导致大学生信念缺失的因素要及时予以深入研究并妥善化解。

总之，"社会腱"源于赫希的社会控制理论，赫希理论在探讨青少年犯罪的原因及其预防方面的作用不容忽视。如要将赫希理论"移植"到大学生违法犯罪的研究中，本书认为，需要对该理论予以修正。通过强化依恋、提高认同、形成并巩固信念等途径和措施，可以达到重建大学生"社会腱"诸要素的目的，进而预防大学生违法犯罪的发生。

四、关于"Social Bond"各要素之间的关系分析

社会控制理论使人际关系汲取了"把作为个性组成部分的无法衡量的良心（超我）和内在监督转移这两方面"❶，简明且具体，也经得起实际考证。故修正后，"移植"到大学生违法犯罪的分析中来是可行的。那么，修正后的"Social Bond"三要素依恋、认同和信念之间是一种什么样的关系？

1. 依恋和认同的关系

一个人如果对父母、对学校、对社会没有任何感情，或者割断了联系，怎么会有远大志向和追求？怎么能够承担起其对我们这个正常社会的责任和义务？正常的社会行为怎么会产生？一句话，没有依恋，认同就会无法形成。反过来，对于一个认同没有形成的人，也就使依恋在其内心没有任何立足之地，他是不可能对其之外的一切产生感情的。

---

❶ ［德］汉斯·约阿希姆·施奈德：《犯罪学》，吴鑫涛、马君玉译，中国人民公安大学出版社1999年版，第523－524页。

2. 认同和信念的关系

一个认同度低的人，就不可能有任何远大志向和追求；就不会花费时间、精力于传统活动上；就不可能愿意承担任何责任和义务；就可能成为游手好闲的人，而游手好闲是罪恶的温床；也就不可能产生正确的信念。一个人没有了信念，就不可能认同传统社会上的一切。

3. 依恋和信念的关系

一个对家庭、对学校、对社会有依恋之情的人，通过正确的社会化过程，就会形成正确的信念，即依恋能够促使一个人产生正确的道德观念和价值体系；反过来，一个具有正确信念的人，不仅会促使其对家庭、学校、社会的依恋之情更加紧密，即知道如何更好的依恋。而且还会使依恋上升到一个新高度，从而为个体的深层次社会化过程的形成打下牢固基础。

通过上面的分析，可以得出“Social Bond”三要素之间的关系：处于核心地位的是依恋。依恋是认同的基础；认同是依恋的深化，认同也直接决定了可以深入考察依恋的存在，依恋也需要受认同的推动；认同升华后就是信念，新的依恋得以产生的关键也是信念。总之，“Social Bond”三因素在一个人的生活中是浑然一体而非独立存在的。

第五节　基于“社会腱”构建大学生违法犯罪研究框架

一个人在社会上立足的“社会腱”是修正后的社会控制理论的三个因素所共同构成的。任何一个要素得到了强化、提高、巩固，都可以阻止大学生违法犯罪行为的发生。

为了系统分析大学生违法犯罪，本书把"社会腱"的三个要素对应上大学生的日常生活空间，即依恋、认同和信念对应家庭环境、学校环境、社会环境等三个方面，分别从家庭、学校、社会方面，分析得出依恋的弱化、认同的降低、信念的缺失三个方面导致了大学生违法犯罪，进而提出强化依恋、提高认同、巩固信念的具体防治措施，以重建大学生"社会腱"的三要素。

而"社会腱"的依恋、认同、信念演变与大学生生存、学习、生活的家庭、学校和社会环境之间的关系连接紧密。通过对家庭、学校和社会环境方面存在的不利因素，具体研究来解决大学生违法犯罪问题。

本书在这三个要素的基础上，将大学生违法犯罪研究的具体分析框架设计如下，如图 2－1 所示。

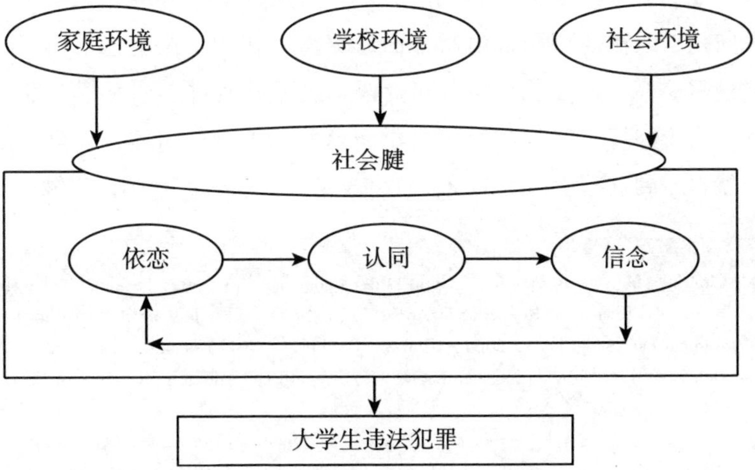

图 2－1　大学生违法犯罪研究框架

一、家庭因素对大学生犯罪的影响

对孩子的适当养育是父母的首要责任，因为给予孩子的价值观和父母给予孩子的训练类型似乎在很大程度上决定了孩子未来的生活方式❶。父母帮助孩子树立一定的行为态度，一旦建立这些态度就很难改变。家庭结构通过提供安全保障和发展他们的价值观和技能，在塑造大学生方面扮演着重要的角色❷。儿童的安全发展依赖家庭来满足和保障他们的基本需求，如衣食住行，他们的家庭为他们提供基本的身体安全感。他们还能从家庭中获得情感上的安全感，这是其他地方找不到的，这让孩子们在自信中成长，能够充分表达自己。对孩子来说，安全是他们发展技能和天赋、身体成长、认知和情感发展的秘方。在孩子和家庭成员之间建立信任时，安全也很重要。当孩子们知道他们可以信任他们周围的人，他们会感到更舒适和安全。这就是所谓对家庭的依恋。家庭在向孩子灌输规范和价值观方面起着重要作用。这些包括对对错的理解、尊重、公平、同情和责任。孩子们通过观察和模仿父母的行为，并接受父母的教育来学习这些价值观。因此，大学生从小就学习到这些价值观的重要性和不遵守这些价值观的后果❸。

---

❶ Chaffin, M., etal. Parent - Child Interaction Therapy with Physically Abusive Parents: Efficacy for Reducing Future Abuse Reports [J]. Journal of Consulting and Clinical Psychology, 72, 2004, p500 - 510. https://pdfs. semanticscholar. org/bac7/a9089a9001c4da90d7222369faf6d7494697. pdf https://doi. org/10. 1037/0022 - 006X. 72. 3. 500.

❷ Mary, J. B. (2016) Role of Parents in Inculcating Values. JARIIEhttp://ijariie. com/AdminUploadPdf/ROLE_OF_PARENTS_IN_INCULCATING_VALUES_c1264. pdf.

❸ Amato, P. R. (2000) The Consequences of Divorce for Adults and Children. Journal of Marriage and Family, 62, 1269 - 1287. https://doi. org/10. 1111/j. 1741 - 3737. 2000. 01269. x.

家庭是陪伴、亲情和安慰的主要来源，父母和孩子之间关系的性质决定了一个孩子成为大学生后是否会成为罪犯。相互支持和理解的家庭可能会促进大学生的社会行为，因为积极的家庭环境会促进健康的人格发展。相反，缺乏父母的爱和支持，或者在更严重的情况下，父母的冷漠、敌意或拒绝，会导致孩子在情感上感到不安全，导致人格发展不良，从而走向反社会或犯罪的道路。消极的父母态度通常包括：责骂和缺乏爱或是独裁式的父母、过度的控制、使用严格的命令、剥夺孩子表达自己的自由。对自由表达的压制和缺乏爱会促使孩子们反抗他们的父母，逃离他们的家庭，从而产生犯罪。父母的消极态度，包括隐瞒信息或不回答问题，已经被证明会引起孩子的不安全感。儿童的心理问题多处于这种不安全感，甚至可能导致长大后的不良行为。

低水平的家庭凝聚力很可能导致大学生违法犯罪。同样，Sarantakos 发现 73% 的少年犯来自低凝聚力家庭，而只有 27% 的少年犯来自高凝聚力家庭。他还发现，91% 的非罪犯来自高凝聚力家庭，只有 9% 的非罪犯来自低凝聚力家庭[1]。父母之间以及对子女的暴力程度也会影响大学生违法犯罪的程度。Sarantakos 发现 78% 的儿童罪犯来自遭受过身体暴力和虐待的家庭，而只有 22% 的儿童罪犯来自非暴力家庭。非罪犯更有可能来自非暴力家庭，而不是那些遭受身体或精神暴力的家庭。有学者认为，大学生罪犯更多来自缺乏父母关爱的家庭，而不是来自备受父母关爱的家庭[2]。

---

[1] Shields, G. and Clark, R. D. Family Correlates of Delinquency: Cohesion and Adaptability. The Journal of Sociology & Social Welfare, 1995, p93 – 106. https://scholarworks.wmich.edu/cgi/viewcontent.cgi?referer=https://www.google.com/&httpsredir=1&article=2243&context=js.

[2] Hearne, B. N. (2015) The Effect of Parenting Styles and Depressive Symptoms on Young Adult's Educational Attainment. https://etd.library.vanderbilt.edu/available/etd-03112015-132337/unrestricted/Hearne.pdf.

家庭在决定孩子是否有犯罪或反社会行为方面起着重要作用。由于家庭在大学生从小生活中的中心地位，儿童的价值观、技能和自我意识的培养主要依赖家庭发挥作用。因此，儿童的发展在很大程度上影响着他们未来的性格和成为大学生后从事不良行为的可能性。

二、学校因素对大学生犯罪的影响

今天的学校必须致力于培养年轻人的身体、精神、道德和智力，使他们能胜任和有效地参与日常生活，为他人的福利作出贡献，并使自己的生活幸福美好。因此，学校必须认识和整合生活中人们需要运用智慧和理解的所有方面包括道德的、伦理的、经济的、公民的、社会的因素。因此，学校关注生活中的所有问题，包括犯罪问题，但他们主要关心的是，如何以一种不太可能导致个别孩子出现不良行为的方式来对待所有的学生。犯罪经济学文献中一个公认的发现是，教育可以降低犯罪率。人们不太了解的是，教育政策导致的犯罪减少是如何产生的。一方面，可能的途径是，额外的教育可以提高个人在劳动力市场上的生产力，从而促进就业和工资。在经典的贝克犯罪模型中，个人通过比较参与犯罪的成本和收益来决定是否犯罪。更高的工资和更稳定的就业可以使个人远离犯罪。这意味着接受额外教育的人犯罪率会长期持续下降❶。另一方面，学生如果花费大量的时间在学业上，就没心思也没有太多时间去犯罪。通过让青少年在成长的关键时期上学，可以防止一些人接触犯罪，并减少他们走上错误人生道路的可能性。

---

❶ Bell, B, R Costa and S Machin “Why Does Education Reduce Crime?”, CEPR Discussion Paper, 2018 No. 13162.

在研究学校与犯罪的关系时，从教育工作者的角度来看，犯罪是后天习得的，教师在寻找导致犯罪的条件时发现，许多情况与其他类型的发展不良一样，如家庭破裂、贫困、家庭生活中的情感冲突、智力发展迟缓等。学校有必要研究这些条件。研究在这些情况下，一些孩子是如何学习犯罪行为的，以及在同一家庭、学校和社区中，通常具有相同智力和情绪冲突基础的其他孩子是如何学习社会可接受的行为的；发现儿童如何忘却不良行为；最重要的是，学校必须研究孩子如何学习更可取的社会行为。每个学生都有物质经济需求，需要成就感和创造性表达的机会、自己做决定、从恐惧和罪恶感中解脱出来的渴望，学校如果能满足所有学生的基本需求，就能在预防不良行为和犯罪，帮助学生健全人格方面大有作为。每个孩子都需要关爱和归属感，所以教师应该帮助孩子多交朋友和学校管理者应提供援助，让老师和家长要给需要帮助的学生一种情感上的安全感。以上列举的基本需求是影响学生适应社会的典型因素，但这些基本因素如果得到适当满足，将有助于学校尽其所能防止不良行为和犯罪。常规课堂的组织，以及它对儿童和青少年的兴趣、活动和忠诚度的挑战，是学校处理不良问题的重要因素。例如，如果迟钝或学习缓慢的孩子在晋升之前必须达到固定的课程要求，如果他们年复一年地被推迟到与社会格格不入的程度，逃学、不可救药或犯罪就很可能随之而来。相反，如果有更多更好的教学方法和技巧引导孩子，那么许多不良行为乃至犯罪就可以避免。

三、社会因素对大学生犯罪的影响

经济的飞速发展是"双刃剑"，生活质量的提高伴随而来的负面现象也非常明显。首先，"拜金主义"的思维对大学生影响很大。金钱这种有着极大诱惑力的财富在很大程度上影响了学生的思想，相较于20世纪90年代的大学生，现在有些学生缺乏对社会的责任感并充斥着理想主义。有些大学生甚至从大一开始就想着如何找到一个工作，而不是把学业放在第一位，甚至上学期间就做兼职赚钱，甚至为挣钱铤而走险。其次，经济的发展虽然扩大了就业，但高校的扩招也给大学生的就业带来了很大的压力。就业不理想也是某些大学生犯罪的一个重要原因。随着国家持续扩大开放，青年就业难问题也较为突出，知识和技能的缺乏使得找工作很困难。导致很多大学生一毕业就失业，面对这样的情势，学生很难专注于学习，有些就天天沉迷于网络或各种与学习无关的行为虚度时光、破罐子破摔。再加上这种贪图享乐、怕脏怕累的年轻人，就业渠道本书就少之又少，因此也产生了不少年轻的无业人士，而这类人违法犯罪的概率比较高。最后，经济发展所带来的消费风气也极大地刺激了大学生的消费攀比心理，不惜代价去购入奢侈品以提升外在优势。总之，社会“污染”是青少年犯罪的主要原因。青年人自身的特点是求知欲强，好奇心强，敢于冒险，可塑性强。但是，他们的社会经验不足，思想不太成熟，辨别是非的能力和抵抗社会不利影响的控制能力较差，容易受到外部的不利影响，尤其容易受到颓废思想的侵蚀。“电子鸦片”的摄入、文化废弃物的毒害、不法分子的煽动等都有可能诱发青少年犯罪。

CHAPTER 03 >>

第三章

原因篇："社会腱"断裂导致大学生违法犯罪

犯罪并不是一个很容易被察觉的或不依赖其他因素而形成的问题。犯罪不应当被认为是一种疾病，而应当被看作是一种疾病的症状。就如同逃学样，犯罪只是一种潜在症状的表面现象，从其根源入手可在家庭日常生活、学校学习与适应所居住社区的环境背景中找到，有时还可从儿童个性的生理或心理方面找到。在处理犯罪问题的过程中，从学校以外其他机构的角度入手，我们处理的问题可能存在一个或多个不同的构成原因。此外，在处理犯罪引起的各种症状时，只有找到根本原因并加以纠正或缓解，才能一劳永逸地真正解决问题。犯罪是一种社会存在的现象，个人所实施的犯罪都是犯罪因素共同作用的产物，这是一个不争的事实。正因如此，我国学者特别强调犯罪的成因是多方面的，在此基础上，提倡高度综合治理犯罪的政策。[1]

事实上，对犯罪因素与犯罪的关系进行定性和定量分析，揭示导致犯罪的根本原因，不仅是犯罪探究的起点，也是犯罪机制形成和变化的关键。以犯罪原因为第一层次，构成犯罪原因的犯罪因子为第二级别，以此逐步类推，每一层都包含了等待探索与发现的关键因素。大学生违背法律规则、挑战法律底线导致犯罪行为滋生是一种不应有的社会现象，在每一个大学生犯罪的案件背后有很多不为人知的诱发犯罪的因素。这些因素导致了学生在不同年龄的学习生活阶段各种偏差行为的比例和作用完全不同。在中学阶段，学生受到的三种教育力量的影响比例比较稳定；在接受高等教育阶段，社会和学习在三种教育力量的影响中所占比例不断地提升并占据重要地位。应该清楚，大学生进入大学阶段之前和他们进入大学阶段之后受到各种因素的影响相对均衡，本质上和其他青年受到的影响没有区别。

作为一种社会现象，大学生违法犯罪背后有着一定的原因。学者经过分析家庭教育、学校教育、社会教育对于不同年龄段的学生在教育的时空构成分布和空间构成分布进行比较，可以得出结论，三种影响分布比例比较平均。[2] 大学生的依恋弱化、认同降低、信念缺失是由三种教育力量中所隐藏的一些负面因素滋生的，“社会腱”正是在这种负面因素的影响下导致链条破裂，大学生也在多方面的负面因素影响下走向了犯罪。

---

[1] 康树华、张小虎主编：《犯罪学》，北京大学出版社 2004 年版，第 112 页。

[2] 张人杰：《国外教育社会学基本书选》，华东师范大学出版社 1989 年版，第 491 页。

第一节　依恋的弱化与大学生违法犯罪

对家庭、对学校、对社会，大学生不再依恋或是弱化依恋是因为"社会腱"链条断裂。而断裂的原因是因为家庭、学校、社会环境中存在一些不好的因素，最后使得大学生走向违法犯罪的道路。

一、影响大学生对家庭依恋的因素分析

（一）家庭的残缺导致了家庭依恋腱的残缺

因各种原因导致父母一方或者双方在家庭生活中缺失的家庭就是我们所说的残缺家庭。有两种类型的残缺家庭。

1. 缺少父母的家庭使大学生对家庭的感情弱化

我们先从一则案例谈起。北大学霸弑母案中，吴某因犯有故意杀人罪、诈骗罪、买卖身份证件罪数罪并罚一审被判处死刑。在人们的眼中，似乎有两个吴某存在，一个是涉嫌故意杀害自己亲生母亲，爱上性工作者、在酒吧做男模的吴某；另外一个是集各种优点、才华于一身的阳光"完美"学神。此案中，吴某的父亲因病去世，妈妈一向对他要求极其严格，致使他的心灵在缺少父爱的家庭里逐渐扭曲。

苏联著名教育家马卡连柯曾说过："没有父母的爱所培养起来的人，往往是有缺陷的人。"缺少父母的家庭，往往生活水平下降，甚至没有足够的保障。抚养、管教子女的责任只能落在父亲

或母亲其中一位的身上，或是由爷爷奶奶、姥姥姥爷，乃至其他亲属的家庭负责，然而由于各种原因导致缺少父母的子女很难有一个较好的社会环境；对于已经有了子女的亲属，无法给予孩子像亲生父母一样的家庭之爱，也不能完全做到视如己出，在这种环境下孩子往往感到压抑和委屈，缺少安全感，没有父母的温暖陪伴和稳定的家庭环境，这种心理的缺失是很难弥补的。

没有父母的关爱和陪伴往往会导致子女孤僻、自卑和自尊心过强，使其在寻求温暖的补偿上不加区分，对外界的所谓“友谊”“温暖”不加辨别地接受，很容易被犯罪分子蛊惑，而走上违法甚至犯罪的道路。在访谈中，有300位曾经分别实施了杀人、抢劫和强奸犯罪的大学生，来自缺少父母的家庭。他们均流露出因缺少父母而导致如此严重后果的惋惜之情。来自清华大学的刘某、浙江大学的周某等，都存在独立能力差，与人交往能力弱的情况，他们的共同特点是都出生在缺少父亲的家庭，在母亲过分呵护下长大。在实施犯罪行为之前，根本就没有考虑到自己的行为会使母亲十几年含辛茹苦的心血和汗水付之东流。可见，从小缺少父母的家庭中走出来的大学生，因为得到的父母的爱是不健全的，因此，其进入大学后，不可能对父母产生依恋，实施犯罪行为也就不足为怪了。

2. 婚姻离异家庭走出来的大学生的依恋无法得到强化

婚姻离异家庭，即由于夫妻解除婚姻关系而形成的家庭。有研究者指出，我国的离婚率在逐年上升，数字不断创新高。每年的离婚和结婚数量比，在20世纪70年代末仅为3∶100左右，到2002年则达到15∶100，一些大城市高达25∶100至30∶100。[1] 因为

---

[1] 廖秀腱、毛祥成、张晓妮：《青少年犯罪的家庭原因及预防探析》，载《湖南农业大学学报》（社科版）2004年第2期，第83－85页。

父母的离异导致子女出现心理失衡，会导致子女产生一些消极的心理反应，为潜在的心理危机埋下了种子。如果长期忽视心理异常不去调节，最终会导致超过自身调节能力，影响心理健康发展，构成病态性人格并导致犯罪。

父母的离异打破了家庭的完整，单亲家庭、继亲家庭便是父母离异的产物，子女们在这种环境中，过早地体验了不属于他们的委屈与痛苦，物质与精神上相对匮乏，严重影响了他们心理、感情的正常发展。菲是一名郑州某学院2000级本科生，在她年龄幼小时父母离婚，她选择跟疼爱自己的爸爸一起生活。然而，生活却总是捉襟见肘，因为爸爸只是一个收入不高的普通公务员，菲逐渐厌倦了清贫的生活，并暗自发誓：“别人有的，我也要有！”通过认真学习和凭借自己的大学学历去找个高工资的工作？太遥远了！通过打工、做家教？太折磨自己了！最后，她走上了傍包工头的道路。本案中的菲，是一名从残缺家庭中走出来的大学生，缺少一个完整的情感空间，感情片面发展，出现性格扭曲的情况，再加上认知能力、自制能力不强，多种因素影响下导致她最终走上了犯罪的道路。再如一个来自新疆一个家境贫寒的家庭的海南某大学学生，22岁的董某。因家庭拮据而无力负担房租，导致无家可归，好心妇女李某不忍心其无家可归将其收留，董某便认李某为干妈。在2005年年底，董某与李某因琐事发生矛盾后，董某认为干妈李某“太无情无义”，遂起杀机。将李某杀害后，又强奸了李某的女儿。最终董某被判处死刑。[1] 董某为什么对收留自己的“好心人”——养母，下这样的毒手呢？原来在董某五六岁的时候，他的亲生父母就离异了。父母的离异，导致他对家庭，尤其

---

[1] “女子收养贫困大学生反被杀 女儿遭其强奸”，载《海口晚报》2007年9月20日。

对养母没有任何依恋之情，使他成了一个很“特别”的人。

（二）大学生在病态的家庭不可能形成常态的家庭依恋腱

病态的家庭是指教育方式错误、随意打骂、违反法律以及家庭成员有人是无民事行为能力人或限制民事行为能力人的家庭。如果，缺少家庭功能正常发挥的条件是构成残缺家庭的主要原因，那么家庭成员的思想文化修养匮乏与道德观低下而使家庭功能无法实现则是病态家庭形成的主要原因，属于人为使然。病态家庭主要有三种类型。

1. 教育不当家庭里的大学生的依恋十分脆弱

不少父母把自己对生活的美好期待都寄托给了孩子，父母把孩子作为自己的翻版，希望孩子能够实现自己曾经的梦想。根据调查研究显示，70% 以上的父母认为孩子在结束学校学习之后应该参加课外培训去提升自我，学校的课程远不能满足需要，有 79.5% 的家长希望孩子可以参加课外培训。[1] 优异的学业成绩是大多数父母的唯一要求。对于大学生而言，加倍努力学习并获得优异的学习成绩是回报父母养育之恩，回应父母殷切期盼的唯一手段。潜移默化中，大学生的学习就多了一些不应该有的沉重心理包袱，压力之下，大学生就会产生一些消极心理，长期忽视就削弱了大学生与家庭的感情。

2. 滥施暴力的家庭里的大学生的依恋不可能得到强化

滥施暴力的家庭是指通常以暴力为解决问题的主要手段来解决家庭成员包括夫妻之间、父母与儿女之间的矛盾，其中主要指夫妻之间以肢体冲突、言语伤害、暴力胁迫的形式，侵害其中一

---

[1] 陶国富、王祥兴主编：《大学生积极心理》，华东理工大学出版社 2005 年版，第 156 页。

方或双方彼此的身体权利，造成双方或一方的身体与心理遭受损害而形成的家庭。"暴力是解决问题的唯一办法"是在这种家庭环境中成长起来的大学生的人生信条，他们自然对父母没有任何依恋之情。

3. 违法犯罪家庭里的大学生的依恋不可能正常

违法犯罪的家庭是指家庭成员中有人经常进行违法犯罪活动的家庭。如果大学生长期处于这种家庭环境中，无形之中，耳濡目染接收着家庭成员的言传身教，长期处于这种反社会、反法制的"教唆"下，就会降低对于犯罪诱惑的抵抗最终走上违法犯罪的道路，对于影响自己的家庭就更不可能产生依恋之情。根据在校大学生和犯罪大学生对"家庭成员的犯罪行为对你的行为有无影响?"这一问题的回答，已显示这种情况。具体如图 3 –1、图 3 –2所示。

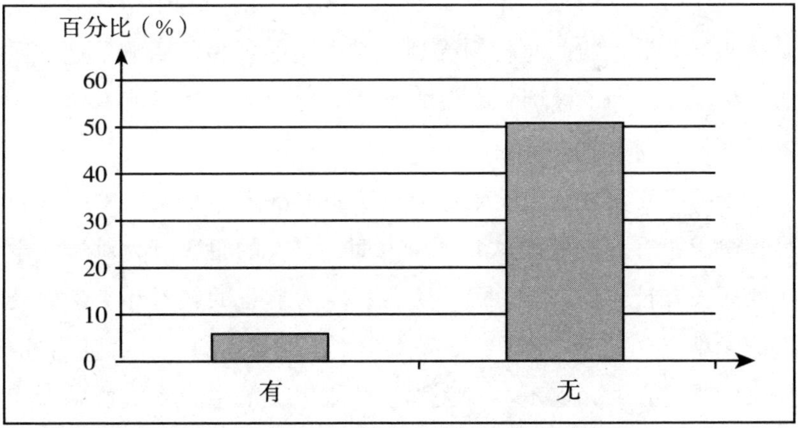

图 3 –1　大学生的行为是否会因为家人犯罪而受到影响

图 3 –1 反映的是，在 280 位未犯罪大学生的回答中，有 30 位同学觉得家人犯罪会影响到大学生的行为模式，占到了被调

查人数的 6.1%，仅占回答人数的 10.7%。

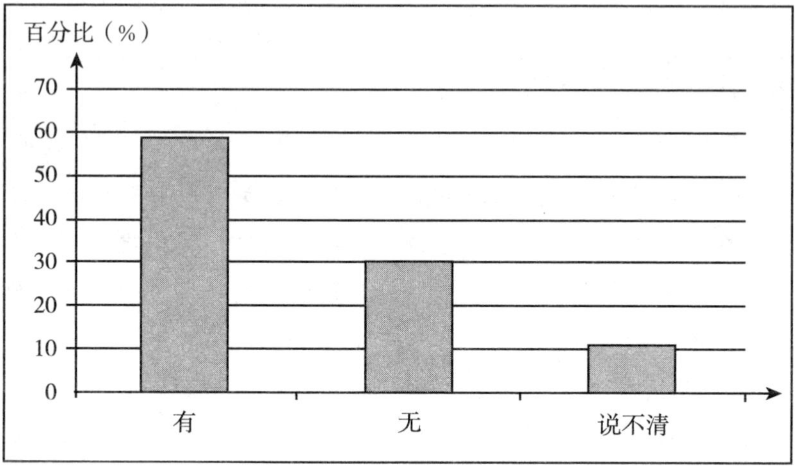

图 3 - 2　犯罪大学生的行为是否因为家人犯罪而被影响

图 3 - 2 反映的是，在 170 位犯罪大学生的回答中，有六成人觉得犯罪大学生的犯罪行为受到了家人犯罪行为的影响，这一回答结果几乎占到了被调查人数的 60%。再加上“说不清”这一回答，已经达到了 70%。

根据研究发现，大学生走上违法犯罪的道路与家人中有人曾经违法犯罪有着紧密的联系：一方面，家人的犯罪行为对于大学生的成长有较大的影响。另一方面，家人罪行的轻重和大学生受影响大小有着紧密的联系，如果大学生形成稳固的“社会腱”，即使家庭成员犯罪，也不会对大学生的未来发展造成太大影响。如果没有形成稳固的“社会腱”，影响就很大。

二、影响大学生对学校依恋的因素分析

学校是社会专门建立的为学生提供专业技术知识训练与接受

教育的场所，学校通过课堂等多种形式传播先进思想与文化知识，培养学生树立远大理想，塑造高尚品格。学校教育的功能[1]是独一无二的，是家庭教育、社会教育以及大学生自我教育所无法替代的，学校教育功能全面、完整、有效的发挥对于大学生的社会化有着重要的积极作用。良好的大学教育不仅能够弥补不良的家庭教育带来的影响，而且能够增强其积极抵御社会不良诱惑的能力，它会在大学生与学校之间建立一种认同与亲切的强烈感情——依恋。但是，当下的高校之中存在着的一些消极因素，使大学生和学校的依恋腱破裂或者削弱，致其走向违法犯罪的道路。

（一）学校教师队伍素质不过关影响了学生对学校的依恋

这里所说的教师队伍包括从事教学工作的人员和教学管理人员。在现实中，教师队伍素质不理想主要体现在两个方面。

1. 教学人员的低素质无法使大学生对学校产生依恋

由于我国长期以来对教育的投入太少，教师的社会地位受到了严重的挑战，位于金字塔顶端的优秀人才并未进入教育系统。根据对500名毕业生的调查显示，51%的毕业生将公务员作为自己的第一职业选择，仅有100名毕业生选择从事教育类职业。事业编制与公务员岗位是每年毕业生竞争的焦点，当下各个高校对于高学历教师都求贤若渴。这种局面造成了一个矛盾，即在各级各类学校中每一位学生的综合水平在不断提高，而我们的学校培养机制却不能为这些学生提供适合他们多方面提升自我的教育资源。下面的案例就反映出这个问题。罪犯C出生于普通的农村家庭，却在体育方面有着独一无二的天赋。因此，在1986年被山东的一

[1] 学校教育的功能主要表现在以下方面：对学生进行思想品德教育；对学生进行科学文化知识的教育；对学生进行劳动技能的教育；对学生进行法制教育。

个体校选调走，在1987年进入体校举重队，在学校的培养和自身努力下，她在比赛中多次取得优秀成绩并打破了比赛纪录，在1993年获得了健将级运动员称号，同时进入某体育学院本科班。对于这位从农村走出来的女孩子而言，能够进入高等学府，犹如进入了神话般的宫殿。然而，命运又是那样的难以预测，她未能遇上一位好老师（教练）。C同学的教练与她同出一个师门，早她几年毕业后留校任教。但出于未知的原因，这位教练总是在训练中训斥她、体罚她，并且念念有词：你是学生，我是教练，看我怎么整你。C对于教练的恶意惩罚一头雾水，在提出与教练沟通的请求后，不但被拒绝并且得来变本加厉的体罚。C也曾向学校有关部门和负责人反映情况，但无人帮助她。而该教练在得知此种情况后，更是对C冷嘲热讽。在多次求助无门后，C彻底绝望了，在1995年6月的一个早晨，C怀揣从同学那里借来的一把匕首，独自来到教练的住处，乘他不备的时候，向他刺了过去……[1]如果教练对C不是那样的训斥，如果不整她……也许我们不愿看到的情况就不会发生。

2. 教学管理人员的低素质无法使大学生对学校产生依恋

1999年高校扩招之后，入学人数的急速膨胀使得原有的传统高校管理模式无法适应当下高校管理的现状，制约着管理水平的提高。首先，在观念意识上，高校管理人员现有的教学观念应当更新，也要加强对学生的认识，在教育管理中主动找好自己的位置。主动学习自己应该为学生提供什么样的服务与帮助。其次，对于学校的规章管理制度和学校当下的教学现状，高校管理

[1] 朱云、桂孝忠：《大学生违法犯罪的学校教育因素探析——来自上海提篮桥监狱的调查报告》，载《思想理论教育》1996年第10期，第45-46页。

人员应当着重学习，停止生硬的刻板操作，主动创新和发现问题，总结经验教训，对于高校的管理工作做好系统性的调研。各校现有的学生管理人员很难胜任大学生的管理工作。一方面，管理人员的学历水平不能够满足要求，大部分管理者学历不如被管理者，本科学历的较少，不到 50%；从人员的来源看，退伍军人占据了不低的比例，高达 34%，再有一部分人员是学校其他岗位的"辞聘者"；另一方面，从构成管理人员主体来看，年龄偏大，50 岁以上的管理人员占到 52%。[1] 而那些年轻的、高学历的人员，在管理岗位上仅有理论却缺乏经验。这很难使大学生的管理工作达到理想的效果。2007 年 12 月，江苏海事职业技术学院一位大二学生中奖 500 万元后，就卷起床上铺盖，离校回家。[2] 此种现象的发生，从一个侧面折射出我们的大学对大学生的吸引力已大打折扣。

（二）学校管理模式不到位影响大学生对学校的依恋

1. 学校的管理体制跟不上形势的发展，无法使大学生对学校产生依恋

改革开放以来，特别是在进入 21 世纪以后，我国在高等教育事业建设上取得了令人瞩目的成绩。大学招生的数量每年剧增，招生自主权也在不断放开。但同时，新的困难和矛盾也迎面而来。管理模式的滞后与日渐扩大的规模之间的矛盾是较为明显和紧迫的矛盾，大学的管理逐渐懈怠，对学生的授课模式由小班精讲变成大班授课，日常管理更多地依赖学生会，而辅导员的作用在不

---

❶ 数据来源于笔者在中原工学院、河南农业大学、郑州大学、河南财经政法大学、河南中医药大学、铁道警官高等专科学校调研期间，对这六所高校的部分学生管理人员访谈整理后得到的。

❷ "南京一大学生买彩中 500 万大奖"，载《现代快报》2007 年 12 月 26 日。

断弱化；学生与老师互不认识，“老死不相往来”。[1] 如果一个学生的自律性较差，那么在这偌大的校园之中就犹如一棵无依无靠的小草一般。正如中国人民大学中文系一名黄姓学生所说：“有时候我觉得现实的校园生活对于我们反而是‘虚拟’的。由于学生与老师之间的互动交流较少，繁华美丽的大学校园与我们越来越空荡的精神世界形成了强烈的对比。我们该怎么样去满足自己精神上的渴求？我们青春的焦虑与彷徨又有谁能够理解？我们成长的压力又该由谁来缓解？”[2]

2. 学校的管理力度不够阻碍了大学生对学校产生依恋

有一些高校纪律要求松懈，管理工作混乱，班主任（辅导员）没有尽到应尽的职责与义务，出现对学生违纪行为的忽视，公然无视违规行为，如对夜不归宿、吸烟、酗酒、沉迷网络、贪玩、厌学等不良、违纪行为视而不见，对迟到、旷课等行为没有给予及时、有效的处分，导致学生抱有侥幸心理，最终小错变大错走向犯罪。而且，部分高校的安保措施形同虚设。如各高校的门卫管理制度松懈，安保意识较差且缺乏相应的安保器材，导致社会上各类人群都能在学校里进出自由，这既增加了大学的管理难度，也可能使那些防范意识相对薄弱的大学生经不住诱惑被“拉下水”，“里应外合”进行犯罪活动。大学生违法犯罪的社会化倾向的出现即是明证。

在现实中，部分高校对于大学生的自我管理能力过分高估、盲目乐观，对于学生存在的问题以及未来可能会遇到的问题，缺

---

[1] 陶国富、王祥兴主编：《大学生社会心理》，华东理工大学出版社2005年版，第362页。

[2] 邬焕庆、吕诺：“虚拟的一代？——网络时代的大学生生活形态”，载《太原日报》2005年1月18日。

乏合理应对措施和配套的管理制度与规范，或者配套的制度、规章不健全、不完善。有的学校虽然早已经制订了较为完善的规章制度，但在具体执行过程中，由于受到诸多因素的干扰，致使在处理问题的时候常常手下留情，效果大打折扣。如学生违反纪律本应该受到留级、开除的违纪处分时，学校也常常“手下留情”。更有甚者，某些高校对一些“问题”学生的处理存在严重的“人情化”倾向，一些大学生违法犯罪案件，按照法律规定应当由司法机关处理但却“消化”在学校内部。

也正是由于高校“有章不循”“有禁不止”，才无形中助长了部分犯轻微罪行的大学生的气焰，增加了其进一步实施犯罪的侥幸心理，使这些又留在学校的学生根本不珍惜机会，一些本可以“回炉重铸，改造自我”的学生，却因为学校的放纵，从刚开始的轻微不良行为发展到严重违纪行为，进而发展到对社会造成严重危害的犯罪行为。同时，在这种环境下，少数有犯罪苗头的大学生也跃跃欲试，不断作出违纪行为甚至犯罪行为。

另外，在学生宿舍管理方面，各高校仅仅是一种入口管理，而对宿舍内的管理却没有采取针对性的对策，导致各种管制刀具随意藏匿在宿舍内，为那些有犯罪苗头的大学生进一步实施犯罪埋下了诸多隐患。

三、影响大学生对社会依恋的因素分析

社会为每个人的生存、发展提供了平台。当代大学生与社会有着紧密联系。但是，这种联系为社会中存在的负面消极因素所削弱，使大学生和社会的依恋腱出现断裂或者削弱，致使他们走向犯罪的道路。

（一）经济体制改革中的漏洞和负面效应[1]削弱了大学生对社会的依恋

所有社会的先决基础，是经济，马克思在分析社会问题时也曾说过：“不以立法者意志为转移的经济因素造成了违法行为。”[2]我国实行市场经济体制，对于经济的发展有着积极的作用，但是，其本身也存在着一些犯罪诱因，不但会造成一定的贫富差距，而且会刺激人们尽可能地去追求物质财富，一些人甚至不惜以身试法，触犯法律，也导致犯罪行为与犯罪机会增多，社会管控和处理犯罪的难度增大。社会出现了许多诱发犯罪的消极因素，而这与计划经济时代所产生的一整套机制、方法不适应当下市场经济的发展，与市场经济相配套的管理模式、经济立法等相应的配套制度建设还很不完善、很不健全，经济管理中存在偏差、漏洞、错误息息相关。

在市场经济分配体制下，分配不公的现象仍然客观存在，即便已经完全贯彻了效率优先、兼顾公平的原则也难以避免，且监督制约缺失。分配不公使得一部分人丧失自己的应有利益，使得社会的公平与正义被践踏，如果长期不解决这个问题会导致一部分人对于社会失去期望，慢慢走向消极和堕落，导致反社会型人格的出现。[3]目前，社会经济的管理体制完善还需要时间，全新的利益分配格局也未形成，因为利益分配而导致各种矛盾与日俱增。社会各个群体的收入差距也在不断增大，在仇富心理和一些暴富

---

[1] 吴殿朝：“我国社会转型时期的致罪因素探析”，载《中州学刊》2005年第3期，第104－106页。

[2] 《马克思恩格斯全集．（第13卷）》，人民出版社1960年版，第552页。

[3] 吴殿朝：“我国社会转型时期的致罪因素探析”，载《中州学刊》2005年第3期，第104－106页。

者的刺激作用下，一些人走上了违法犯罪的道路，对于社会安宁和谐造成了极大的威胁。

可见，实行市场经济过程中出现的漏洞、产生的负面效应和各种冲突（冲突的极端形式就是犯罪），自身文化素质较高的当代中国大学生更易察觉并得到深刻的"体验"。但是，并不是所有的大学生都能够做到明辨是非，事实上，只有较小比例的大学生能够真正从理论的高度思考这些弊端，有相当一部分人由于知识的局限以及所处环境的污染，对这种弊端毫无反应或仍然处于一种不知所措的状态中，以致对社会的依恋严重削弱。这在"大学生对家庭经济状况的感觉程度如何?"问题的回答上显示出来。具体如图 3－3、图 3－4 所示。

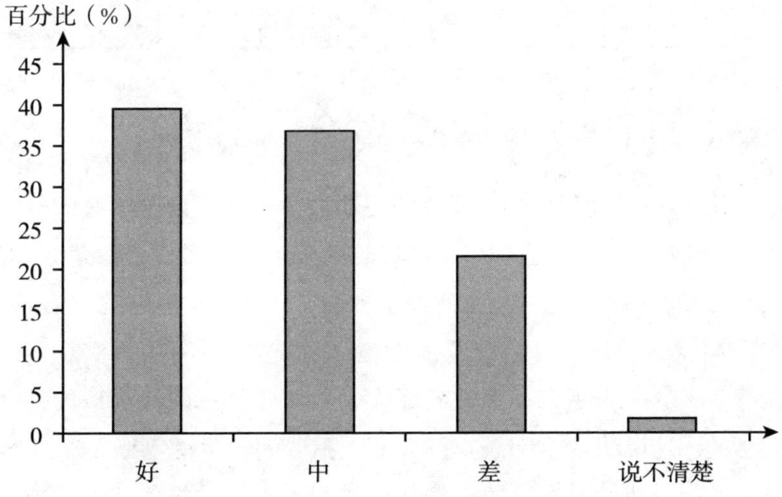

图 3－3　大学生对于自己家庭经济情况评价

从图 3－3 可以看出，40.2% 的大学生认为自己的家庭情况属于"好"，31.9% 的感觉是"中"，26.7% 的大学生认为自己的家庭情况属于"差"。这样的家庭经济情况对于自己教育发展而言，他们感觉“满意”“基本满意”的达到了89.7%。在校大学生对家庭的经济状况的自我评价感觉程度符合我们这个社会的正常状况，即好、中、差情况各占社会的三分之一，这是一种客观存在的社会现实。

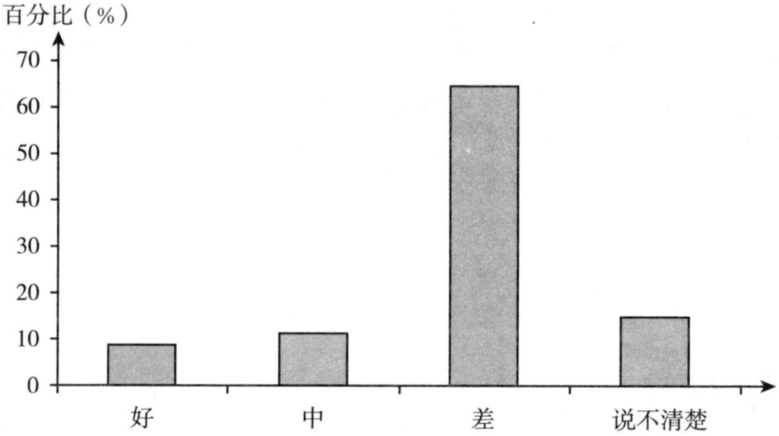

图3-4　犯罪大学生对于自己家庭经济情况评价

从图3-4可以看出，65%的犯罪大学生对于自己家庭的经济情况评价是“差”，还有15%左右的大学生感觉“说不清楚”。对其教育发展而言，这样的家庭经济情况，犯罪大学生感觉“满意”“基本满意”的仅占15.7%，而感觉“不满意”“基本不满意”的接近85%。从此看出，多数犯罪大学生对于家庭的经济条件是不满意的。这说明两个问题：一方面，犯罪大学生的判断是从其个体出发的，他们与家庭的经济状况之间处于一种抵触状态，当家庭经济无法维持其高消费或者超出一个正常大学生的消费水平的时候，就会导致犯罪的发生。另一方面，犯罪大学生可能来自低收入家庭的比例偏高，来自低收入的家庭可能会使大学生对家庭没有依恋。政府和社会对这种家庭中的大学生要给予更多的社会支持与关爱，否则，会使大学生对社会没有依恋，进而导致依恋腱断裂。

可见，市场经济条件下的贫富分化所引起的负面效应，已经通过大学生对家庭经济状况所产生的"不满"反映出来，大学生们对社会产生对立情绪，正是由于这种"不满"，使犯罪大学生对社会不再有什么依恋之情，这些消极悲观的因素往往让他们迷失自我、挑战法律的底线、实施各种犯罪行为，其中针对财产的犯罪案件发案率较高，如实施盗窃、抢劫、诈骗等犯罪行为。

（二）国家社会控制力降低减弱了大学生对社会的依恋

犯罪，是一种社会现象，任何一个社会都无法避免。但是，仍然可以对社会上的犯罪数量和危害程度进行有效控制。当一个社会用来控制犯罪的力量降低时，这既对犯罪意识、决意的形成起到了刺激作用，又为犯罪行为的发生创造了便利。大学生们对社会的依恋度降低，与社会上多发的犯罪行为有着密切联系。这里所说的"低社会控制力"主要有以下几方面。

1. 低破案率导致更多犯罪，减弱了大学生对社会的依恋

从某种意义上讲，破案率是显示一个国家对犯罪的控制力量强弱的最有效的指标。能否破案事关犯罪分子能否受到法律的制裁，由于控制犯罪的有效性更多地取决于刑罚的不可避免性，在防范与打击犯罪中，提高破案率的意义重大。为了更好地预防与打击犯罪，提高破案率尤其重要。正如"惩罚和犯罪是不可分割的一对，缺一不可"❶，如果刑事案件不能及时破案得到处置、犯罪分子可以逃避法律的制裁，那么，在这种社会环境下，犯罪就

❶ ［法］埃米尔·迪尔凯姆：《自杀论》冯韵文译，商务印书馆2001年版，第397页。

必然大量滋生、泛滥；一般而言，“违法者对风险持偏重态度”❶，因此，不能破案，则一定会使法律的权威遭受挑战，犯罪分子没有后顾之忧，最终将使犯罪成为一种只会赢利而没有风险的产业，没有什么比犯罪分子逍遥法外更能损害刑罚制度的威力和有效性了；相反，如果所有犯罪都能够得到法律的及时惩处，那么，人们就可能不会冒险去从事犯罪活动，犯罪必将得到有效的遏制。

从理论上讲，在其他条件相同的情况下，如果破案率越高，那么犯罪率也就会越低，对于犯罪的打击遏制效果就更好。在贫富差距不变的情况下，破案率每提升 1 个百分点，那么相应的，犯罪率就会下降 4.53 个单位（4.53 起/10 万人，即每 10 万人 4.53 起犯罪案件）。❷ 这就提示我们对大学生违法犯罪案件要及时侦破并予以惩处，而实践中，对大学生违法犯罪案件在处理上的“人情化”做法，助长了具有犯罪苗头大学生的“嚣张气焰”，加快其实施犯罪的速度，使他们对家庭、对学校的依恋很微弱，更使其对社会具有的微弱依恋迅速化为乌有。

2. 社会控制机制运转存在问题减弱了大学生对社会的依恋

社会通过物质与精神的条件，使社会成员遵守社会道德行为规范，维护社会正常秩序的过程就是社会控制。社会自我安全防卫、直接同犯罪做斗争的社会力量就是社会控制机制。这一机制完善、严密、有效与否，直接影响着犯罪的消长。目前社会控制机制方面存在如下问题：❸ 一是预防和减少犯罪的社会控制体系在

---

❶ ［美］加里·S. 贝克尔：《人类行为的经济分析》，王业宇，陈琪译，上海三联书店、上海人民出版社 1995 年版，第 66 页。

❷ 胡联合：“转型与犯罪”，载《中国转型期犯罪问题的实证研究》，中共中央党校出版社 2006 年版，第 41 页。

❸ 张晓秦，赵国玲主编：《当代中国的犯罪与治理》，北京大学出版社 2001 年版，第 106 页。

根本上就没有达到完善的效果，社会合力打击违法犯罪的局面尚未形成；二是预防、打击、改造犯罪的体系不够完善仍然存在许多问题，而控制与管理犯罪的能力也较薄弱；三是社会治安管理水平不能快速适应新形势，在犯罪预防工作中存在的漏洞较多，犯罪分子很容易就找到合适的侵害目标，同时实施犯罪行为的时机易于选择与得手。这些问题的存在，一方面，因为大学生群体拥有较为敏锐的社会观察力和较差的心理承受能力，因此导致大学生群体对于构建良好社会环境容易丧失信心，使其对我们这个社会产生更多的抗拒的消极情绪，哪有什么对社会的依恋之情的存在余地！另一方面，也为部分意志薄弱的大学生钻社会控制机制的空子，将自己从紧张、有序、丰富的大学生活中“解脱”出来，而将其一切时间、精力投入感知诱惑、谋划犯罪和实施犯罪的活动中去。

3. 国家对社会的控制力减弱无形中减弱了大学生对社会的依恋

转型社会的一个基本矛盾就是，转型的社会需要加强社会控制，但在社会转型中必然导致社会控制能力的降低。[1] 在社会转型过程中，新的社会控制措施尚未严密而有效地建立起来，而旧的社会控制手段又在一定程度上丧失了功能，从而为犯罪活动提供了机会和条件。这可从以下方面表现出来：第一，在经济调控方面，随着国家行政干预的减少，出现了政府在宏观经济调控方面弱化行政功能的趋势。第二，在社会管理方面，人口的地域限制为改革开放所打破，频繁的人口流动，使得流动人口户籍所在地

[1] 吴殿朝：“我国社会转型时期的致罪因素探析”，载《中州学刊》2005 年第 3 期，第 104－106 页。

政府部门无法履行管理的义务，现居住地政府管不了的失控局面产生。在防止和减少犯罪发生方面，我国现有的社会治安与防控体系无法有效地满足维护社会安定的需要，也缺乏强有力的措施。不完善的社会治安体系本身就是诱发犯罪的直接社会因素。第三，对大学生的保护、约束机制弱化。一方面，对大学生的保护机制弱化。截至目前，依然没有一部专门保护大学生权益的法律或法规，在各个高校内部更多地体现为对学生的“管理”。另一方面，对大学生的约束机制也弱化。按说保护和约束是一个问题的两个方面，没有保护，就无约束可谈；约束是为了更好地保护。缺乏、弱化任何一个方面，都会引起大学生的“自我保护”——实施各种违法犯罪行为。

总之，国家社会控制力的减弱，使大学生们对社会的依恋之情自然降低，相反，对自己的行为不加约束，严重的，走向犯罪。

4. 城市化政策的实施更易诱发犯罪，减弱了大学生对社会的依恋

城市社会环境有其自身的特点，[1] 城市化是人类社会现代化发展的必然趋势。但是，也必须承认，城市化也会带来这样那样的

---

[1] 城市社会环境具有以下特点：（1）地域范围有限，人口密集，活动集中，生活节奏快，人们心理压力较大，容易产生摩擦和冲突；（2）城市社会结构复杂，人们的职业、社会经济地位、家庭环境、个人受教育程度等方面差异大，极易导致心理的不平衡，引发攻击性心理；（3）城市社会生活多样化、个性化，人口流动性大，交通发达，人们居住环境单元化和封闭化，人际关系较为松散、冷淡，区位结构复杂，社区的社会控制力较弱，为实施犯罪和隐匿提供了方便；（4）城市工商、行政、文化、居住区域相对集中，特别是在商店、市场、旅馆、车站等人口、金钱、物质集中地，犯罪的目标较为明显；（5）城乡接合部是城乡人口和物资的集散地，是城乡文化习俗和生活方式交融地带，存在着较多的城乡利益之间的矛盾，也是外来打工人员的聚居区，人口流动性大，成分复杂，治安管理漏洞较多，是预防和治理违法犯罪的死角。（吴殿朝：“我国社会转型时期的致罪因素探析”，载《中州学刊》2005 年第 3 期，第 104－106 页）。

社会问题，使社会在进步的过程中不得不付出相应的代价。[1] 城市化对犯罪的作用是非常明显的，许多犯罪在很大概率上是由于城市化引起的，"都市病"是人们对于此类犯罪的称呼。城市犯罪，是一种社会现象也是一种不能适应社会快速发展的产物[2]。在城市环境的影响下，人们对于原有的地方不再依恋，原本所在群体的道德约束也在不断减弱，因此大城市里的犯罪不断滋生，各种犯罪层出不穷。[3] 在城市中，现代化社会的一个标志是以财产犯罪为特征的社会逐渐取代由暴力犯罪占优势的社会。[4] 因此，从这一角度来看，可以认为城市化的衍生物之一就是犯罪。人们的道德理念也随着人口流动而逐渐被遗忘。[5] 特别是在这里，人与人之间的关系主要是非亲属的生疏关系，人们往往处于相互不知的陌生人社会之中，经常要面对社会的不公和财富之间的差距，勾引着人们去从事各项犯罪活动，传统道德逐渐消失，城市里的人流量在不断加剧，实施犯罪就很正常。如：2008 年 3 月 14 日下午，郑州航空工业管理学院一名大二学生王某，在火车站南出站口，突然抱住一位要上出租车的旅客，伸手抢她的手机，被公安机关抓获。[6] 而王某被抓后，没有任何后悔之意和羞愧之情，因为在城市

[1] 胡联合：《转型与犯罪：中国转型期犯罪问题的实证研究》，中共中央党校出版社 2006 年版，第 32 页。

[2] 严景耀：《中国的犯罪问题与社会变迁的关系》，北京大学出版社 1986 年版，第 202－203 页。

[3] [美] R. E. 帕克等：《城市社会学》，宋俊岭等译，华夏出版社 1987 年版，第 25 页。

[4] [美] 路易斯·谢利：《犯罪与现代化》，何秉松译，群众出版社 2002 年版，第 64 页。

[5] [美] R. E. 帕克等：《城市社会学》，宋俊岭等译，华夏出版社 1987 年版，第 59 页。

[6] 邢军，王惠丛："男大学生火车站抱住女孩抢手机"，载《河南商报》2008 年 3 月 15 日，第 A8 版。

里大家都是陌生人。

第二节 认同的降低与大学生违法犯罪

“社会腱”的重要组成因素之一是认同，也同时存在于三种教育环境链条——家庭、学校、社会中。但是，在这一链条中所存在的一些负面因素却导致大学生的认同程度降低，致使“社会腱”链条破裂，从而发生违法犯罪。

一、“溺爱有加，娇纵无度”的教育方式使大学生认同降低

独生子女是当代大学生的主要构成部分，自幼就是家中的“小皇帝”，易受到父母及其他长辈的娇宠，不注重他们良好习惯的养成教育，一味溺爱与放纵，迁就他们的不良需求，完全忽视对其优秀品质，尤其是热爱劳动、自强自立、尊重他人、注重协作等人格的培养。不适当地一味满足他们的物质要求，百依百顺，说一不二，导致孩子养成自私、任性、骄横、唯我独尊、称王称霸、占有欲极强的不良习惯。一旦遇到困难和不如意，就烦躁、郁闷、愤恨，甚至以不法手段去实现自己的欲望。

由于在学校中欲望无法像在家庭中那样轻易得到满足，为了满足自己的欲望，就诱发了犯罪行为。在对湖南某市大学生罪犯的调查中，研究者发现独生子女约占八成，其中六成在家中备受家人溺爱。在独生子女家庭中成长起来的大学生很容易形成一种目无一切的心态。如：某高校在校学生张某，虽然学习成绩优异，曾获得过全省“三好学生”的称号，但后来却因盗窃进了

监狱，究其根本，是由于在他过去的成长岁月中，父母为了让他能够好好学习，对他百依百顺，穿、用、玩要什么就有什么，造成了他对物质的渴望没有限制。当他在外地上学、物质需求无法得到满足时，他置一切于不顾，走上了违法犯罪的道路。❶

二、"任意打骂，棍棒教育"的施教方式使大学生的认同降低

这种教育方式与上面相反，父母对子女缺乏应有的耐心，对孩子的要求过分严格，变说服教育为"打服"教育，用"打服"教育取代说服教育，完全不顾及子女的情感和心理健康，导致孩子性格逐渐变得残忍冷漠，在这种负面因素下，导致子女形成一系列的不良心理。与上面案例中的张某属同一所大学的一名女生，因为平时父母对其教育没有耐心，过分严格，任何事情都缺乏自己的独立自主性，在进入大学后，无法约束自我，对于自己随意放纵，触碰各种底线最终走上了违法犯罪的道路。❷ 简单粗暴的体罚只会让孩子更加抗拒父母，使得孩子容易自暴自弃，松懈对自我的约束，这种心理状态对于犯罪分子的引诱和拉拢识别与防范意识能力薄弱，极其容易走上犯罪的道路。

另外，在不少家庭中还出现了一种不能吃亏的教育现象。曾有研究者对一些小学生进行调查，在"请问你如果遇到被同学霸凌时应当作何反应？"问题的回答上，有45%的孩子毫不犹豫地回答"打他"，因为在幼儿园阶段，家长就开始对孩子灌输"以

---

❶ 颜小冬：《当代大学生犯罪问题研究》，中国检察出版社2005年版，第60页。

❷ 颜小冬：《当代大学生犯罪问题研究》，中国检察出版社2005年版，第62页。

牙还牙，以眼还眼，以暴制暴”的错误观念。[1]

总之，失当的家庭教育方式使大学生无法通过家庭教育形成正确的认同，反倒成为大学生违法犯罪的诱因。如天津医科大学的大学生马某，在亲手杀害了自己的父亲与奶奶后，竟然对妈妈说：“妈妈，我把奶奶和爸爸杀死了，我现在要上网去了。”这一案例，从一个侧面反衬出家庭教育的失当。在访谈到的500个违法犯罪大学生中，180个实施财产犯罪和卖淫犯罪的大学生，因为抵挡不住各种物欲的诱惑，就是源于自幼接受“溺爱教育”的结果。而90个实施暴力犯罪的大学生，却是“棍棒教育”的“牺牲品”。

第三节　信念的缺失与大学生违法犯罪

信念存在于家庭、学校、社会环境链条中，同时也是“社会腱”所必备的因素之一，但是，这一链条中的某些因素阻碍了大学生形成正确的信念，致使“社会腱”链条破裂，导致大学生违法犯罪的发生。

为了调查大学生对于生活的信念，笔者曾就“在生活中，你认为（权力、名望、财富、信仰、亲情）排在首位的是什么?”问题针对在校大学生作出了调查。具体见图3-5、图3-6。

从图3-5可以看出，65.6%的在校大学生认为，在生活中，排在首位的是“亲情”。而“亲情”体现出一种对家庭的依恋，这从一个方面说明在校大学生的“社会腱”是比较牢固的。

---

[1] 郑金州：《教育碎思》，华东师范大学出版社2005年版，第91页。

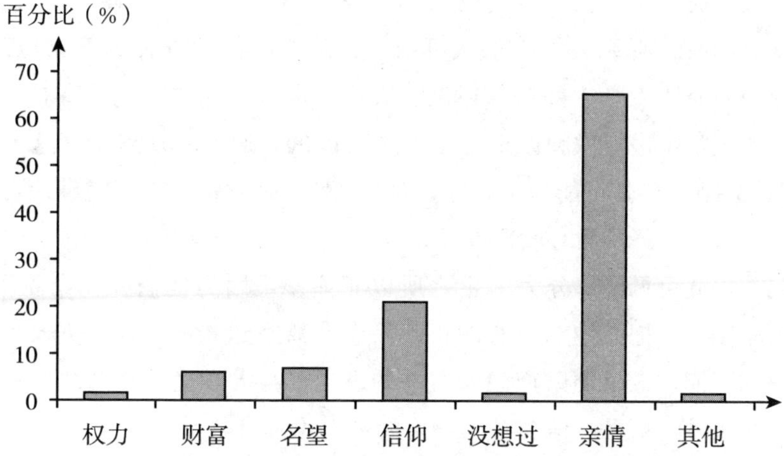

图 3－5　在生活中，在校大学生认为排在首位的是什么

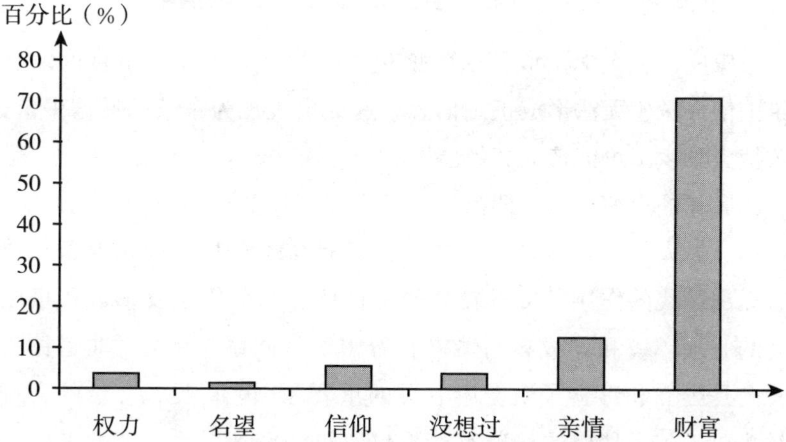

图 3－6　在生活中，犯罪大学生认为最重要的是什么

从图 3－6 可以看出，有 71.2% 的犯罪大学生认为，在生活中，最重要的是"财富"，排在了第一位，并不是"社会腱"因素的"财富"易引发拜金主义、享乐主义，其对"社会腱"的影响很大，而是犯罪大学生对财富的崇拜对“社会腱”有破坏作用。与此同时，犯罪大学生也认可亲情，并位居他们选择的第二位，这说明犯罪大学生的亲情还没有泯灭，也从一个方面说明，对于犯罪大学生进行教育改造并不是不可能的，通过修复其亲情这个“社会腱”还是可能的，对他们动之以情，从感情上进行突破，是一个可供选择的教育改造方式。

由此可见，部分大学生之所以犯罪，是因为他们在“财富”的驱使下，把其应当具有的正确信念，都抛到九霄云外，坠入犯罪的泥潭。大量的财产犯罪案件的发生，与大学生的信念缺失有很大关系。可见，信念在大学生的“社会腱”中占有很重要的位置。这个腱的破裂或者削弱，会导致犯罪行为的发生。

一、不良的家庭氛围使大学生无法形成正确信念

家庭，在大学生成长中的地位无法取代。但是，不良的家庭氛围使大学生无法形成正确信念。这突出表现为家长的道德失范，致使大学生不可能形成高尚情操。

家长的道德失范，即家长缺乏道德意识的行为对孩子的影响。模仿，是人们最早的认同方式。父母是孩子最早的模仿对象，有着无法替代的作用。父母较高的道德修养与他们子女形成积极阳光的心理环境和养成高尚情操有着密切的联系。反之，非道德化倾向是影响和毒害子女健康心灵的重要原因。可见，父母的言行举止对于孩子品格的培养有着不可忽视的密切联系。有学者曾生动地指出：[1] 当父母阻止自己的孩子为孕妇和老人让座时，自私的心理已经开始影响孩子；“当家庭条件窘迫无力负担学费且体弱多

---

[1] 魏书生：“中国家长身上藏着十把刀”，载《读者》2007 年第 12 期，第 56－57 页。

病的同学需要帮助和捐款的时候，父母问：是不是学校要求必须这样做的？要求最少捐多少？"这样的质询和行为会将孩子原有的良善之心磨灭，在孩子的身上播种了恶行的种子；"当孩子和父母一起上街的时候，总是在大人的带领下破坏道路管理规则，孩子跟着大人不走人行道、不走人行天桥、不走地下通道，时间紧张需要赶时间是大人一贯的借口，需要赶时间，就翻栏杆，横穿马路"的行为就会使孩子体会到：为了实现自己的利益可以忽视规则，自己的利益大于一切。从而在孩子的心灵种下违法违规的种子。父母的道德失范是子女犯罪的重要诱发因素。家庭，也是社会不道德行为的传播途径，如自私、虚伪、欺诈等。❶

父母是子女行为的榜样，子女从小沾染不良习惯往往和父母的行为不端有着紧密联系：父母过分关注个人利益与物质的得失，自私自利，往往会导致子女狭隘自私，以自我为中心；父母缺乏奋斗精神和清晰的生活奋斗目标往往会导致子女缺乏斗志和进取精神。犯罪大学生之所以走上犯罪的道路是与其自幼接受的家长行为的"熏陶"分不开的。访谈中遇到的一位大二女生，之所以走上卖淫的犯罪道路，用她自己的话说，就是深受不思进取的父母影响，学习无动力。她说，大学毕业后依然是为了挣钱，现在这个社会是以经济为基础的社会，如果没有经济基础，所有的事情都是无稽之谈，为了能够在一年内完成其他人需要几年才能完成的目标，找个"有钱的男朋友"增加自己竞争的资本就用身体换金钱、用金钱买时间，这是"智者"的选择。等到父母那个年龄的时候，再这样做就晚了。可见，该犯罪大学生走上犯罪道路与其父母的行为关系密切。

---

❶ 胡年珊：《大学生违法犯罪的成因及防范研究——以贫困大学生为主要研究对象》，华中师范大学2005年硕士学位论文。

二、人文素质教育的缺失阻碍了大学生正确信念的形成

人们创造的各种文化现象被我们统称为人文，它包括对人为人处世的教导，也包括对精神价值、人生意义的追求。以人文科学为主要内容的教育就是人文教育。根据《中华人民共和国教育法》（以下简称《教育法》）的规定，培养德、智、体、美、劳等方面全面发展的社会主义建设者和接班人是法律的要求。让受教育者在学校接受系统全面的专业正规教育，对其健康成长是极为重要的，也是其他的社会教育所难以替代的。

但是，在现实中，大学生所接受的教育，严重缺失人文素质教育。这在“大学生所接受的大学教育内容包括哪些方面?”的问题调查中充分显示出来。在对此问题的回答上，文化知识教育、法制教育、青春期教育、道德教育、心理素质教育和人文教育是大多数人的答案，在校大学生与犯罪大学生的结果存在较大的区别。具体如下：在文化知识教育方面，有 89.8% 的在校大学生文化知识教育已经包含在他们所接受的教育之中，有 85.4% 的犯罪大学生也认可其接受了文化知识教育内容。而 34.7% 的在校大学生认为他们接受的教育欠缺法制教育、75.5% 的在校大学生认为他们接受的教育欠缺青春期教育、32.7% 的在校大学生认为他们接受的教育之中缺少道德教育、49.0% 的在校大学生表示学校未进行过心理素质教育、44.9% 的在校大学生表示并没有获得人文教育。而犯罪大学生中，有 79.0% 的人认为法制教育并没有出现在他们所接受的教育之中、77.1% 的人表示他们的教育缺乏了青春期教育、82.6% 的人表示道德教育没有被包含在其所接受的教育之中、74.2% 的人认为其所受教育不包括心理素质教育、70.4% 的人认为其所受教育不包括人文教育。

可见，两类大学生的文化知识教育接受方面是比较相近的。而在法制教育、青春期教育、道德教育、心理素质教育和人文教育这五个教育领域方面均有不同程度的欠缺。相比较而言，犯罪大学生教育内容的欠缺程度要比没有犯罪的在校大学生的程度重一些。

三、对经济的过于追求把大学生的信念引向歧途

我国实行社会主义市场经济体制以来的发展历程已经充分表明，在当前的社会条件下，我国的社会经济环境是有利于大学生个体成长的。但是，在发展过程中，对经济的过于追求，却把某些大学生的理想和信念引向了歧途，产生了一些负面影响。这突出表现为政治信仰动摇、精神颓废和价值观发生裂变、道德行为失衡两个方面。在这种情况下，将导致大学生的“社会腱”链条中的信念腱被削弱或者断裂。简述如下。

（一）政治信仰动摇、精神颓废把某些大学生的信念引向歧途

信仰是指人们对于自己所认定的具有最高人生价值的某种对象坚定不移的信赖和持之以恒的追求。政治信仰是指社会的群体和个体在特定的历史条件下，对其崇尚的社会模式的追求和自己认定的政治理论的信赖。政治信仰体现了人们的最高价值追求和理想。政治信仰能够内化为群体和个体的思想、情感、意志，是构成人们从事社会活动的不竭动力。人类掌握未来的心理需要是可以通过信仰来满足的，精神的寄托是每一个飘忽不定的心灵所渴望的，信仰为飘忽不定的心灵找到了最终归宿。总而言之，信仰是人类家园最重要的组成部分。行动的信仰就是政治信仰，它

催人奋进，激励人们向着自己信仰的目标坚定不移地前进，从而成为社会发展强有力的推手。马列主义、毛泽东思想、邓小平理论、“三个代表”重要思想科学发展观理论和习近平新时代中国特色社会主义思想都应当是新时代大学生政治信仰的首位。著者曾就“在生活中，你认为最重要的是什么?”问题进行了调查。结果具体见图3－7、图3－8。

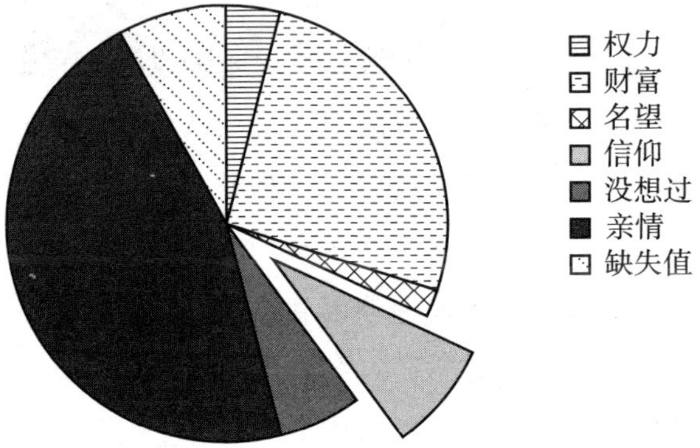

图3－7　在生活中，在校大学生认为最重要的是什么?

从图3－7可以看出，在校大学生认为“亲情”应当在生活中占据首要地位，而“信仰”屈居第二位，这说明他们的“社会腱”基本上是健全的。

从图3－8可以看出，犯罪大学生也认为“亲情”应该是第一位的，但不同的是他们认为“权力”是第二位的。

由此可见，信仰危机在大学生中已经成为一个值得关注的问题。但是，无论是在校大学生还是犯罪大学生，他们都把亲情放在了他们生活中的第一位，这说明亲情在中国人的心中很重要，这也再次说明，要重构犯罪大学生的“社会腱”，要从亲情入手，发挥亲情的作用。但是，仅止于亲情“社会腱”的建构是不够的，

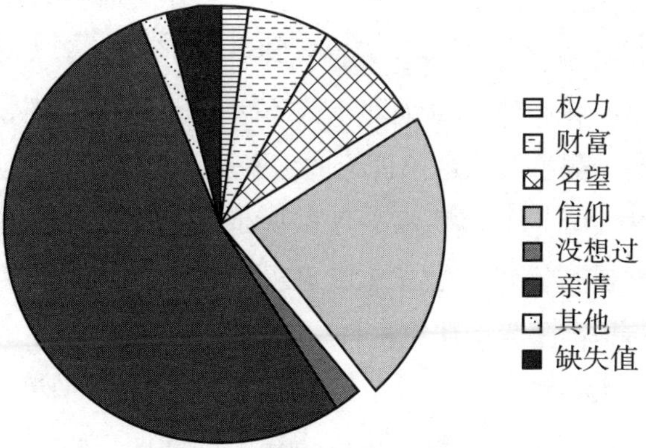

图3－8 在生活中，犯罪大学生认为最重要的是什么？

要从亲情出发，建构信仰，信仰是很重要的。犯罪大学生没有信仰，追求权力和财富的状况很突出，因此，在重建犯罪大学生的"社会腱"时，亲情是突破口、手段，信仰是最终目的，最终要使大学生形成正确和崇高的理想和信念。

由于大学生缺乏坚定的信仰，尤其是犯罪大学生表现得更为明显，因而，他们很容易变得精神颓废、意志薄弱，正确的信念无法在他们的头脑中形成。如：2003 年，上海某著名高校的计算机专业的学生陈某，盗窃同寝室同学的财物后东窗事发，他在事后的讯问中表示，实施盗窃行为是为了让自己彻底失败。成为"领导""人上人"是他幼年时期的梦想。但在大学的班干部竞选之中未能获得自己预期的职位，此后他便自暴自弃，本应该学业成绩优异的他，却成了全系成绩最差的学生，最终在种种落差之下，他走上了犯罪的道路。

（二）价值观发生裂变，道德行为失衡把大学生的信念引向歧途

当代中国大学生的道德行为状况中存在十分明显的"分离"

现象，表现在两方面：一是德智分离。一方面现在的大学生的学历水平都相对较高，而另一方面大学生的道德修养却有待提高，有些大学生满腹经纶但行为却令人不齿就是这种分离导致的。二是知行分离。如果仅从道德理论的水平去考察大学生的道德水平，那么大多数大学生的道德水平可以说是完美无瑕，但如果结合大学生的日常道德表现，这对比就显得十分强烈，大学生的社会公德水平有待提高是各个研究机构得出的结论。[1] 大学生的道德评价也发生了很大改变，如：对于“大学生偷书”这种行为，很多人认为这并不触犯法律，也不构成道德上的问题，而是秉持相对主义的价值观，认为“读书人偷书不算偷”“爱读书才去偷是可以原谅的”，等等。再如：对于部分高校考试作弊严重的情况，部分学生不以为意，甚至反驳说：“这比起社会上弄虚作假、坑蒙拐骗又算得了什么?”

四、低俗文化的传播导致大学生正确的文化观念偏离常轨

严景耀先生是我国老一辈犯罪学家，他曾说过：“犯罪与文化之间存在着深刻而密切的关系，大部分犯罪学者会预估不到这种联系的密切程度的。”[2] 文化作为精神性的社会存在，从深层次上对人们的价值观念和行为模式有着决定性的作用。大学生若对低俗、腐朽乃至下流的文化产生兴趣，就会使正确的文化观念偏离常轨，进而步入犯罪的歧途。

---

[1] 李玉华，李景平主编：《大学生素质论》，西安交通大学出版社 2001 年版，第 70 页。

[2] 严景耀：《中国犯罪问题与社会变迁的关系》，北京大学出版社 1986 年版，第 220 页。

(一) 低俗文化严重危害着大学生正确的文化观念

低俗文化的存在是一个客观事实，它对包括当代大学生在内的人们产生着危害，我们必须予以正视。概括来说，低俗文化的危害主要有以下方面：第一，腐蚀心灵。文化环境对人的塑造力是很大的。低俗文化对人的腐蚀性极强，潜移默化地毒害人的思想。大学生一旦接受低俗文化的诱导和熏陶，就会导致心灵扭曲，认同极端利己主义。贪图金钱，鄙视劳动，追求享乐，向往色欲是其主要表现。原本奋发向上，积极进取的人会逐渐变得不务正业、游手好闲、萎靡不振，总想不劳而获或是染指非法情欲。其结果是：轻则，成为“社会渣滓”；重则，实施各种犯罪行为。第二，推动犯罪行为的发生。低俗文化在特定时空内，作为犯罪情境的一部分，会推动犯罪行为的发生。尤其是那些毫无思想性、艺术性可言，内容极其庸俗、低级趣味性，暴力、色情甚至淫秽的文化垃圾是其主要表现，对缺乏足够辨别能力的大学生的毒害甚大。大学生正值性躁动的青春期，看后极易产生性幻觉、性冲动，甚至作出性侵犯行为，导致犯罪行为的发生。在调查的110例大学生性犯罪中，受淫秽影视、书画、小说影响的占到24%，有30%的被调查大学生接触过淫秽书籍、淫秽图画、淫秽手抄本或者黄色文化，还有45%的大学生登录过一些黄色网站。在这些淫秽文化的诱惑下，他们实施了性犯罪。第三，打乱正确的价值取向。一旦社会文化对于人们心灵上的导向出现偏差，人们思想的混乱是必然的结果，人们正确的信念发生偏移，促使其铤而走险，走向犯罪的道路。新闻、报刊、广播等宣传方面的失误，导致低俗文化在我国传播迅速。威尔伯·施拉姆是美国著名传播学者，他曾说过：“所有的电视都是一种教育传播途径，唯一的差别在于它究竟在教什么”。德国社会学家施奈德曾指出：“我们的头脑会记忆大众传媒所传播的犯罪图像”❶。描写暴力、色情、淫秽、凶杀、丑恶、恐怖、颓废以及其他低级不健康内容的文化，导致了大学生不健康甚至犯罪的心理滋长，模糊混乱的多元价值取向出现。❷

（二）低俗文化通过网络侵蚀着大学生正确文化观念的形成

可以说，低俗文化通过各种途径向当代大学生“发挥”着上述危害作用。因为篇幅的限制，这里主要就低俗文化的主要传播途径——网络侵蚀予以探讨。

我国的文化产业随着社会和经济的发展而不断取得新成就，文化市场也在不断丰富。本书笔者围绕大学生的业余时间计划和互联网的使用情况，就“在校大学生是如何安排业余时间的”进行了调查，具体见表3－1、表3－2。

表3－1　在校大学生如何安排业余时间

行为	频度	百分比/%	有效百分比/%
上网	109	20.4	21.7
去图书馆	70	14.3	15.2
自习室自习	120	24.5	26.1
宿舍同学聊天	20	4.1	4.3
找同学老乡玩	30	6.1	6.5
看电视	30	6.1	6.5
看报纸杂志	40	8.2	8.7

❶ 艾入张：《青少年不完全心理疾患》，新世纪出版社2002年版，第341页。
❷ 纪德尚：《犯罪控制论》，陕西人民出版社1990年版，第153－154页。

续表

行为	频度	百分比/%	有效百分比/%
下棋打牌	10	2.0	2.2
逛街	30	6.1	6.5
打游戏	10	2.0	2.2
共计	460	93.9	100.0
没有回答的	30	6.1	
共计	490	100.0	

从表3－1可以看出，"上网""去图书馆""自习室自习"是绝大多数同学的选择，所占比例为63%，说明学习还是大学生的主旋律。

从表3－2可以看出，犯罪大学生在业余时间里，上网占据比较重要的地位，远超出自习室与图书馆。这说明，犯罪大学生对于网络有着强烈的爱好。网络是现在大学生学习的主要工具，处理学习和网络的关系也是我们所必须面对的问题。关键在于提高大学生的信息素养，[1] 信息素养教育是我们的教育目标之一。

表3－2　犯罪大学生如何安排业余时间

行为	频度/人	百分比/%	有效百分比/%
上网	140	28.0	29.1
去图书馆	90	18.0	18.8
自习室自习	50	10.0	10.4

[1] 信息素养是一个内容丰富的概念。它不仅包括利用信息工具和信息资源的能力，还包括选择获取识别信息、加工、处理、传递信息并创造信息的能力。它主要包括信息意识、信息知识、信息能力和信息道德等四个方面的内容。

续表

行为	频度/人	百分比/%	有效百分比/%
宿舍同学聊天	50	10.0	10.4
找同学老乡玩	20	4.0	4.2
看电视	40	8.0	8.3
看报纸杂志	50	10.0	10.4
听音乐	20	4.0	4.2
锻炼身体	30	6.0	6.3
逛街	10	2.0	2.1
共计	480	96.0	100.0
没有回答的	20	4.0	
共计	500	100.0	

在进行的“你对网络兴趣如何?”调查中，有29.2%的在校大学生对网络“感兴趣”“很感兴趣”。具体见表3-3。

表3-3　在校大学生对网络兴趣状况

感兴趣程度	频度/人	百分比/%	有效百分比/%
感兴趣	110	22.4	22.9
很感兴趣	30	6.1	6.3
不感兴趣	50	10.2	10.4
无所谓	290	59.2	60.4
共计	480	98.0	100.0

而在犯罪大学生的回答中，对网络“感兴趣”“很感兴趣”的比例高达58.3%（具体见表3-4）。从这方面不难看出，很多犯罪大学生对于网络有较大的依赖，自己长期生活在虚拟世界，从

而使他们逐渐封闭自我。这也是导致他们的“社会腱”断裂的一个重要原因。也从另一个方面说明，重建犯罪大学生们的“社会腱”，关键是要加强和提高他们使用网络信息的素养。

表3-4　犯罪大学生对网络兴趣状况

感兴趣程度	频度/人	百分比/%	有效百分比/%
感兴趣	160	32.0	33.3
很感兴趣	120	24.0	25.0
不感兴趣	50	10.0	10.4
很不感兴趣	10	2.0	2.1
无所谓	140	28.0	29.2
共计	480	96.0	100.0
没有回答的	20	4.0	
共计	500	100.0	

（三）网络对大学生产生的极大侵蚀作用不容忽视

毫无疑问，网络作为一种新兴事物，逐渐进入人们的生活是社会发展的一种标志。网络平台方便快捷，为大学生学习新知识提供了一个便捷的学习平台，这是值得肯定的。但是，网络同其他新生事物一样，其存在及发展也具有两面性，网络对大学生心理虽然有着积极促进的作用，❶ 也有一些客观存在的负面消

❶ 这种积极影响主要有：网络的介入弥补了传统教学的不足，满足了大学生日益增长的学习需要；对网络的接触扩大了大学生的交往范围，填补了心灵的孤独和内心的空虚；网络的利用会促进学生自我意识的发展，增强主体意识，调节身心健康；网络的使用帮助大学生认识自我的社会角色，改变着社会责任，吸引他们对社会、对他人认识的深入。（陶国富、王祥兴：《大学生社会心理》，华东理工大学出版社2005年版，第346-349页）。

极影响。[1] 而就访谈得到的资料来看，网络对于犯罪大学生心理造成的消极影响远远大于它所产生的积极影响。网吧经营不规范、管理不到位问题的客观存在，导致大学生在使用网络的时候未能抵御网络的消极作用，给大学生造成了严重的影响。

1. 迷恋网吧，荒废大学生学业

高校周边有不少网吧经营者开设的网吧，自律能力较差的一些大学生不是利用网吧浏览学习网站、查阅文献，而是通过网吧打游戏、看电影、甚至网络赌博、浏览不良网站，导致上网成瘾，致原本成绩优异的大学生成绩大幅退步，甚至走上犯罪道路。如：中央电视台 2006 年 12 月 21 日报道，某大学生因为上网成瘾，因为无钱去网吧而去偷盗，最终把自己送进了监狱。

2. 大学生的人生观、价值观、道德观容易被网络不良信息误导

根据调查，互联网上的主要信息八成以上都来自美国，来自中国大陆的寥寥无几，西方国家长期霸占互联网的话语权，向跟资本主义制度不同的国家大肆售卖他们所谓的价值观。各种文化思想意识形态被大量地传输给我国，进行“文化的洗脑”，企图实现“不战而胜”的政治幻想。由于当下的大学生对于我国的传统文化了解较为浅薄，对于传统文化精粹更是了解甚少，因而，在面对各种外来文化时无法做到准确识别，此时大学生“三观”仍需要不断养成，面对严重的文化侵略，少数大学生因识别能力低下而被“洗脑”。

---

[1] 网上的垃圾信息和不健康的内容挤占了部分大学生大量的学习时间，冲击着正当的学习，干扰了学习质量的提高；虚拟世界使大学生淡化了现实生活中的人际关系，不能以正确的态度进行交往；上网的自由和随意性，使部分大学生迷恋网络，自我沉溺，导致不良行为；虚拟世界与个体的交互作用，使大学生们忽略了规范，淡薄了理想和价值观，淡化了对社会的责任感。（陶国富、王祥兴主编：《大学生社会心理》，华东理工大学出版社 2005 年版，第 349－351 页）。

3. 网络黄毒摧残大学生身心

色情网站、自杀网站、赌博网站等是对大学生造成危害最为严重的来源。大量的淫秽制品通过网络进行传播，对大学生造成的"精神污染"是难以估量的。

在"你登录网站以后，是否浏览过淫秽网站?"的调查中，可以看出网络黄毒对大学生的毒害程度。具体见表3－5、表3－6。

表3－5　在校大学生是否浏览过淫秽网站状况

浏览状况	频度/人	百分比/%	有效百分比/%
从不浏览	140	28.6	29.2
不浏览	150	30.6	31.3
说不清	40	8.2	8.3
偶尔浏览	150	30.6	31.3
共计	480	98.0	100.0
没有回答的	10	2.0	
共计	490	100.0	

从表3－5可以看出，60.5%的在校大学生"从不浏览、不浏览淫秽网站"，这说明他们的信息素养是可以让人满意的。也就是说，他们健全的信念腱能够保证他们不为网络黄毒所毒害。

表3－6　犯罪大学生是否浏览过淫秽网站状况

浏览状况	频度/人	百分比/%	有效百分比/%
从不浏览	80	16.0	17.4
不浏览	60	12.0	13.0
说不清	80	16.0	17.4
偶尔浏览	260	44.0	47.9
极想浏览	20	4.0	4.3

续表

浏览状况	频度/人	百分比/%	有效百分比/%
共计	460	92.0	100.0
没有回答的	40	8.0	
共计	500	100.0	

从表3-6可以看出，犯罪大学生“浏览过淫秽网站”的已高达47.9%，另有4.3%的人选择的是“极想浏览”。

可见，网络对犯罪大学生的吸引力明显要大于在校大学生，即犯罪大学生所遭受的网络黄毒的毒害要远远高于正常大学生。这种现象一方面说明国家要加强网络监控，刻不容缓。另一方面要加强并提高每一个大学生的信息素养。

4. 虚拟世界使大学生获得不真实的现实观

当大学生过度沉浸于虚拟世界当中时，将获得一种现实观，这种现实观既不理性也不真实。例如：当沉迷于暴力电子游戏之中时，将使大学生产生一种人是杀不死的错觉，可以通过“重新开机或者reset”再次复活，从而导致他们在现实生活中的暴力倾向日益增强。更有甚者，有些沉迷于网络的人，对于网络中的杀人游戏，却到现实中来进行体验。如：2002年12月29日傍晚，在四川省眉山市某网吧，当数名学生沉溺于电子游戏中“奋力厮杀”时，有一个学生大胆提出：“在电脑上打多没意思，我们去找点刺激的吧，找个真人练练。”这个疯狂的提议却得到了响应，走出网吧后，八名学生对一名路过的中学生大打出手，致其被伤害致死。[1]

总之，网络把大学生的闲暇时间完全占据，致其选择性地增

[1] 徐久生：《校园暴力研究》，中国方正出版社2004年版，第182页。

强了意识形态、思想行为方面的内容，从而不能参与到学校的传统教育活动中去，最终影响其正确信念的形成，导致一些意志不够坚定、识别能力差的学生在选择人生道路的时候——走向了犯罪。

第四节　分析与讨论

经过上文的实证分析，我们很容易就可以得出以下几点带有规律性的基本内容。

一、弱化依恋的因素导致了大学生违法犯罪的发生

核心依恋的弱化是由于社会中存在各种负面因素，主要体现在三个方面：代沟问题、由于家庭成员、家庭环境以及家庭教育存在的问题使大学生对家庭的依恋受到影响；大学教师队伍水平未能达到预期标准、学校的管理与教学现状存在的差距影响了大学生对学校的依恋；市场经济的负面效应、国家对于社会控制存在的问题影响大学生对社会的依恋。大学生的违法犯罪与依恋的弱化存在着某种必然联系。

二、认同的降低导致了大学生违法犯罪的发生

“社会腱”的深化就是认同，大学生认同的降低是因为社会中存在的各种负面因素，主要包括：错误的家庭教育、校园文化不完善、社会环境不安定等因素。认同的降低导致了大学生违法犯罪的发生。

三、信念缺失导致了大学生违法犯罪的发生

信念是认同更进一步的结果，如果要形成新依恋和提高依恋离不开信念这个环节。导致大学生信念缺失的负面因素主要包括：紧张的家庭气氛、家庭成员及大学生未接受良好的素质教育、过分追求经济条件、低俗文化的传播等。

由此可以得出，当家庭、学校和社会的依恋受到影响的时候，大学生“社会腱”的基础也会受到影响。信念的缺失导致“社会腱”链条断裂或根本无法形成“社会腱”的链条，最终“社会腱”受到了较大的破坏。大学生“社会腱”链条的破坏与断裂与大学生走上违法犯罪的道路有着紧密的关联。

CHAPTER 04 >>

第四章

预防篇：强化依恋与大学生违法犯罪

学者张人杰曾指出，对大学生产生不同程度影响的分别是家庭教育、学校教育和社会教育。[1] 因此，在分析大学生违法犯罪的途径和措施时，基于“社会腱”断裂这一“病因”，围绕三种教育力量的存在环境，然后对如何增强大学生的依恋感、提升大学生的认同感、培养并更加坚定其信念的不断思考，从而去探求如何预防大学生违法犯罪是一个值得深究的课题。

所谓依恋，指的是对他人或者群体所产生的感情。而大学生与他人或群体之间建立的情感联系将会是抑制违法犯罪的重要因素，因为他们在实施某种行为时会顾及他人以及群体的意见和感受。因此我们可以明确“社会腱”的核心和基础乃是依恋。

---

[1] 张人杰：《国外教育社会学基本书选》，华东师范大学出版社1989年版，第491页。

通过强化大学生对家庭、学校、社会的依恋，就能够实现预防大学生违法犯罪之目的。

第一节　强化对家庭依恋与预防违法犯罪

我们熟知的家庭其实就是社会中存在的一种初级群体。它是以一定的婚姻关系、血缘关系乃至收养关系而结合形成的社会生活和社会结构的基本单位。它使我们一起生活在物质基础之上，其基本功能则是满足人口的再生产以及不仅提供人们的生理需要，而且还使人们在心理上得到了应有的满足，并且其在日常社会活动中所产生的重要功能是不可或缺的。家庭有着广义与狭义的区分，在群婚制出现后的各种家庭形式是广义，而一夫一妻制的个体家庭则是狭义。[1] 以家庭成员的组合状况为标准，可将家庭基本划分为：单亲家庭、核心家庭、主干家庭以及联合家庭这样四种类型。[2] 通常情况下来说，家庭依次兼具着生产、消费、人口再生产、生育子女和赡养老人以及为家庭成员提供生理与心理上的需要五种基本作用。个体通过与社会环境的相互作用而实现不断自我发展的过程的起点正是家庭，并且已经在“家庭是社会的摇篮”这个论断中得到了有力的实践证明。而“推动摇篮的手就是推动世界的手”这句意味深长的名言警句再次强调：要想使后代成为一个能造福于社会的人才，那么在教导和培育子女问题上就要重视发挥好家庭的作用。因此也不难发现，假如一位大学生连对自己的家庭都无情感可言，那么在他的内心深处又怎么可能会对学

---

[1] 程继隆：《社会学大辞典》，中国人事出版社 1995 年版，第 510 页。
[2] 程继隆：《社会学大辞典》，中国人事出版社 1995 年版，第 511 页。

校和社会产生依恋感呢？正如美国犯罪学家戈夫（W. Gove）曾指出的，在对越轨行为研究中最瞩目和最经常重复的研究中发现，家庭在青少年犯罪中扮演着关键角色。❶ 在大学这个正值“暴风骤雨”的人生关键时期，父母的教育、监护与要求对子女具有不可忽视的导向作用。以往研究已经指出，正是因为存在着一些不利于形成良好家庭教育环境的因素，才导致大学生对家庭的依恋之情降低。因此，强化大学生对家庭的依恋，就能够达到预防大学生走向违法犯罪道路的目的。

一、注重培养家庭亲情以强化大学生对父母的依恋

随着改革开放的不断深化，在我国呈现出城乡家庭规模不断变小的趋势，在生活模式上那些传统的大家庭也在不断减少，逐步代替它们的正是日益增多的“核心家庭”，与此同时，在大学生中占绝大多数的是那些具有独生子女身份的大学生。有关资料显示：1980 年，中国结婚 716.7 万对，离婚 34.1 万对，离婚率为 0.7%；到 1995 年，结婚 929.7 万对，离婚则达到 105.5 万对，离婚率为 1.8%，15 年间离婚率上升了 1 倍多。❷ 武汉市的调查证明，无违法犯罪记录的青少年，其中的家庭和睦者大大高于有违法犯罪记录青少年中的家庭和睦者。❸ 以上看法和统计数据向我们表明，社会的发展稳定离不开家庭的和谐安定，而来自家庭的亲情如春雨般滋润着青少年们的心，使他们能够远离违法

---

❶ Walter R. Gove: The Family and Delinquency, The Sociological Quarterly, 1983, p. 301, 319.

❷ 高畅、王雪峰：“儒家思想与青少年犯罪预防”，载《青少年犯罪问题》2003 年第 5 期，第 4－7 页。

❸ 许前程：“从武汉市调查看中国青少年犯罪”，载《青少年犯罪问题》2002 年第 2 期，第 21－26 页。

犯罪。

有一种不好的状况则是父母不能切身地对子女进行指导教育，与之代替的却是来自家庭强加于他们的较高的社会期待值以及给其所谓的奖励等。而大学生更多的是在外地上学，家长们则在面对竞争强度日益增大的工作岗位时，随着工作压力的增大势必会与之相对应地减少对在校大学生的关注度，因此造成了沟通交流明显减少这一状况。而这种状况使大学生和父母之间的互动时间明显缩减，情感和思想的交流越来越少，甚至没有，自然产生代沟问题且日益明显，发展下去，大学生自然难以产生对家庭（父母）的感情。在笔者进行的调查中，有45%接受访谈的大学生，大多都表示他们和父母之间并不存在一些可以进行探讨的话题，甚至觉得与爸妈之间的代沟问题极其突出，导致他们即使在大学放长假期间，也都会想方设法地找到各不相同的理由以拒绝回家，数据显示在被调查大学生中有这样不与家长团聚的行为倾向的占30%。在随机抽查进行交流的200位学生中，有130位均意识到自己从小学开始就很少甚至几乎没有和父母谈过心。一位大三学生说道：“我也不清楚爸妈每天都在做些什么，在我的记忆中，仅有爸爸、妈妈这样的字眼了。”

大学生和父母之间的沟通是大学生对家庭、对父母产生依恋的根本，而大学生在家庭中的地位导致家庭的各种资源集中于大学生一人，这严重削弱了大学生对家庭、对父母的依恋。而父母与大学生的沟通、家长和其他长辈们的社会权威、父母对大学生的期待和暗示等，都会在大学生个人发展上起着很大作用：若是向正向增强，就愈能增强大学生对父母、对家庭的感情（爱），更能巩固“社会腱”，就能够达到预防大学生违法犯罪的目的；若是向负向增强，就会弱化大学生和家庭、父母之间的感情，极有可能使原本存在的依恋之情荡然无存。

为此，我们要正视大学生和家庭之间的现实境况，注重培养家庭亲情和道德认别能力，强化大学生和家庭、父母之间的情感交流。假如一个人希望能够在社会生活中与人和谐交往、友好共处，那么在家庭日常生活中，他必定会孝顺长辈、尊兄爱弟。正如孔子所说："其为人也孝悌，而好犯上者鲜矣，不好犯上而好作乱者未之有也。"[1] 换句话说，那种在家就能够孝顺父母，敬爱兄长的，那么其在社会生活中却犯上作乱几乎是不存在的。孔子进而指出，"孝悌也者，其为仁之本与！" 2006 年 3 月，当时正就读于兴义某大学的学生郑某，令人惊愕地把其罪恶的魔爪伸向了他的亲朋好友，前后两次共骗得人民币 11 000 元，其犯罪目的则是积攒赌资。郑某在给他的堂姐打电话借钱时，谎称在浙江省骑摩托误伤了人，急需 10 000 元来解决事故，要不然就会被当地执法警察带走。从此起大学生诈骗亲友案件，可以看出，注重家庭的亲情培养是多么的重要。

研究已经表明，在家庭残缺不全、父母关系紧张环境下成长起来的人，他将不可能自由健康地发展其个性！占着较高犯罪比例的则是那些父母离异的家庭或父母间矛盾争执较多的家庭的孩子。詹姆斯·布雷和帕雷克·布雷德曾指出，"大量的临床实验表明，在破碎家庭中生活过的孩子们，比在正常家庭中生活的孩子更容易表现出行为失范问题，出现不恰当的问题。家庭破碎常常又与不和谐、冲突、敌意以及攻击性行为联系在一起。这一切都是导致青少年犯罪的因素。" 理查德·史密斯和詹姆斯·互特指

---

[1] 《论语·学而》。

出，“没有走上违法犯罪道路的少年一般拥有一个稳定、完整并充满爱的家庭。”❶

那么，在与父母（家庭）建立感情的过程中，大学生究竟该怎么与爸妈以及其他近亲属间进行有效沟通呢？孔子提出，“己欲立而立人，己欲达而达人”❷，“己所不欲，勿施于人”❸。其含义是，在与他人进行沟通交流时，第一位的是要先去审查自身行为，并以此为根本再去关爱他人、体会别人的感受，那些不尊重他人的人也不可能获得他人的尊重；在谋求自身发展的时候，也要记得为别人的发展提供方便。因此，作为大学生的独生子女做事的时候应当为父母考虑，尤其是在实施犯罪行为的时候，要对父母的感受（包括对父母造成的精神上的伤害、物质上的损失）、父母含辛茹苦的养育、丰富多彩的求学生涯、个人发展的光明前景、对无辜旁人的恶劣伤害等进行思量，而不是仅仅考虑自己的行为如何得逞、如何实现自己的一时快感。这种考虑过程不仅仅是一个利弊得失的计算问题，更是对他们的行为在心灵上的一个洗礼。这也是一种通用于大学生及其父母之间的交流模式。实际上，家长不能仅仅为了追逐自己的幸福快乐而忽略甚至牺牲孩子们的健康成长，特别体现在进行离婚、家庭内部争吵等行为的时候，更要考虑这种行为对子女的情感所可能造成的创伤与影响。孟子提出，“反求诸己”❹，其旨在强调应归因于内部以及换位思考的重要性。在解决矛盾时，做到“三思而后行”，“躬自厚而薄责于

❶ 康树华：《犯罪学——历史·现状·未来》，群众出版社1998年版，第636－637页。

❷ 《论语·雍也》。

❸ 《论语·颜渊》。

❹ 《孟子·离娄上》。

人”[1]。孔子、孟子的这种思想在指导大学生增进其对父母以及其他家庭成员的亲情上发挥了重要作用。“民胞物与”说是由北宋的思想家张载提出的，他期望能够将产生于家庭中的亲情进行推广，从而使之存在于整个人类社会乃至整个自然界中，认识到个人应该合理地去满足自己的需求，找到自己恰当的位置，与自然界和谐共生，而不应损害他人、集体乃至社会的利益。由此可知，培养大学生的家庭亲情，不仅会强化大学生和父母之间的依恋，推而广之，还会使大学生和学校、社会之间的依恋得到强化。

二、避免问题家庭以增强大学生对家庭的依恋

家庭除了为孩子提供物质帮助外，更应让其感受到亲情——爸妈的关爱。在这人世间没有什么可以代替父母那真挚无价的呵护。苏联著名教育家苏霍姆林斯基曾说道，那些从来没有被父母进行过情感培养和熏陶的儿童，他可能就无法用内心去感受世界以及认同老师的教诲。他所能够了解的仅仅是那些通过听到和看到的事物的理性层面，然而潜藏于感性层面和内心深处的表达，他是不可能产生共情的。这就道出了影响人一生的最大方面是家庭。

（一）问题家庭不利于大学生对家庭依恋的形成

和谐的家庭环境对人产生积极的作用——更加有利于其依恋于家庭生活，与之相反问题家庭则会使人心态消极——不利于其与家庭保持融洽的关系，一切沟通与交流均无从谈起，更没有任何感情可言，严重的，将不可避免地诱发违法犯罪行为。大学生

---

[1] 《论语·卫灵公》。

与其家庭关系的异常状态正是由问题家庭导致的,[1] 从而使大学生与其家庭间的“依恋腱”遭到破坏。典型的问题家庭主要是残缺家庭和病态家庭。

1. 残缺家庭

残缺家庭是指那些因死亡、分居、离异、遗弃等缘由而致使父母一方或双方缺失的家庭。残缺家庭的类型共有两种。

一种指的是不完整家庭。由于父母一方或者双方的死亡而形成的家庭就是所谓的不完整家庭。在这种家庭环境下成长，生活质量往往会下降，甚至压根没有提供基本的生活需求。要想使子女拥有良好的社会化成长环境，那么务必要破除监护人的家庭角色、精力以及时间的限制。在残缺家庭里，监护和教育子女的责任往往由父母亲一方承担，或者由祖父母、外祖父母以及其他近亲属承担；特别要强调的是亲属永远无法替代父母的作用，而那些原本就有孩子的亲属更是如此，那些寄人篱下的孩子所被给予的关爱往往不可能达到像监护他们的亲属对待自己亲生孩子一样的情真意切的程度，那么缺乏温暖氛围和缺少亲情呵护以及常常感到痛楚就会在所难免。这些孩子们很容易被不法分子利用并与之为伍从而走向违法犯罪的不归路。究其原因，正是因为父爱和母爱的缺失致使他们产生了孤僻、脆弱的性格以及过强的自尊心理和自卑心理，这使得他们不加选择地去寻求温暖的补偿，对外界的各种不良因素和诱惑也会变得不加分辨。

---

[1] 需要指出的是，在笔者调查到的情况看，从问题家庭中成长起来的大学生，占到了5%以上。因此，极有必要探讨问题家庭环境对大学生所产生的负面影响，这自然要从问题家庭的初始影响阶段谈起。因此，下文所谈的问题家庭对依恋的影响问题，更多的涉及了问题家庭对未成年人的影响。而这部分未成年人步入大学以后，对家庭的依恋自然就较为弱化。

另一种则是离异家庭。所谓离异家庭，即由于夫妻婚姻关系终结而形成的家庭。夫妻离异势必会对子女产生一系列消极影响。如晃动的心理平衡，紧张的情绪状态，消极的心理反应，潜在的心理危机等。而之所以发生犯罪行为正是由于其异常强烈的心理在长期得不到调节下，超过了其承受能力，从而破坏其心理健康的正常发展，造成了孩子病态的人格。父母的离异除了会破坏本来幸福完整的家庭结构和家庭生活，并且还会给社会带来更多的单亲家庭和继亲家庭，正是由于家庭结构的完整性遭到了破坏，致使生活的苦涩过早地被孩子们感受到，并且对他们脆弱幼小的心灵持续折磨，使他们无论在物质上还是精神上都保持相对“被剥夺”的状态，对他们的心理、感情的正常发展都产生了严重的影响。在残缺家庭中成长起来的孩子更有可能实施违法犯罪行为。

可见，无论是不完整的家庭还是离异家庭中走出来的大学生，感情均得不到正常发展，也就不可能形成对家庭的深厚感情。

2. 病态家庭

我们所说的病态家庭是指那些存在着不当的教育、充斥着滥施暴力和违法犯罪行为以及拥有精神障碍成员的家庭。这是由于家庭成员的思想文化修养与道德观低下而使家庭功能无法实现，属于人为原因造成的。病态家庭主要有三种类型。

第一种指的是教育不当的家庭。不少孩子身上被父母寄予了一生的期望，希望孩子实现自己未实现的理想，以致父母对孩子的要求除把书读好之外，别无他求。在这种“唯一”标准之下的教育，无形中会促使大学生带着巨大的压力来学习，如此会对其心理造成不良影响，也无形中会阻碍大学生与家庭感情的培养。

第二种是滥施暴力的家庭。滥施暴力的家庭则指的是那些家庭成员，包括夫妻和父母子女之间常常通过暴力方法处理家庭纷争，其中最突出的则指夫妻间常常通过暴力、胁迫等方式，使对方的人身受到伤害，从而导致其在肉体上和精神上也受到一定的侵害而形成的家庭。“暴力是解决问题的唯一办法”的思想将会成为在这种恶劣环境下长大的大学生们的信奉对象，因此当他们与父母沟通交流时，也就不会存在一丝丝依恋感。在与老师、同学、他人关系的处理上更是可想而知。

第三种是违法犯罪的家庭。违法犯罪的家庭是指家庭成员经常实施违法犯罪行为的家庭。在“言传身教”的无形影响下，大学生们会自然而然认同潜移默化的反社会、反法制的“教唆”，就不可能对自己的家庭产生依恋之情。

可见，无论是从教育不当、滥施暴力的家庭，还是违法犯罪家庭中走出来的大学生，感情也不可能得到正常发展，这就不可能形成对家庭的深厚感情。

（二）力避问题家庭的措施

如何避免问题家庭的出现呢？笔者认为，可以采取如下措施。

1. 加强监护人的职责

避免子女的监护、教育责任落空或得不到保障，要强调道德的教化作用，培养孩子的健全人格、优良品行。如出生在一个贫困而又破裂家庭的21岁的李某，家庭生活的不幸，一方面刺激她努力学习考上大学；另一方面却让她更加轻易地投入到感情世界，但是男方的母亲却嫌弃李某家境贫寒而横加干涉，而男友竟然迫于母亲的压力选择与她分手。导致李某因为受到重击而不再相信爱情。为了挣大钱，摆脱贫困，她找到了一条捷径——当了“大款”的“二奶”。为了将“大款”的钱财迅速地占为已有，李某开始通过买通他人合伙对“大款”进行敲诈勒索。2003年1月，终于忍无可忍的“大款”选择走进公安局，报了案。[1] 假如李某不是在破裂的家庭中成长，那么，她就不会……

2. 加强父母的责任意识

对子女应当进行责任教育，在家庭内部关系和夫妻双方的感情问题的处理上不能意气用事。家庭内部成员要主动学习，尤其是父母要正确对待自己未竟的理想与教育孩子实现他们自己理想之间的冲突问题，避免走向死胡同。

3. 多开展健康乐观、文明和睦的家庭创建活动

使每一个家庭成员都能够和睦相处，以诚相待，禁止采取任何暴力措施。要把法律知识的学习深深印刻在每一位家庭成员的心中，做到以守法为荣，以违法为耻，建立良好的家庭关系。

总之，家庭要力避“问题”的出现，给大学生亲情，以增强大学生对家庭依恋感的信心。在预防大学生违法犯罪问题上，一定要坚持“家庭应当成为预防未成年人犯罪的第一道防线”的观点，这样才能够使我们的大学生们具有较强的依恋，进而使其对学校迅速产生稳固的依恋，形成坚固的“社会腱”，自然能够达到预防大学生违法犯罪的目的。

第二节 强化对学校依恋与预防违法犯罪

学校是社会特意为其服务对象提供专业的教育和社会化而成立的正式学习培训机构。学生们人生观和价值观的正确树立、阳光美好心灵的塑造、高尚情操的培养以及文化知识的学习与传播

---

[1] 苗迎杰：“一个女大学生的堕落”，载《法制文萃报》2003 年 1 月 13 日。

都是通过学校教育完成的。而学校的教育功能涵盖了学生思想品德教育、科学文化知识教育、劳动技能教育以及法制教育等方面，家庭教育、社会教育以及大学生自我教育是无法替代学校教育的，大学生顺利实现社会化的基本保障有赖于学校教育功能更加全面、完整、有效的发挥。不良的家庭教育需要良好的大学教育加以矫正和弥补，以便促使人们具有积极性，更好地防御来自社会不良因素的影响，从而使大学生与其学校间搭建起一种浓厚的感情——依恋。

从学校角度入手探索加强对违法犯罪行为的预防是避免大学生违法犯罪最为基础和重要的方法。由于在校学习期间住校制的普遍实行使得学生与自己的家庭联络相对变少。而几乎每天的学习和生活时间都是在与老师和同学们的交往中一起度过的，因此，从学校方面加强预防，在整个大学生违法犯罪体系中居于主导地位，我们一定要高度重视学校方面的预防。针对校园教育环境中出现的一些不良影响而使大学生对学校的依恋度降低的问题，笔者提供以下解决办法，强化大学生对学校的依恋，避免其“社会腱”出现断裂而走上违法犯罪道路。

一、教师队伍素质的提升有利于大学生对学校产生依恋

（一）教师团队素质的不及格弱化着大学生对学校的依恋

目前，我国高校教师队伍（包括教学人员和管理人员）素质存在不理想的状况。

一方面，教学人员的素质不高。教育系统在人力资源动员和分配过程中没有任何得到国家最优秀人才的优势，[1] 不仅如此，在

---

[1] 在每年的国家、省、市、县公务员招考中，相当多的优秀毕业生都蜂拥而至。实在不可以，才“选择”进入教育系统。作为博士毕业的作者，如果没有进入机关的“年龄制约”，也会选择去做公务员。

教育系统内还匮乏高职称、高学历人员。而教师们的素质和能力与学生们所期望的水平相差甚远，由此也降低了他们作为学生模范和榜样的可能性。

另一方面，教学管理人员素质不高。由于扩招导致大学入学人数迅猛增加，面对此形势，高校要想谋求发展与进步以及管理能力的提升，则应尽快摆脱传统管理模式的制约。首先，就观念意识而言，高校的教学管理人员应及时学习，改变自身教学观念形成良好的现代教育意识，还要不断地增强角色意识、提高管理能力和强化服务意识以及正确定位自身在教育管理中的位置。其次，就业务能力而言，对学校现有教学管理制度和培养情况的认识不足等问题还常常发生在一些教学管理人员身上。还需要继续在教学管理的改革、管理创新的探究、管理能力的提升等方面予以强化，对当下的工作应该具备探究精神，应主动地向积极操作的高水平管理层面去努力。

教师队伍素质的不理想状况，不仅无法使大学生对教师产生浓厚而诚挚的感情，而且使大学生对学校的依恋度降低，无形中，就无法预防大学生违法犯罪。

（二）完善提高教师队伍素质的具体措施

针对高校教师队伍素质建设方面存在的现实问题，笔者认为，应当从以下方面提高教师队伍素质。

1. 需要国家从宏观政策方面予以引导、规范

要求国家充分发挥政策的导向作用，使那些最优秀的人才自觉、自愿地到教育系统工作。加大对教育系统人员的职称评审的倾斜力度，加快在职学历教育的培养力度。同时，尽快建立和完善教师团队素质建设的政策机制。比如：制定相关的教师队伍建设方针，其中可含有开放、流动、竞争、稳定等积极因素；提高

教师道德水平，将教师综合素质的考评结果作为提高其薪资和级别的一个必要条件，把“一票否决”制度运用到师德师风评判中；只有在对研究和教学业绩、社会志愿服务以及学生评价等各方面都综合考虑后才能作出教师是否晋级的决定；加大相关经费的投入，提供专项基金来建设高素质教师队伍并鼓励其踊跃参加进修并不断自觉地提高各项业务水平和能力等。

2. 高度认知强化教师队伍素质建设的战略作用

这就要求高校积极主动树立科学发展观。教育质量与教师素质密切相关。因此，高校应在“人才强国战略”“人才强校战略”中更加突出教师队伍素质建设，并将其当作“一把手工程”，视其为高校一项永不停止的基本建设项目。严格把控教师准入标准，选聘教师的起点要高。这使得教师们可以基于各种各样的观点进行交流、碰撞、相融从而提升自己的能力和水平，同时也开阔了他们的学术视野。

3. 建立教师继续教育、终身学习体系

为了提高教师的文化素质，可以从国内一流大学遴选教师，要想实现适应我国教育发展的目的，则需要将高校教师教育基地建设得更加开放灵活、更加动态、更加符合需要，以便能够充分发挥其功能。改革教师继续教育的内容、模式和手段，增加教师进修的灵活性和选择性。同时，要抓紧时间努力提高教学管理人员的素质。也要更新观念，提高教学管理人员的教学理念以及现代教育意识，进一步增强服务意识，努力掌握学校现行教学状况和教学管理制度，更新学生管理人员的学历、知识水平，加快对年轻管理人员的“帮、带”作用。

4. 加强和改进高校（教师）思想政治工作

对高校（教师）思想政治工作进行调整使其与时俱进并符合

教师职业的特殊性，不断探索新的情况和问题的应对策略，加强针对性、实效性。

一方面，需要从关心教师日常生活开始来展开思想政治工作，将引导放在主要位置，并努力做到以人为本，以心换心，以情育人，从而使得工作环境不仅民主而且宽松。还要努力培养和创建一支以专职的学生政治思想工作者为核心，以班主任为主体的具有高素质水平的大学生思想政治工作队伍，为了使学生工作队伍系统更加完整，要在坚持校党委的领导下，鼓励学生干部积极参与。思想政治工作者的待遇也需要提高，从而使这支队伍素质更高，也更加稳定，目的是及时发现并处理学生中存在的现实思想问题和具体矛盾，将一切违法犯罪的潜在因素尽早地拒之门外。

另一方面，务必把思想政治工作与行政管理、学校的改革进步、教师的个人利益、前途命运等融为一体，进行虚实并举的理论教育，采取灵活多样的工作方法；为了培养更多志存高远、为人师表、爱岗敬业、教书育人、严谨笃学，与时俱进的教师，定要敢于和善于管理，并将其目标和要求层次化，使教师们具有强烈的责任心和事业心。另外，高校要不断加大力度对“两课”（指马克思主义理论课与思想政治教育课）的教学进行改进，正是“两课”为大学生学习马克思主义理论和法律知识以及其思想道德水平的提高提供了有效的学习途径，其目的就在于培养具有较高人文素质及法律素质的大学生，因此，要通过“两课”着力培养与加强大学生法律素质，需要学校投入更多的人力、物力、财力，并要求专业化的教师队伍把教学与实践相结合，使学生们的法律意识得以形成和提高，使教师们在法律范围内从事政治、经济、文化、教育、管理等方面的工作能力都得以提高。

总之，只有改善和提高学校教师队伍素质，才能够使广大教师的个人魅力对学生产生较大的影响力，进而才能够使大学生对教师、对学校产生浓厚的感情，而这种感情正是依恋建立的基础。也只有这样，才能够提高大学生对学校的依恋之情。中国政法大学弑师案的发生，也从一个侧面反映出改善和加强教师队伍素质的重要性与紧迫性。

二、营造良好有序的校园育人环境增强大学生对学校的依恋

高校应给予大学生一个宽松的育人环境，以加强大学生与学校的联系。受到如今社会大环境的影响，现在大学生的价值取向已经慢慢由一元化发展为多元化。而其中一些学生的价值取向已经背离了当代主流社会的价值观念，其行为的严重偏离离不开膨胀的极端个人主义以及享乐主义、拜金主义的恶劣影响。在物质欲望的刺激下，那些意志不够坚强、鉴别能力弱的大学生很容易进行高消费和超前享乐行为，而世俗的、功利的、物质的倾向在他们身上则愈演愈烈、格外突出。反社会意识正是在这些错误观念的诱导下形成的，随着其恶性发展，就会涌现出越来越多唯利是图、损人利己的违法犯罪者。因此，学校应采取措施营造育人环境，修复大学生裂变的价值观。具体措施如下。

（一）对学生的管理要依靠制度，突出“严”字

1. 要抓好规章制度建设

高校在对学生进行教育管理的过程中，要结合校纪校风的整改治理，抓紧建立健全各项必要的规章制度并保证其得到全面贯彻实施，以便给学生创造一个规章制度具有约束力和依据规章制度办事的氛围，通过建立“一把手”亲自上阵、分管领导协同配合、相关部门各尽其能、各负其责的工作机制来对大学生的犯罪

行为进行预防。为了使大学生们能够在踏入社会前就获得一定的社会认同，所以在全校范围内培养遵守规章制度的习惯就显得更加重要。如：认真落实考勤查勤制度、学校与家庭沟通制度、校园管理制度、寝管制度以及纪律规章管理制度等，以便于能够及时了解学生缺课、缺寝等情况及其原因。

2. 管理要突出“严”字

强调严明纪律、严格要求、严加管教。“严”就要严在制度上，不仅要确立严明的纪律规范，更要确立制度的权威性，狠刹不良风气。在“学校制度面前人人平等”“该法办的，绝不校办”“对事不对人”等原则的指导下，校园学生管理部门以及院（系、部）等决不能对那些本该留级和退学的学生甚至是该交司法部门“处理”的学生手下留情，更不能以“情”代“法”、以“情”弃“法”，即使家长、学生和老师再怎么苦苦求情，定要严格规范各项管理制度并保证其不折不扣地实施。为了实现教育学生的目的，定要严惩违法犯罪行为：降低那些曾实施过违法犯罪的人的再犯可能性；教导、警戒其他有违法犯罪倾向的大学生，使他们没有走上违法犯罪的道路的可能性。因此，要及时在全校范围内通报那些因实施违法犯罪活动而被依法惩处或被处理的学生，使得预防目的和教育目的都能顺利实现。除此之外，高校的保卫人员应该定期或不定期地向学生开展宣讲活动以便大家更加熟知本校所发生过的案例，从而能够使学生从中牢记惨痛的经验教训，强化法律意识，对那些可能实施违法犯罪活动的学生起到一个警告和预防的作用，还会使学生在遵守制度成为其自觉行动的过程中，产生对学校的向心力和感情。

（二）构建良好的师生关系，夯实学生对学校的依恋基础

学校承担的是教育培养学生的任务，父母与子女加朋友的关

系才应当是教师与学生之间的关系。在校大学生走上违法犯罪道路与教师和学生之间未能建立良性互动关系有着极其紧密的联系。[1] 要想使学生的人格与行为能够顺利地社会化，那么理想的师生关系就有着举足轻重的地位。温馨的人际接触和良性沟通在师生间得以持续则是建立师生关系的重要一环。教师与学生是校园的两大人群。无论是教学质量和教学进程，还是学生们的健康茁壮成长都将受到师生关系好坏与否的直接作用。温馨的人际接触和良性沟通在师生间的持续同样也使师生间的心灵沟通更加深层化，建立并强化彼此间的信赖感，营造出祥和温馨的校园气氛。可见，学生心理的健康发展是绝对离不开健康和谐和融洽的师生关系的。

无论是改善学生的心理状态，还是提高其挫折承受能力都有赖于良好的师生关系互动。健康的心理能够帮助学生形成自我接受、自我肯定和乐观向上的生活态度以及较强的自我控制力和与团队协作的精神，从而使其人格得以健全。关爱与帮助、信任与鼓励、交流与理解、自主与纪律等方面都值得教师特别关注，为学生创造一个在呵护中成长、在愉悦中学习、在欢乐中生活的氛围。以让学生在这样的氛围中了解自身能力，从而能够自我接纳、欣赏和肯定，并渐渐形成自我控制和关爱他人的本领。只有如此，学生对学校的归属感和依恋感才越发强烈，并在学校和学生间搭建起一座坚固的桥梁。正是这样一座坚固的桥梁使得学生们违法犯罪的概率大大降低。

（三）加强对大学生良好行为的培养与教育

1. 教育学生养成良好行为习惯

高校在养成学生良好行为习惯的过程中，可采取如下措施：

---

[1] 金一清：“师生关系互动与青少年犯罪预防”，载《青少年犯罪问题》2005 年第 2 期，第 22－24 页。

一是要提高大学生个人修养，使自律逐渐取代他律。个人的内在修为是良好习惯养成的关键。因此，通过举行校园文明志愿服务活动、团日活动、主题论坛等不同教育活动，来对学生进行人文素养的培养和思想道德情操的提升，以及解决违法犯罪的源头问题，变他律为自律就显得极为必要。二是要通过组织专门的学习考试和知识竞赛活动，利用宣传栏、广播台等多种宣传工具，使每个学生都能熟知《中华人民共和国高等教育法》《高等学校学生行为准则》《普通高等学校管理规定》等有关学生管理的法律、法规和文明守纪标兵的相关标准等内容，从而形成良好的校园氛围和正确的舆论导向，达到指导大学生健康成长的目的。

2. 进一步推动学生自治

目前，学生会等组织已成为各个高校都会设立的学生自我管理的组织，这十分有利于培养大学生良好的行为习惯。为了将大学生良好行为和习惯的培养和教育进一步推向深入，进一步推动学生自治就显得十分重要。为此，笔者建议，为了对不文明的行为习惯进行监督纠正，对平时行为偏激或者异常的学生进行密切关注，应及时创建以学生干部为主体的校园文明督查队。与此同时，还要对辅导员、宿管人员以及校园安保人员等日常与学生有着密切接触的人员进行个案跟踪，密切关注问题学生的动态并及时矫正其不良倾向，避免大学生对学校应当具有的那种感情因此而被弱化。

（四）建设一支具有高水平的学生管理人员队伍

良好的校园育人环境离不开一支高水平的学生管理人员队伍。为此，可以采取如下两方面的措施。

1. 提升对高校学生管理工作重要性的认识

通过将高校的学生管理责任制与高校各级领导干部责任制相

结合以及改变原本只有兼职、挂名、徒有虚名的组织形式，从而加强高校各级领导对学生管理工作重要性的认识。要明确认识到高校的学生管理工作是整个教育管理不可分割的重要组成部分，这与培养什么人以及怎样培养人的问题密切相关，它对高校的教育、科研工作的顺利进行有着极其重要的作用。校党委不仅要将其列入党政主要领导的议事项目，还要定期听取汇报情况，检查、敦促、探索、制定相关措施和方案，并根据对基本国情和发展形势客观要求的分析，结合高校各自的实际情况，在人力、物力、技术装备等方面加强高校的学生管理工作。

2. 规范学生管理人员的管理水平

提高学生管理人员的思想政治素质，逐步改善和提高他们的地位和工作条件，重视和支持对他们的培训、进修和业务建设，使其立足岗位，安心本职。稳定并落实学生管理人员的有关政策和规定。这样才能使他们的合理利益得到保护和实现，消除其低人一等的感觉，从而提高他们工作的积极性和保障队伍发展的稳定性。在依法管理学生的框架内，赋予学生管理工作者管理学生应有的权力，对学生进行规范化、法制化、科学化和现代化管理。当然，高校学生管理部门应与学校各院（系、部）等单位密切联系，在各院（系、部）建立相应的学生管理组织网络，以使群众性组织在学生管理中充分发挥作用。如针对校内学生管理问题，可邀请校、院、系、班级、学生代表共同参加，针对学生宿舍管理规程，制定针对性的措施，尤其是加强对宿舍内的管理，杜绝各种管制刀具以及钢管等随便在寝室内藏匿。

另外，对学校中的突出矛盾和问题，领导要有鲜明的态度并提出有力的、有针对性的相关措施。使得各师生员工的内心有判断是非的共同标准，完全做到教书育人、服务育人和管理育人，从而实现在提升大学生的综合素质的同时，建立并强化大学生对学校的依恋之情。

三、从学生管理体制的革新中强化大学生对学校的感情

（一）学校管理的滞后弱化了大学生对学校的依恋

学校管理指的是学校在教学过程中为使教学机制正常运作所建立的有机的管理体系。其基本内容包含学校的师资力量、办学方针、班级编制、后勤服务等，用于规范学生行为而制定的各种规章制度以及对违规学生的处置教育也是其重要内容。大学生违法犯罪不仅是眼下社会犯罪的特定区域，而且还是有序推进高校管理建设的阻碍。如何有效控制不断上升的大学生违法犯罪态势，并减弱其犯罪所辐射出的对社会的负面影响，是高校管理者以及政法部门所面对的一个必须解决的难题。

笔者的调查表明，无论是在校大学生，还是实施了违法犯罪行为的大学生，他们均对学校的管理满意度表现出较低的评价，有 1/3 的在校大学生对学校的管理持“很不满意”和“不满意”的态度，而对学校的管理持“很不满意”和“不满意”态度的违法犯罪大学生竟达到了 70% 。因此，我们必须正视学校规章制度及其背后的价值理念在当代大学生面前的认同度，认同度达到很低的时候，就隐含着一个大学生是否会配合学校的管理问题，严重的，可能会引发学生的价值理念与学校的价值理念发生冲突的问题，冲突的极端形式就会发生破坏学校规章制度，甚至违反国家法律的行为，这样就严重背离传统的价值理念，学生对学校就会持一种敌视态度，那么他们迟早都会陷入犯罪“泥潭”。德国教育家赫尔巴特曾指出：“如果不能紧紧并且灵巧地抓住管理的缰

绳，那么，任何课程都是无法顺利进行的。”❶ 可见，高校加强管理是多么的重要。

高等教育事业突飞猛进的发展，大学的扩招已是不争的事实，民办大学、职业学院等各级各类院校不断出现，大学招生数量、学校规模不断扩大，高校办学的灵活性和主动性不断提高，导致出现了规模扩大与管理滞后之间的矛盾，大学管理弱化的问题日益突出，教学与管理等软件建设出现了严重的滞后性，甚至出现了滑坡现象。例如：传统意义上的班集体被学生公寓逐渐取代，社区逐渐包容了大学生，这就在无形之中使得对学生的日常管理弱化了。再如：在应对扩招后住宿条件的紧张，很多学校纷纷默许学生在校外租房，使得学生过早地踏足社会，这不仅为学生管理增加了困难，也使得学生更容易为低俗文化所侵蚀，校内校外“情况”对比后产生的巨大反差，怎么能够使学生相信校内“情况”的真实性，又怎么能够对学校产生依恋呢?

（二）采取措施革新学校管理体制

传统的学校管理体制已经跟不上形势的发展，这不仅显示出高校的管理模式较单一，也制约着学生的自主发展。因此，高校要紧跟高等教育发展的形势；要全方位了解学校目前的管理现状，这是提高管理水平的前提和基础；要深入学生中间了解其对学校管理不满意的具体方面、具体内容等情况，为提高管理水平找准改进的方向；针对现有管理中存在的问题，修订不足之处并制定具体的改进对策和方案，做到在以后的学生管理中不再出现类似情形。这就需要革新目前的高校学生管理体制，对学生不仅要管，

---

❶ 单中惠、朱镜人：《外国教育经典解读》，上海教育出版社 2004 年版，第 153 - 154 页。

更要管好，管出水平，管出学生与学校之间的感情。为此，笔者提出如下革新学生管理体制的一些具体的建议性措施。

1. 树立“发展本位”的管理意识[1]

这就必须克服高校管理方面存在的两种错误意识：“官本位”意识和“学术本位”意识。“官本位”意识的弊端是行政系统主导性过强、服务意识淡薄、资源控制能力集中、过多干预学校的学术活动，未能为学校事业发展提供高效的行政管理支持。而且“官本位”意识还导致一些高校价值导向产生扭曲，学校内部教师从事学术的同时更希望从事行政管理，以获得资源支配能力和更大的权力威望。那么，“学术本位”的管理意识是否可行？“学术本位”的管理意识从西方国家移植而来，坚持“学术本位”的管理意识能够使高校的教学科研工作不受行政干预自我独立运行，教授和学术带头人可在学科建设与科研方面发挥更大的作用。但我们国家实行的是“党委领导下的校长负责制”、必须坚持社会主义办学方向，因此，不能照搬西方的这种管理模式。应当树立“发展本位”的管理意识，即从管理的目的、功能角度考察高校管理定位。笔者认为，高校管理应该充分发挥行政干部和教授学者各自所长，共同谋求学校事业的科学发展，努力做到人尽其才、才尽其用。

2. 树立“以人为本”的管理理念[2]

高等学校的终极目标是培养社会主义合格的建设者和可靠接班人。这一终极目标要求高校必须坚持社会主义办学方向，必须

---

[1] 王路江：“以科学发展观为指导大力提升高校管理水平”，载《国家教育行政学院学报》2010 年第 1 期，第 12－14 页、第 61 页。

[2] 王路江：“以科学发展观为指导大力提升高校管理水平”，载《国家教育行政学院学报》2010 版第 1 期，第 12－14 页、第 61 页。

确立“以人为本”的管理理念。

一要坚持“办学以人才为本，以教师为主体”。加强民主管理，强调把教师作为高校管理活动的核心和学校最主要的人才资源。高校管理者要深刻认识到，管理者与教职工要集中集体智慧研究制定学校发展目标、然后鼓励教职工根据目标对工作进行认真思考并自觉自主工作，因此要强调团队合作和人人参与、强调大学的社会责任、强调充分发挥人的主观能动性。

二要坚持“教育以育人为本，以学生为主体”。在学校管理方面，就是要以学生为中心，以学生的全面发展为出发点，把服务学生的理念贯穿到教育教学工作的全过程，引导学生树立社会主义核心价值观，提高学生理论水平和综合素质，增强学生的实践能力和适应社会的能力，使其成为德、智、体、美全面发展的人才。

3. 强化对辅导员、班主任的管理，明确其工作责任

大学辅导员和班主任应当积极扮演学生思想上的指路灯、学业上的引导者、情感上的倾诉人、生活上的后备兵等角色，大到考学、就业，小到生活上的各种琐事，都属于他们的工作范围。他们是距离学生最近的人，对于学生的思想、学习、生活的情况，他们都很熟悉。学校要真正了解学生心理状况和在他们之中存在问题的轻重，如对大学生沉迷赌博、自主创业以及婚姻恋爱等问题，辅导员和班主任是最好的解答者。因此，学校要注重辅导员和班主任作用的发挥，搭建桥梁与学生沟通，提高对辅导员、班主任的管理力度，如：加大对他们的法制教育强度，从而达到提高他们的法律意识的目的。从而使其能够正确地引导学生，帮助学生，避免大学生坠入违法犯罪的“泥潭”。同时，还要加大对学生吸烟喝酒、夜不归宿、沉迷网络游戏不能自拔、贪玩、厌恶学

习等不良、违纪行为的处理力度，并及时地对迟到早退、无故旷课行为予以恰当处分。这样才能够使大学生通过辅导员和班主任的管理而与学校之间建立起诚挚的感情，产生浓厚的依恋之情。

4. 设立预防大学生违法犯罪的专门机构

根据调查显示，75% 以上的同学认为，“大学生违法犯罪的预防不仅要注意相关法律法规的宣传教育，还要重视对犯罪条件以及犯罪环境的控制”，另外有 55% 的同学认为，“高校目前还没有采取积极有效的措施，实施对大学生违法犯罪的预防”。[1] 因此，笔者建议，要建立学校预防大学生违法犯罪的相关常态管理工作机制。具体来说：

一是建立配备有相关专业人员的大学生违法犯罪预防中心并使其与法律咨询与援助中心结合在一起共同办公，从而使其完成违法犯罪预防与研究的常规工作。

二是健全领导责任的相关考核机制。例如：完善和细化高校辅导员和班主任的工作职责体系，尽快建立学生安全事故责任人制度和相应的预警干预机制，尽最大努力将可能发生的违法犯罪行为扼杀在摇篮中。

三是借助执法部门的力量，在高校广泛开展社区警务进校园活动。为了事先提醒入学新生做好相关安全注意工作，可以采取对大学生进行入学前的法制思想教育工作和介绍高校内的易发案件以及提示大学生对安全防范加以关注等方式；举办法制类主题讲座，对大学生违法犯罪的典型案例进行介绍，指导高校保卫部门，做好大学生假期防盗、防骗工作。对“社区控制”和“社区

---

[1] 万志昂：“论大学生违法犯罪预防的模式定位及其机制构建”，载《知识经济》2010 年第 6 期，第 14 页、第 51 页。

警务”制度进行完善并加强基层社区安全制度的建设，从而实现弥补管理上的漏洞的目的。如：晚自习的安全保障、高危期社区安保执勤、校园无人区及学生作息空当的巡逻及监控、宿舍财产登记和出入登记制度、增强学生在人口密集区的防盗意识、教导女学生如何降低财物被抢的风险等。

四是建立矛盾化解以及调解的工作机制。调解产生在学生间的矛盾非常重要，如果处理得足够好的话，就能够实现“大事不出院，小事不出班”，及时将问题扼杀在摇篮中。我国已经有一些部门、高校、司法机关建立了预防大学生违法犯罪的相应机构，并收到了较好的预防违法犯罪的效果。

当然，为实现管理的实效性，在具体的管理过程中，可以适当地接收部分学生代表参加进来，这不仅能够让学生感受学校管理的艰辛，也便于与作为被管理者的学生进行沟通。学生在见证高校发展的过程中，就会油然而生一种无比的自豪感，就会对学校产生紧密的联系。而在提升学校管理水平的过程中，教师、学生的主体地位得到了充分的体现，教师就会充分发挥自己的才智献计于学校管理，学生就会诚心诚意地接受教师和学校的管理，不仅对学校的依恋得到强化，而且对学校的管理持绝对的认同态度，并没有任何无所事事的感觉，更为重要的是，大学生在接受管理的过程中，自己的理想、信念、人生观、价值观等都会得到提升，最终将建立一个十分稳固的“社会腱”链条，大学生们将远离违法犯罪的“泥潭”。

一旦革新学生管理体制并收到实效，那么，不仅能使这座方便沟通的桥梁连接在作为管理者的学校和作为被管理者的学生之间，还会使大学生认同并自觉、自愿地接受学校的管理，怎么可能会去实施违法犯罪行为呢？

四、做好对大学生同辈群体的合理引导

（一）同辈群体的含义

对同辈群体的含义，学界有不同的界定。大致相当的社会地位，并且年龄通常相仿的一群人，这是美国社会学家波普诺对于同辈群体的定义。[1] 我国学者对其概念，有两种观点。陆建华认为，同辈群体又可以称为同伴群体或者同龄群体，是非正式的首属群体或者说初级群体，主要是指在相同的年龄层次上，地位大体相似的人组成的关系亲密的群体，其成员一般是在某些相似的基础上结合起来的，比如：拥有某些共同经历、共同情感、共同爱好、共同观点或共同心理。[2] 而鲁洁则认为，由地位大体相同的人组成的关系密切的群体就是同辈群体，他们的成员一般在家庭背景、年龄或者爱好等方面比较接近。由于他们时常聚在一起，所以彼此间就会产生很大的影响。[3]

（二）做好对颓废越轨型同辈群体的引导

大学生同辈群体有不同的类型，且对其成员产生着不同的影响。在高校学生管理中，要重点做好对颓废越轨型同辈群体的合理引导。

在大学校园里，大多数学生应该拥有良好的精神面貌和积极进取的精神状态，但仍然存在不少精神颓废，不思进取的学生，甚至一些人勾结成伙，进行违反校纪校规的行为甚至是严重的违法犯罪行为。这类群体的显著特征则是对学业不感兴趣，没有明

---

[1] ［美］波普诺：《社会学》，李强等译，中国人民大学出版社 1999 年版，第 158 页。

[2] 陆建华：《青年学词典》，安徽人民出版社 1989 年版，第 56 页。

[3] 鲁洁：《教育社会学》，人民教育出版社 2001 年版，第 26 页。

确的学习和生活目标，或者有抽烟喝酒、赌博等不良嗜好，或者品行不端、行为不良，他们也常常会极力抵抗校园的管理规定和主流文化，在群体内部讲究兄弟义气以及放纵自我吃喝玩乐。属于同辈群体的学生往往会实施寻衅滋事、相约旷课、集体夜不归宿、聚众斗殴等行为。上海某学院大学生史某，在中学是同龄人中的佼佼者，上大学后，由于识人不清他结交了一些社会上的渣滓，而堕入了犯罪的深渊。正如他后来在监狱里写的悔过书中所写的：“这些朋友请我抽高级烟，带我进馆子，看一些刺激性的电影、录像，花钱如流水。”学校老师规劝他与这些人隔绝联系、断绝关系，他充耳不闻，反而选择在学校附近租私房，整天泡在那里与一些不三不四的男女青年吃喝鬼混，寻欢作乐，既不到校上课，也不回家，与那些人联手组成盗窃作案的犯罪团伙，多次撬门行窃和骗钱，甚至骗到自己父母和外婆身上，最终锒铛入狱，此时后悔已晚。[1] 如果学校老师对大学生史某的规劝措施到位的话，他就不会深受负面影响而不能自拔。

可见，高校对颓废越轨型这类同辈群体管理不到位或者不能够合理引导，不仅会使其对学校无法产生依恋，还会使其具有的负面作用迅速影响到其他大学生，使他们对学校具有的依恋之情受到削弱。因此，需要对其高度重视，不仅要加强对他们的约束、教导和改造，还要使其群体力量减弱，促使其成员朝着正面方向转变。

（三）做好对网络同辈群体的引导

网络同辈群体对大学生有着不同的影响，在高校学生管理中，也要做好对网络同辈群体的合理引导。

---

[1] 张六祥：《犯罪心理与案例分析》，山东人民出版社2000年版，第165页。

网络在大学生中的普遍使用已是一个无法回避的事实。有关资料显示，大学生的上网比例高达84.6%，主要用于聊天者占34%，主要用于玩游戏者占28%，主要用于查资料者占30%，其他占8%。可见，有62%的大学生上网并不是为了从事与学习相关的活动，而访问过色情网站的占上网大学生的80%以上，经常光顾者有12%。[1] 在笔者进行的调查中，无论是在校大学生还是实施违法犯罪行为的大学生，网络在他们业余时间的安排中均位于第一位，而且均对网络表现出较大的兴趣。

可见，大学生们可以通过聊天工具、网络游戏、BBS和电子邮件等网络交往新工具和新环境分享经验、情感，获得意见交流、生活、学习等各种信息，并且可以借此结交各式各样的网友。而网络同辈群体正是通过彼此间的互动形成的。网络同辈群体在众多方面是把双刃剑：在信息交流方面，能够使信息沟通的渠道扩宽、同龄人之间的生活知识和经验得以分享、大学生的人生阅历得以丰富。但同时，又会带来多种多样的"垃圾信息"；在人际交往方面，能够扩大交往对象从而满足大学生自由交往的需求。但同时，也可能引发人际交往的异化，造成人格缺陷；在心理沟通方面，使大学生获得心理释放与心灵依托。但是，与此同时，与现实的疏离感和孤独感也可能由于网络的使用而造成；在自我评价方面，对大学生实现不同的自我认同有益，但同时，也可能引发自我人格的分裂和认同危机。网络所带来的负面影响远远大于其正面影响，这种负面影响极易侵蚀大学生的心理，造成极大的危害，最严重的就是将其"社会腱"链条切断，使大学生走上违法犯罪的不归路。因此，需要高度重视大学生网络同辈群体所产

---

[1] "大学生网络现状调查"，载《泉州晚报》2003年12月23日。

生的影响，健全管理，正确引导大学生科学看待诸多网络同辈群体，发挥其对大学生身心发展的正向效果。

此外，学校与家庭应对大学生同辈群体的形成规律、种类、性质与特征等有基本的了解，从而能够与学生保持平等的、相互信任的关系，并且通过直接或间接的途径对大学生同辈群体的内部构成与活动内容及性质进行认识。如：家庭可以通过提供场所、沟通工具（如电脑）或一定的资金为子女同辈之间的沟通给予帮助，教师可以运用自己的知识优势使大学生的同辈之间的交往活动更加充实，更具有乐观向上的时代气息。同时，家长、学校也要鼓励大学生积极主动地开展必要的同辈群体的交流交往，并积极培养大学生的各种社交技能，指导他们树立正确的交友观念，学会用批判的态度和敏锐的思维去分析和评断他们所涉足其中的伙伴关系，特别是网络群体关系给对方带来的正面作用以及其发展方向，使之意识到对方能否从友谊关系中得到收获与成长是评价友谊是否健康的一个标准，促进大学生在共同的学习生活中多交知己知心之友，交志同道合之友，交品格高尚之友，并帮助他们意识到“江湖义气”“拔刀相助”等不良关系与友谊之间的真正区分。进而使大学生通过同辈群体而产生极为关键的情绪安定感，并收获更多的价值认同，结交更多的好朋友，形成强烈的社会依恋，最终形成稳固的“社会腱”。

第三节　强化对社会依恋与预防违法犯罪

社会为每个人的生存、发展提供了平台，当代大学生与社会的联系密不可分。面对社会环境中存在的一些不良因素而使得大学生对社会的依恋减弱，进而致使大学生的“依恋腱”发生断裂，以致他们走向违法犯罪的道路问题，笔者提出通过以下措施，强化大学生对社会的依恋，避免其“社会腱”出现断裂而走上违法犯罪道路。

一、弥补经济体制改革中的漏洞和负面效应以强化大学生对社会的依恋

（一）经济体制改革中的漏洞和负面效应降低了大学生对社会的依恋

我国实行的市场经济体制，虽说其有利于促进经济的发展，但在体制改革的过程中，本身存在着一些漏洞和负面效应。这些漏洞和负面效应让人们不惜以触犯法律为代价，铤而走险谋求财富，从而导致违法犯罪的机会增多，控制难度增大，利益上的摩擦更容易发生，导致“物欲”“私欲”膨胀，使得违法犯罪特别是经济犯罪活动有了可乘之机。这些情况势必会对敏感性极强的当代大学生产生较大的负面影响。在笔者访谈到的部分大学生回答“经济体制改革中的漏洞”问题时，75% 以上的被访谈者回答的是“不利用存在的漏洞那是傻子、呆子”，可见，经济体制改革中存在的漏洞对大学生们的负面影响之深。这严重弱化了他们对生活于其中的社会的感情。

即使随着经济社会的迅速发展、人民生活水平的不断提高，犯罪也不会轻而易举地消失。社会学理论深刻地指出“一个社会只是贫穷或者只是富裕均不产生犯罪，但一个社会贫富差别悬殊就会产生大量犯罪”。[1] 马克思也曾拿房子举例，通俗易懂地解释

---

[1] 陆建华：《中国社会问题报告》，石油工业出版社 2002 年版，第 84 页。

这一现象。他说正如一座房子，如果这座房子和它周围的房子一样大小时，房子就不会显得突兀，它可以满足居住者的住房要求。但如果在这座房子旁边建造一座宫殿，这座房子就显得像茅舍一样。即使随着文明的进步这座房子的规模逐步扩大，但只要旁边的宫殿也在同等程度的扩大，那么这座房子的居住者就会感到不舒适、不满意。❶ 如今，在市场经济体制下，仍客观地存在着分配不公的现象，且相关的监督制约不足。这使一部分人滋生了“仇富心理”及其他不满情绪甚至蔓延开来，使社会的安全与稳定受到不良影响。实际上，真正从理论高度思考改革过程中出现的漏洞和负面效应的大学生只占较小的比例，由于知识的局限，环境的污染，致使相当一部分大学生对此处于一种不知所措的状态，以致他们对社会的依恋被严重削弱，甚至荡然无存。

（二）采取措施弥补经济体制改革中的漏洞和负面效应

针对经济体制改革中客观存在的漏洞和负面效应，笔者认为，可从以下两方面采取措施予以弥补。

1. 政府和社会层面的宏观弥补措施

要完善社会主义经济体系，进一步发展生产力，使人民群众的物质生活水平切实得到提升。虽然我国实行了市场经济，但目前该经济体制还不能完全满足广大人民群众的物质和文化生活的需要。从调查资料来看，大学生犯罪中 80% 是财产型犯罪。且与来自城市的学生相比，来自农村的学生更容易犯此类型罪。贫困家庭的学生相对于收入正常稳定的家庭犯此类型罪行的占比较高。❷ 国家对社会主义市场经济的负面影响控制不力导致大学生的

---

❶ 《马克思恩格斯全集（第 1 卷）》，人民出版社 1960 年版，第 368 页。

❷ 颜小冬：《当代大学生违法犯罪问题研究》，中国检察出版社 2004 年版，第 295 页。

"社会腱"断裂而引发违法犯罪，这是大学生违法犯罪的根本所在。但是，社会主义市场经济具有的明显优势，如与供求关系能够相适应，能及时协调生产和需求关系，优化资源配置。再如可以规避计划经济体制下国民经济僵化停滞的弊端，使生产力迅速发展，人民生活水平大幅度提高。大学生违法犯罪的根本出路正是这些正面效应。因此，要想从根本上抑制财产型犯罪，那就更要注重解放和发展生产力创造出高度物质文明，注重市场在资源配置中的基础性作用和国家的宏观调控来缩小各阶级之间物质生活需要的矛盾。

随着高校毕业生人数大幅度增加，其中影响众多大学生心理问题的一个重要因素就是严峻的就业形势。科学技术的进步能够促进生产力的发展，为保证科技的发展，社会对高素质专业型人才需求急剧增加，可以在一定程度上缓解大学生的就业压力，降低大学生心理问题发生的可能性。另外，要对来自低收入家庭中的大学生给予更多的社会支持与关爱，使其对社会形成依恋，避免大学生和社会之间的"依恋腱"出现断裂。笔者调查显示，来自低收入家庭的违法犯罪大学生的比例偏高，这部分大学生对其家庭经济状况的感觉程度是"差"。因此，笔者建议，将贷学金制度进行立法加以规范，保障那些生活确有困难的学生能够顺利拿到贷学金，并要求学生在毕业后按照规定期限偿还含一定利息在内的全部贷款。这不仅能够解决贫困学生的生活问题，在一定程度上抑制部分学生因贫困而滋生犯罪念头。还能勉励学生勤奋学习偿还贷款，巩固大学生与社会间的依恋腱。

2. 大学生个体层面的微观弥补措施

笔者建议，那些出现在经济体制改革中的漏洞和负面效应要被大学生正确认识。因为这是世界上每一个实行市场经济国家的不可避免的现象，即在市场经济条件下，因改革漏洞、贫富分化所产生的负面效应是世界上每一个实行市场经济国家要面对的必然问题。应当以正常心态看待，以自卑和仇富等消极心态走向社会只会让自己内心变得阴暗，容易走上违法犯罪的道路，自毁前程。换句话说，当代大学生在看待社会时要保持一个良好的心态以及平和的心理，处理好社会与家庭、社会与自我的关系。

总而言之，不能因为经济体制改革过程中出现的漏洞和不良效应，大学生就将自己和社会对立起来，就认为自己和社会之间没有任何感情可存，就认为自己和社会之间只有冲突，别无其他选择，这是绝对不对的。

二、提升国家的社会控制力以加强大学生对社会的依恋

虽说在任何一个社会里都存在着犯罪现象。但是，仍然可以有效控制社会上的犯罪数量和危害大小。针对低社会控制力而使大学生对社会的依恋受到弱化，进而引起大学生违法犯罪行为的发生问题，笔者认为，可以采取以下措施提高国家对社会的控制力，增强大学生对社会的依恋。

（一）通过破案率的提高增强大学生对社会的依恋之情

从某种意义上讲，破案率是显示一个国家对犯罪的控制力量强弱的最有效的指标，能否破案事关犯罪分子能否受到法律的制裁，“惩罚和犯罪是不可分割的一对，缺一不可”，[1] 从理论上讲，其他影响因素不变，破案率越高，犯罪人的侥幸心理越低，犯罪的可能性就越小。这就要求司法机关在案发后应当在尽可能短的

[1] ［法］埃米尔·迪尔凯姆：《自杀论》，冯韵文译，商务印书馆2001年版，第397页。

时间内将案件侦破并依法惩处犯罪分子，尤其是对大学生违法犯罪案件，更应当如此。这样才能够及时打击违法犯罪分子，对那些具有违法犯罪苗头的大学生不仅能够产生一定的震慑力，以在违法犯罪苗头的萌芽期就将之消灭，也使其在打算实施违法犯罪行为时，考虑一下后果。

（二）通过加快推进社会主义法治国家建设进程强化大学生对社会的依恋

我国经济、文化等方面在近些年来取得了长足的发展。但我国并没有改变仍处于社会主义初级阶段这个事实，我国的立法还尚未完全适应社会的发展变化，社会主义法制建设还有待完善。如在 2005 年之前，《公务员法》还未出台，国家公务员的招录标准不一，部分人钻制度的漏洞，利用权势和社会关系安排子女到政府部门工作，出现了“父亲就业时代”这一不正常现象。这不仅造成部分人以权谋私，使得政府机关的办事效率降低，还造成了人才的流失，极易使大学生们对社会没有了感情，滋生出反社会心理。

当今，大学生群体已成社会组成必不可少的部分，笔者认为，应对大学生的权益以法律形式进行保护，以达到预防大学生违法犯罪的目的。毕竟大学生们尚未脱离学校完全走向社会，仍需要国家予以法律保护。司法部门对犯罪大学生的“暂缓起诉”这种人性化举措就体现了为大学生犯罪预防与挽救所作出的努力，这无疑会使大学生们断裂的“依恋腱”得以修复或重新形成。同时执法公正、司法的稳步发展，同样会使大学生感受到法律的有用性，发自内心地亲近法律，并从中感悟出法律的价值和意义，逐步形成尊重法律、信赖法律、遵守法律的心理定式以及对社会产生浓重的情感。进而尊重法律的权威和价值，自觉提高自身的法律素质，自觉认同社会长期以来所形成的价值体系和道德观念。

（三）通过社会控制机制的完善强化大学生对社会的依恋

通俗来讲，社会控制就是社会组织通过相应的手段和方式，对社会成员的行为进行指导和约束，以协调社会关系，维护社会秩序，推动社会发展的过程。针对社会控制机制方面存在的一些问题，笔者认为，应当采取措施完善社会控制体系，提高控制犯罪的能力，加强对社会治安的管理，以使违法犯罪的时机不易选择与行为不易得手。具体措施如下。

1. 向大学适时派驻校园警察以增强大学生对社会的依恋

向高校派驻校园警察，可把此机构作为和高校保卫部门并行的机构，前提是遵守学校的相关规定，而其行政和业务依然由当地公安机关领导。派出的警察机构的人员数量根据大学规模和人数设置一定的比例。派出机构的校园警察应是具备公务员身份和执法权力的正式人民警察。主要工作是安全保卫、校内案件侦查、法制文明宣传、法律服务咨询等方面。此前，我国青岛、长春的部分中小学校先后开展了“社区民警进校园”的试点工作并取得了不错成果，我国高校在推行校园警察制度时可以借鉴。可以说，在向大学派驻校园警察的过程中，就可能控制违法犯罪行为的发生，违法犯罪行为的减少就会使大学生对社会产生强烈的感情。

2. 制定相关法律法规强化大学生对社会的依恋

2004 年 9 月国务院出台了《企业事业单位内部治安保卫条例》（以下简称《条例》），我国企业、事业单位的内部安保工作就有了法律依据，企事业单位内保的法律空白得以弥补。但由于高校具有特殊敏感性，《条例》明确了高等学校治安保卫工作的具体内容应由国务院另行规定，此《条例》暂不执行。所以关于校园安全的法律规定只在《中华人民共和国教育法》《中华人民共和国未成年人保护法》等法律法规中，单行的法律法规尚未出台，导致校园安全的有关规定和预防大学生违法犯罪不够系统化。因此，笔者建议，要在国家有关法律框架下，积极进行立法层面的创新探索，适时颁布《校园安全法》，以完善高校矛盾解决机制和程序，建立必要的听证制度，为校园安全管理工作提供执法依据和队伍，使校园管理踏上依法治校的良性轨道。在如此和谐、法治的社会环境下生活、学习的大学生，自然对社会产生深厚的感情。

同时，国家针对未成年人、妇女、儿童、老人的合法权益制定专门的法律法规予以保护，但并没有针对大学生的权益保护而设立的法律法规。诚然，对于社会中的弱势群体需要社会各界的共同关注，即使弱势群体的范畴下并没有大学生群体，但由于他们还没有彻底脱离学校与社会接轨，因此仍需国家立法对大学生予以特别保护，加强对大学生的立法保护也是预防大学生违法犯罪的重要举措之一。因此，笔者建议，尽快出台一部专门针对保护大学生权益的法律法规，如：《校园安全法》《大学生权益保护法》及其他相关专门的校园法律法规。这是强化对大学生权益的保护、约束机制的前提，没有保护，就无约束可谈，而约束是为了更好的保护。任何一个方面，都不能缺乏或弱化。在调查中，99%的学生认为在预防大学生违法犯罪的工作中，主要依靠学生对自身的行为、思想加以约束，政府及司法机关的存在感较低。80%左右的学生认为，在预防大学生违法犯罪教育工作中，学校、家庭和社会之间应当多一些协调配合，不能只依靠学校进行预防教育。[1] 可见，在预防大学生违法犯罪的过程中，还需要发挥预防

---

[1] 万志昂："论大学生违法犯罪预防的模式定位及其机制构建"，载《知识经济》2010年第6期，第14页、第16页。

违法犯罪的联动效应。这样，在强化对大学生权益保护的过程中，自然就会使大学生对社会产生依恋之情。

总之，社会控制犯罪力量的加强，就会降低犯罪意识、决意的形成，就无形中减少了违法犯罪的发生。在这样的社会环境下生活、学习，自然会增强大学生们对社会的依恋度。

CHAPTER 05 >>

第五章

预防篇：提高认同与大学生违法犯罪

人们对某些具有特质的行为进行的多角度、持续模仿学习的过程就是认同。认同可以用来解释人与社会、人与文化之间的交流过程，它是人的一种情感和态度。认同是“社会腱”的重要组成因素之一，在大学生接受家庭、学校、社会教育过程中，只要使大学生的社会认同感提高，就不会使“社会腱”链条断裂，从而就能够预防大学生违法犯罪的发生。

第一节　家庭教育方式的改进与大学生角色认同感的提升

社会最基本的组成单位是家庭，而构成一个家庭的主体则是父母。作为与孩子接触最早、相处时间最长的人，父母自然对孩子的影响也最大，他们的言行举止一直持续地影响着子女。家庭是实施有效干预犯罪的关键场所，是避免孩子参与犯罪的“保育箱”和“免疫药”。❶ 正如法国作家福楼拜所说：“国家的命运与其说是操纵在掌权者的手中，倒不如说是掌握在父母手里。”❷ 可见家庭环境对个人成长有着深远影响。事实也证明，那些走上违法犯罪道路的大学生与他们自幼接受的不当家庭教育有一定关系，这种不当的家庭教育使他们无法通过家庭获得正确的角色认同。

美国犯罪学家奈曾指出，一个人没有是非观，就容易犯罪。这种是非观不是与生俱来的，它的形成依靠后天的学习，父母的教导是关键。❸ 而“溺爱有加，娇纵无度”“任意打骂，棍棒教育”等不负责任的两种失当的教育子女方式，导致了家庭对子女健全人格的塑造、良好品德和行为习惯的养成等方面的作用无法发挥出来，进而使家庭对子女的教育功能大大减弱，这不仅使子女对家庭的依恋受到削弱，也使子女无法通过家庭教育获得一定的社会角色认同，“社会腱”链条因此而断裂，这大大增加了大学生违法犯罪行为发生的可能性。因此，抓好家庭教育以预防大学生违法犯罪行为的发生，从提高大学生“社会腱”中的认同因素考虑，可采取以下针对性措施。

一、树立正确的教育观使大学生获得正确的教育行动方向

在我国当前的家庭教育模式中，放任型、溺爱型、专制型这三种类型的家庭教育方式都有一定程度的缺陷，对培养孩子和家

---

❶ Lilly, J., Cullen, F. and Rall, R. Criminological Theory: Context and Consequences, London: Sage. 1995, p. 105.

❷ 尚秀云：“家庭教育应当成为预防未成年人犯罪的第一道防线”，载《青少年犯罪问题研究》2004 年第 4 期，第 23–27 页。

❸ 周芦萍、余长秀：“城市家庭问题与青少年违法犯罪”，载《青少年导刊》2002 年第 1 期，第 47–50 页。

庭（父母）、学校之间的联系，以及进入社会之后的联系极为不利。相反，在一种民主型的家庭教育模式中，家长能够倾听孩子的心声，以民主平等的方式与孩子沟通，在关爱孩子的同时又可以对孩子的行为加以约束，十分有助于孩子的成长和建立相应的联系。因此，家长要转变错误的家庭教育方式，加强民主式的家庭教育，使大学生获得正确的教育行动方向。

（一）改进家教方法使进入大学的孩子获得角色认同

教育方法事关一个人的行为如何发展，其本质是对家长的人格品德、行为习惯和文化知识等多方面的综合体现。教育方式主要有三种，分别是宽松型、严格型和说服型，相较于前两种教育方式，更有利于子女身心健康发展的教育方式是说服型。

教育方法是家庭教育中的关键，为家长树立正确的教育观是家庭教育中的核心。行动是一个人思想的外化，即家长的教育观指挥着家长具体的教育行动。所以，家长拥有正确的教育观是重中之重。只有教育观念是正确的，在教育孩子的过程中的具体行动才会是正确的。良好的家庭教育方式的构建，是离不开正确的家庭教育观的。不正确的教育观念是导致不正确教育方式的主要原因，要想构建良好的家庭教育方式，必须树立正确的教育观。[1]错误的教育观念支配错误的教育方法，在错误的教育方法指导下，就不可能采取恰当的教育方式，而在此教育方式下成长起来的大学生，就可能通过家庭而获得一种错误的教育行动方向。相传清光绪年间，一个被判处死刑的江洋大盗在临刑前当众斥责了母亲对自己年少时偷盗行为的鼓励和纵容。正是母亲对孩子小时候不良行为的放纵导致孩子误入歧途。这个“临刑责母”的故事也从

[1] 包文娟：“浅析良好家庭教育方式的构建”，载《考试周刊》2007年第48期，第7-8页。

一个侧面反映了家庭教育方法的失当对子女的影响。在错误教育方法下成长起来的大学生，就不可能认同社会中正确的、积极向上的行为规范！

研究发现，父母教育方式不一致，会让孩子情绪处于不稳定或矛盾状态，易使孩子出现焦虑、叛逆甚至偏激的行为，久而久之可能发展成多重人格。因此，父母间应相互配合，给予孩子生活和精神上的关怀，重视教育方法，培养孩子的认知能力和自尊心、自信心，拥有良好的心理素质，为将来更好地步入大学及社会打下基础。[1] 因为大学生拥有较强的自我独立意识，所处的校园环境与社会接触的机会也多，然而，相比于思想来说，他们处理社会问题的能力却较弱，思想与能力的差异构成了一种矛盾。这种矛盾的心理问题需要去解决，否则，不正确的心理思想会支配他们作出错误的行为。因此，作为大学生的第一任老师，父母应当让孩子掌握一些基本的心理学知识，包括个性心理和社会心理等内容，以使他们知道如何沟通，如何与人相处。这样一来，面对心理矛盾和心理危机他们就有能力主动化解。2003 年，上海市某知名高校计算机专业大四学生陈某因盗窃室友财物被警方抓获。陈某坦言从小就想当领导，但在班干部竞选中失败后便自暴自弃，逐渐沦落为全系最差的学生，选择作案就是为了排解心中的苦闷，让自己失败得更彻底些。该案件中的大学生如果得到家长的正确教育，就不会陷入苦闷，就不会选择犯罪，就不会……但为时已晚。因此，家长的教育方式、方法的改进，能够使孩子迅速获得

---

[1] Touriles E N, Murphy C M, Farris A M, et al. Marital adjustment, parental disagreement about child rearing and behavior problems in boys: increasing the specificity of the marital assessment, Child Dev, 1991, Vol. 62, No. 6, pp. 1425 – 1426.

角色认同，进入大学以后就能认准角色并承担起自己应当承担的责任。

故父母管教孩子要有耐心，在孩子遇到困难和不如意的时候，要沉下心来，做孩子的朋友，倾听孩子的心声。在向孩子传达父母要求的时候，既不能过分严格，使孩子缺乏独立性，让孩子感到要求高不可攀，产生畏难情绪；又不能置子女情感与心理适应能力于不顾，使孩子和父母出现隔阂，让孩子感到压抑、自卑，产生叛逆的不健康心理。同时，父母对孩子的教育要求应该统一，一致性的要求更有利于孩子良好品格的形成。教育孩子时的观念也必须始终如一，摒弃“树大自然直”，凡事顺其自然这种不负责任的思想。否则孩子会感到迷茫，不能形成正确的价值观。此外，家长与孩子相处时的态度应该尽量温和，以引导教育为主，为孩子订立合理的规则并解释原因。一方面，在坚持父母自己的要求的同时，做到尊重孩子的选择和爱好；另一方面，在关注孩子成长方向的同时，做到鼓励孩子自主发展。若能做到这些，孩子就能从中获得认可感、归属感、支持感，还能够感觉到自己和家庭（父母）的联系是紧密的，自然建立起家庭（父母）和孩子之间的深厚感情，孩子也容易找到自己应当担当的角色和应当承担的责任。

总之，改进父母教育方法的最终目的是要让进入大学的孩子获得正确的社会认同。

（二）加强健康成长的引导使孩子进入大学获得角色认同

父母的正确教育是孩子健康成长的关键，如何定义正确教育？笔者认为，父母的正确教育要使孩子进入大学以后能够获得正确的角色认同，而不是无所适从。

1. 让孩子学会独立，避免疼爱成为溺爱

这要求家长充分相信自己的孩子有自我反省和学习的能力。孩子终究要长大成人独自生活，要让孩子自己动手学习各种技能，感悟其中的快乐。这不仅是作为家长的义务所在，也是对孩子的一种尊重。家长对孩子的爱应当是适度的。父母对孩子的爱是一种本能，但这种本能的爱往往会过度，孩子的健康成长除了父母的爱还应该有正确的管束，对孩子绝不能溺爱。在孩子成长的过程中，父母一定要关注孩子个人品格和实践能力的培养，引导其形成独立自主、诚实善良、尊重他人等优良品质，对于子女的不良需求绝不迁就，其中的物质要求要一分为二地看待，对不正确的物质要求要及时拒绝。孩子缺乏自我约束的能力，一旦过高的物质要求得不到满足，没有得到正确的引导，就容易作出违法甚至犯罪的行为。陈某是一名大学生，也是其父母的独生子女，她的父母虽然是知识分子，但对她过分溺爱，使她不能形成正确的价值观。2002 年 5 月 20 日，她在朝阳区信息工程学院一宿舍内，见到同宿舍的杨某放在床上的一部三星手机款式新颖、颜色鲜艳，非常喜欢，见周围没人，随手就把手机拿走。[1] 该案件的发生与家长没有让陈某从小学会独立，相反却存在层层保护、种种溺爱有很大关系，这使陈某养成了喜欢什么就要有什么的生活习惯，以致她产生了好逸恶劳、挥霍无度的不良习气，致使进入大学以后的陈某无法找到自己的角色和承担应有的责任。

2. 让孩子自由发展，避免期望过高，避免只重学习

这就意味着家长不仅要关注孩子对知识的学习，也要对孩子

---

[1] 赵文忠：“透视当代大学生违法犯罪现象”，载《公安教育》2002 年第 11 期，第 33－36 页。

成长中的心理问题给予高度关注。著名的德育专家王逢贤教授有一句话："有人花钱买智育，有人花钱买体育，有人花钱买美育，有谁花钱买德育？"这正是当前家庭教育价值取向的生动写照。家庭教育一定要避免此种现象的发生。家庭教育的出发点应该是把孩子培养成能够自食其力的人，这要求家长在孩子小的时候就培养其独立的意识，从小增加孩子动手实践的机会，这样孩子在步入大学后，才能更快地适应新的环境，获得正确的角色认同。

3. 善于倾听孩子，尊重孩子的选择，给孩子自己的空间

孩子是独立的个体，在绝大多数情况下，家长只能教育和引导孩子，而不能替孩子作出选择，要给予孩子足够的尊重，让孩子可以独立自主地作出选择。2002 年 1 月，北京某大学大三女生刘某为了帮男友还债，让男友"抢"走自己，从亲生父母那里骗来 18 万元人民币，自导自演了一起麻醉抢劫案。事后她很无奈地说："问父母借根本就不可能，他们整天就知道抓我的学习，从来不给我交流的机会，我只能是一味地服从。高考志愿都是由父亲一手操办的。一边是执拗的父母，一边是愿意为我付出一切的男友，我该如何选择？"[1] 此案不仅反映出家庭成员的及时沟通在亲情建立方面的重要，更反映出家长仅注重子女的学习而忽视其他的危害，其中之一就是使孩子成为大学生以后仍然无法获得角色认同。

此外，学校作为大学生的主要生活环境，也应对思想出现偏差的大学生给予帮助，要及时与问题学生的父母进行沟通，引导其使用正确的教育方式。同时，学校应关注学生的实践动手能力，

---

[1] 于扬："自导自演绑架案　女大学生诈骗父母 18 万"，载《京华时报》2002 年 3 月 18 日。

丰富课外实践活动，一方面，培养学生探索发现问题和独立解决问题的能力；另一方面，培养学生与人协作的能力，提升团队合作精神。在注重学习成绩的同时兼顾能力素质、道德品行全面发展。大学生也要与家长积极沟通，改变家长的错误思想，获得正确的角色认同。

二、实施正面引导教育使大学生得到正确的角色认同

正面引导教育是大学生获得正确的角色认同的源泉和依靠，因此，这就要求家长对孩子灌输正面的家庭教育内容。

（一）用法制教育观念指导大学生的行动

大学生的行动离不开法制的导引，从接受家庭教育为主的幼年时代就对学生灌输法制观念是一个不错的选择。普法宣传和法制教育显得尤为重要。《中华人民共和国预防未成年人犯罪法》规定：“未成年人的父母或者其他监护人对未成年人的法制教育负有直接责任。”家庭是一个人最初的成长环境，也是孩子接受各种思想的发源地之一。正如邓小平同志所说：“加强法制重要的是教育，根本问题是教育人。”试想，如果父母或监护人都法律意识淡薄，又怎会教育孩子遵法守法呢？这样使孩子的行动像“无头苍蝇”一样乱飞，孩子又怎么可能认同自己的行为？在笔者进行的“家长学习法律知识状况”调查中显示，有 42% 的被调查家长知晓《中华人民共和国未成年人权益保护法》这一法律名称，仅有 16% 的家长略知该法内容。由此可知，对家长加大普法力度的紧迫性。

（二）把正确的道德教育转变为大学生获得行动的精神食粮

《新时代公民道德建设实施纲要》中指出：“家庭是道德养成

的起点。要弘扬中华民族传统家庭美德，让美德在家庭中生根，在亲情中升华。引导广大家庭重言传、重身教，教知识、育品德，以身作则、耳濡目染，用正确的道德观念塑造孩子美好心灵。感念父母养育之恩，感念长辈关爱之情。”俗话说：“家教之道贵以德。”教育家苏霍姆林斯基说过：“德是照亮一个人全面发展的灯塔。”在一个人成长的道路上，大部分时光都是在家庭中度过的，父母不仅是陪伴者，更扮演着榜样的角色，可以说，父母的品德对孩子有着非常重要的影响。在尚未懂事时，模仿是孩子的一种天性，父母的思想观念和言行举止都是孩子模仿的对象，很大程度上影响着孩子形成自己的价值观。在孩子形成自我思想的初期，家长的个人品德起着至关重要的作用。古人说“德者智”，是说品德高尚的人，有理想，有抱负，有责任感，有极强的内动力，于是他的智能得到了超常的发挥。同时，在进行家庭教育的建设过程中，不要忽视了行动，要在行动上践行良好的道德。因为德育强调学生的切身体验，实际行动能让孩子对道德有更深的体会。社会的道德行为体系是由牺牲和利益关系展开的活生生的行为网，“没有牺牲，就没有道德”。[1] 培养良好的道德品质，必须与培养奉献精神、牺牲精神联系起来。家长只是说教而没有实际行动是没有用的，要在实践中多奉献自我、牺牲自我。笔者访谈到的一位实施盗窃的大学生，认为自己就是受父母认同的“高尚道德是空的，只有物质才是现实的”观念的影响，才在校园内多次盗窃衣服、手机等物品。

（三）加强家庭心理教育避免大学生的角色认同受阻

大学阶段学生心理发展正处于多种矛盾冲突的过程中，作为

---

[1] 尚秀云：“家庭教育应当成为预防未成年人犯罪的第一道防线”，载《青少年犯罪问题研究》2004 年第 4 期，第 23 – 27 页。

父母要加强与子女、学校的沟通，及时发现孩子的心理问题。一味地满足孩子的物质需求，不利于心理健康，要尝试和孩子做朋友，站在他们的角度看问题。尽可能多地与孩子交谈，帮助孩子养成良好的学习、生活习惯，提升孩子自我约束和判断对错的能力，树立正确的社会价值观。父母要经常与子女所在的学校联系，关注孩子在校期间的表现，避免孩子产生消极心理，配合学校做好孩子的教育管理工作，避免大学生因某些心理问题而出现违法犯罪行为。

另外，构建和睦稳定的家庭关系也有助于提高大学生的认同。夫妻关系作为家庭关系的核心，父母的婚姻状况影响着孩子的成长。调查发现，婚姻状况不良或有矛盾冲突的家庭的孩子违法犯罪比例明显高于婚姻状况良好、和睦的家庭。[1] 作为孩子早期社会性和行为发展的中心部分，稳定的依恋关系是促进孩子健康成长的基础。稳定和睦的家庭带给孩子安全感，对培养孩子良好的心理素质和行为具有积极的作用，可以促使孩子与家庭建立稳定的依恋关系。具有安全依恋的孩子在以后的生活中更自信、更友好热情、更有好奇心、更有合作意识。[2] 进而促进大学生的社会认同，较好地预防违法犯罪行为的发生。通常，当夫妻的关系长期处于紧张状态，会给孩子造成很大的心理影响，尤其是父母经常争吵或离异的家庭。不良的家庭人际关系对子女形成病态心理与不良社会适应性有三个方面的影响：一是缺乏正常社会适应方式的训练；二是模仿和学习了一些社会适应不良的行为；三是持续处于焦虑、恐惧和压抑的心理状态下，形成了病理的心理防御机

---

[1] Harold G T, Shelton K H, Goek M M. C, et al. Marital conflict child emotional seerriting about family relationship s and child adjustment, Soc DEV, 2004, Vol. 13, No. 2, pp. 350 – 376.

[2] Smith DW, BrodzinskyDM. Coping with birthparent loss in adopted children. , Child Psychol Psychiatry, 2001, Vol. 10, No. 2, pp. 35 – 36.

制，后来便难以适应正常社会生活。这样的家庭环境中成长的孩子不会正确理解判断他人的意图和情感，社会适应不良更促使其行为孤僻和对他人误解。[1] 何谈对家庭（父母）产生依恋并形成正确的价值观念？

总之，一旦改进了家庭教育方式，不仅会加强家庭对大学生的教育功能，还会使大学生的依恋得到强化，更为重要的是，大学生将由此提升自己的角色认同感，从而远离违法犯罪。

第二节 校园文化建设的加强与大学生角色认同感的提升

校园文化是以学生为主体，以校园为主要空间，以精神文化、环境文化、行为文化和制度文化建设等为主要内容，通过大学生创办报刊、参与讲座、社团及其他文化活动以反映校园精神文明为主要特征的一种群体文化。[2] 大学校园文化体现了师生员工在大学校园学习工作过程中共同创造形成的精神财富以及承载这些精神财富的制度形式、行为方式和物质形态。[3] 校园文化包括物质文化、精神文化和制度文化。可以说，校园文化对校园中的每个成员都在潜移默化地产生教育作用。每位成员为其抽象的规范性要求所支配，为获得群体肯定不断调整自己。而与这种环境格格不入的成员也会因受到谴责，促使自身的思想道德和行为习惯与群

---

[1] 孙殿凤："家庭精神环境与儿童行为问题研究进展"，载《滨州职业学院学报》2007 年第 2 期，第 67－70 页。

[2] 程继隆：《社会学大辞典》，中国人事出版社 1995 年版，第 382 页。

[3] 俞建群："新形势下大学校园文化建设面临的挑战及其对策"，载《福建师范大学学报》（哲学社会科学版）2005 年第 4 期。

体相一致。[1] 校园文化反映了高等学校的风貌、教学和管理制度、办学的理念和特色、全校师生所遵循的价值理念与行为准则，以及由此产生的浓厚、热烈而持久的精神氛围等。

校园文化的教育教学功能较为独特。校园文化拥有着浓厚的文化氛围和精神，它对大学生的教育是无形的，影响着大学生的行为举止、价值取向，从而实现对大学生性格的塑造、心灵的净化。校园文化没有具体的内容规定，但却持续地规范着学生的行为，悄无声息地陶冶着学生的情操。学生长期处于校园这一环境中，深受校园文化的影响。

校园文化是一种亚文化，相比于中小学，高等学校更像是一个小型“社会”，是学生从学校通往社会的桥梁，有着其独特的“社区文化”。文化是一种信息，以一定的载体和符号为基础。语言文字、各种人类创造物、各种艺术形式、图书以及大众传媒等，都是文化的载体和传播文化的符号。通过这些载体和符号，文化得以代代传承。文化把记载的社会观念、原则灌输给学生，让学生得到主流文化的熏陶和启迪，成为社会需要的人才。这样统一的行为规范形成了高校环境下的“主流”文化，指示着一个统一的“社会”目标，在高校环境下这种社会目标可能表现为社会的认同、自尊心的建立、物质满足或者是奖励等。

高等学校是专门对大学生进行教育的机构。不良的家庭教育可以通过正确的大学教育来补足，良好的大学教育会使大学生提高对学校的认同感。针对学校教育环境中存在的一些负面影响因素，再加上功利化教育的影响，某些高校校园文化建设的应有作用没能充分发挥出来，这降低了大学生对学校的认同度，致使其走上

---

[1] 陶国富、王祥兴：《大学生社会心理》，华东理工大学出版社2005年版，第203－204页。

违法犯罪道路。笔者认为，可从以下方面着手加强和改进校园文化建设，以提高大学生对学校的角色认同感，实现预防大学生违法犯罪的目的。

一、加强校园物质文化建设为大学生的行动提供物质保证

物质文化是以实物形态表现出来的校园文化的外在表现，主要指校园内的教学设施、生活设施、校园绿化等。物质文化环境的精神内涵是十分丰富的，校园人文环境和自然环境的建设是校园物质文化建设的基础，学习氛围的营造也必不可少。为此，笔者建议，通过以下方面加强校园物质文化建设。一是优化校园内及校园周边环境，构建环境优美、布局和谐的校园建筑总体格局。和谐的校园构建可以在缩小大学生可能违法犯罪空间的同时缓解学生烦闷、焦躁等不良情绪，养成温和儒雅的性格。二是重视校园体育娱乐设施的建设。大学生大都是富有朝气、蓬勃向上的青年人，大学生需要适当的体育娱乐活动释放学习上的压力和充沛的精力。不完备的体育设施不得不让学生寻求上网、赌博等方式消遣娱乐，这种不恰当的消遣方式便会导致大学生违法犯罪案件的增长。犯罪学家赫希说过，青少年是寻求有事可做的人。因此，要加大校园物质文化建设的投入力度，这是大学生们开展正确行动的一个物质保证，也是预防大学生违法犯罪的方法。

二、加强校园行为文化建设使大学生获得正确的行动指南

行为文化不同于静态的物质文化，它是一种动态的文化形式，体现在校园生活的老师和学生的思想观念和言行举止上。笔者认为，主要从以下方面加强校园行为文化建设。

（一）培养大学生的守法行为意识为其行动提供方向

行为文化建设具有一定的针对性，主要针对法律意识淡薄、法律知识欠缺的大学生，通过培养大学生守法行为意识让大学生们崇尚精诚团结、宽容待人之道。经调查，目前竟有40%以上的大学生存在不同程度的不知法现象，但也不乏知法犯法的大学生。如某政法学校大学生刘某杰，利用在临汾市一家律师事务所实习的条件，通过街头小广告让制假证者私刻了“临汾市供销合作社”的假公章和财务专用章，编造了房产买卖合同文本，并指使朋友张某同在本所实习的同学刘某平分别冒充供销社会计和出纳，大肆诈骗他人购房款达60万元。最终刘某杰和刘某平因犯诈骗罪，分别被判处有期徒刑15年、有期徒刑6年，并处罚金。[1] 在笔者办理的郑州某大学法学院郭某诈骗案中，郭某在2019年暑假实习中，参与诈骗的金额高达2000万元。他们都学习了书本上的法律，却没有内化为守法行为意识。

总之，行为文化建设能够增强大学生的法律意识，提高大学生对法律知识的了解，厘清权利与义务的关系，培养大学生面对犯罪行为敢于斗争的意识，把遵纪守法作为大学生行动的基本准则。

（二）开展心理健康教育使大学生获得正确的心理认同

某些当代大学生的心理问题比较突出，相关研究已经很多，在此不予赘述。但心理问题导致大学生无法得到正常发展，形成一种错误的心理意识会导致他们不能正确认同。2010年3月30日，四川大学大学生曾某杰向公安机关递交的自述中写道，上大

---

[1] 刘雅静：“临汾市两大学生诈骗60万元获重刑”，载《山西法制报》2005年8月29日。

学后因相貌、经济的原因被嘲笑和歧视，并对取笑他的人产生了愤恨心理。由于性格内向不爱与人交谈，什么事都藏在心里，经常在宿舍发呆或躲到被子里哭，甚至到了一天吃一顿饭，只有晚上才敢出去的地步。长此以往，感到非常自卑和抑郁，成绩也一落千丈无言面对家人，出现了严重的社交恐惧。❶ 这是曾某杰杀死同学的真实原因吗？不是的！心理问题使曾某杰无法获得正确的角色认同，以致他的“社会腱”链条断裂才是曾某杰犯罪的真实原因。

毕竟大学生的心理、生理发育不够成熟，精神上容易出现问题。笔者建议，高校应尽可能定期对在校大学生进行心理排查，及时发现存在心理问题的大学生并进行积极的心理疏导，避免其因心理异常而无法得到正确的心理认同，引发违法犯罪行为的发生。2003 年 1 月 2 日，家里条件不错的大连某民办大学的学生江某，来到某超市，见保安比较多，管理严格，觉得挺好玩，想到自己长这么大还没尝过偷东西被抓获的滋味，就决定试一把。于是，她从超市里挑选了价值 200 多元钱的小件物品藏在身上，企图从无购物通道走出。被保安上前拽住，扭送到街道派出所。办案民警问她为什么要这样做。江某说，她就是想尝试一下被抓获是什么滋味。后被依法行政拘留 15 天。❷ 该案件的发生是高校未开展恰当的心理健康教育课程的一个真实写照。

（三）发展同学校人文精神相协调的行为模式

提高大学生的人际关系处理能力，使大学生获得相应的行为认同需要学校人文精神予以辅助。大学的人文传统具有独特的开

---

❶ 王鑫昕：“必须重视对大学生的心理教育”，载《中国青年报》2010 年 9 月 15 日。

❷ “女大学生超市偷窃只为体验被抓滋味”，载《大连新商报》2003 年 3 月 13 日。

放性和包容性，其作用不仅要体现在传道授业方面，还要在引导学生处理人际关系，尊重理解他人、拥有豁达的胸怀方面发挥其相应的作用。2004 年 10 月 26 日晚，北京科技职业学院工商企业管理专业大学生蒋某峰的同学吴某到他那里借水，因态度蛮横两人起了争执，后被同寝室的人劝住。气不过的吴某几分钟后带着几名同学拿着木棍来到蒋某峰的寝室。互殴中蒋某峰用铁管尖刀砍伤了两名同学，又扎进了关某的胸部，致其急性失血性休克死亡。最后法院以故意伤害罪判处蒋某峰有期徒刑 14 年，剥夺政治权利 3 年。❶ 为借水就将同学扎死，听起来不可思议。本案的发生就是大学生不恰当地处理人际关系、缺少人与人之间相互理解的结果。因此，要加大对大学生进行与学校人文精神相适应的行为模式建设的力度，使大学生获得一定的角色认同感。

三、突出校园精神文化建设使大学生获得行动的精神指导

校园精神文化建设是校园文化建设的重要环节。校园精神文化建设是一种意识形态建设，主要包括学校的历史、校风、教师的价值观等内容，集中反映了校园文化的主要内容和底蕴。校园文化建设具有的重要性不容置疑，高校在建设校园文化的时候务必要突出重点，注重培育大学精神。毕竟大学精神是大学文化（校园文化）的最高层。❷ 它对大学文化的建设，对大学的发展起着统揽全局的作用。同时应重视在校园文化建设中出现的同学会、学院班级、寝室这类小社交群体人际关系的建设。那些对大学生

---

❶ 连芳：“借水泡面引争执 北京一大学生校园群殴扎死同窗”，载《华夏时报》2005 年 7 月 29 日。

❷ 周武君：“大学精神：校园文化缺失与重构的价值指归”，载《辽宁教育研究》2004 年第 8 期，第 13－15 页。

心理有着重要影响的社交形式如：课桌文化、交流群、网上论坛等流露出的消极颓废情绪稍不注意就会在大学校园迅速传播，对大学生保持健康阳光、积极向上的人生态度具有一定的负面影响。❶ 笔者建议，从以下方面进行校园精神文化建设。

（一）加强大学文化精神建设使大学生获得行动上的精神指导

校园文化主要由物质文化、行为文化和制度文化组成。每一所学校都有属于自己的校园文化，但是，校园文化的组成部分之间不能形成统一的思想，即大学文化精神的引领。正像北京师范大学王梓坤教授谈到建设一流大学时所言："关于如何建设一流大学，已有许多讨论，大多是关于经费、学科、人才，等等。读后受益良多，但同时感到有所不足，似乎少了些什么。少了些什么呢？一时也说不清，想来想去，终于想起了大学精神。"❷ 因此，要对大学文化和大学精神文化予以总体把握，不可偏废。一方面，在注重校园文化建设中硬件设施建设的同时，也应强调建设的效果。另一方面，在关注一个学校的办学理念的同时，也应注重这个学校的校风、校训等内容。这些内容是大学精神的体现，它不仅对教师和学生的思想观念有重大影响，更决定了一个学校的发展方向与未来。

学校除了对大学生进行关注以外，对学校领导、管理层以及教师也应高度关注。在大学校园，学生虽然在人数上众多，但引领校园文化和大学精神方向的却是学校领导、管理层以及教师。

---

❶ 陶国富、王祥兴：《大学生社会心理》，华东理工大学出版社2005年版，第296－297页。

❷ 王梓坤："大学精神"，载《北京师范大学学报》2003年第2期，第29－32页。

“领导、管理者和教师是校园文化的真正动力源、策划者、风向标，教师是大学精神的主要依托和载体，没有他们的参与，没有他们置身其中，校园文化上层次是不可能之事。”❶ 因此，要更加重视校园精神文化建设，让健康阳光、积极向上的大学精神文明播撒在大学校园的每个角落，让进步开放的观念在每位大学生心中生根发芽，让落后的观念和腐朽的文化在大学校园无处遁形。这是大学生获得精神行动指导的前提，也是预防大学生违法犯罪的精神保证。

（二）用崇高的信念武装大学生使其行动具有坚强的精神指导

大学时期正是大学生树立科学的人生观、价值观和世界观的关键时期。而正确的思想观念需要崇高的信念来武装。同时还要突出爱国教育，弘扬爱国主义精神，把爱国主义教育和民族精神的弘扬贯穿大学教育的全过程。出生在湖北省荆州市普通农民家庭的谢某，考入重庆某师范大学历史系后不久，父亲不幸在一次车祸中丧生。家中出现经济困难，她在偶然的机会中认识了重庆市委原常委、宣传部部长（副部级）张某，由于得到张某这棵大树的庇护，谢某开始自甘堕落、贪图享乐，挥霍了大好光阴，亲手毁了自己的青春和前程。❷ 家庭的变故导致谢某思想上出现偏差，扭曲的价值观念是导致其人生悲剧的根本原因，以致其无法认同社会上公认的行为标准而误入歧途不能自拔。

没有凝聚优良传统校风的大学必然是一盘散沙，在用崇高信

---

❶ 周武君：“大学精神：校园文化缺失与重构的价值指归”，载《辽宁教育研究》2004 年第 8 期，第 13 – 15 页。

❷ “女大学生忏悔录：我与‘三宝部长’张宗海的情事”，载《家庭》2006 年第 9 期，第 26 – 27 页。

念武装大学生的同时，还应利用优良的传统文化感召广大学生，发挥榜样的力量，建造一个使人终生受益的精神家园。因此，要开展丰富多彩的校园文化活动，培育良好的教风和学风，加强校风建设，为大学生的未来发展提供无形的保护。在此过程中让大学生获得社会认同，把违法犯罪的念头扼杀在摇篮中。

（三）用严谨、务实、勇敢等标准要求大学生使其认同得到操作性的指导

为使大学生具有面对任何困难和挫折的勇气和胆量，需要向其提供严谨、务实、勇敢等标准，以便其认同得到操作性的指导标准。在大学生违法犯罪的案件中，挫折是最主要的诱发因素。在受到打击时，有些大学生能够及时振作、重拾信心、迂回取胜，但有的却一蹶不振、自暴自弃、放任自流，久而久之就会走上不正之路，最终沦落为犯罪分子。2007 年 5 月 31 日晚，中国矿业大学徐海学院材料工程系一名大一学生在受到其他 3 名同学的疏远冷落后，在网上得知铊可使人中毒，便通过非法渠道得到了铊并在吃饭时趁同学不注意将铊水倒入 3 名同学的碗中。[1] 该案件的发生就警醒了高校不仅要给大学生心理上、精神上的帮助和支持，还要在学生遇到挫折和困难时提供一些可解决问题的实质办法，即让学生获得可操作性的行动指导以降低大学生违法犯罪的概率。

所以，校园文化建设显得尤为重要，良好的学校教育能够及时纠正大学生错误的思想，使大学生对正确的价值观念产生认同感，并以这种价值观念约束自己，从而远离违法犯罪。

---

[1] 王业全、华琳月、陈彦：“江苏 3 名大学生铊中毒系同学报复网络犯罪”，载《南京晨报》2007 年 6 月 20 日。

第三节 不良社会环境的改造与大学生社会认同感的提升

社会环境是指一个社会的政治、经济、文化、风俗习惯等综合作用下形成的人们生活的环境，是社会发展中现存环境的全部表现，它随着社会的发展而不断变化。因此，个人要想适应社会环境就要使自己不断社会化，改造自己的主观世界，只有这样才能进而改造作为客观世界的社会环境。[1] 好的社会环境会引人向上，引导人们产生好的思想，形成良好的生活、心理习惯，作出符合善良风俗习惯要求的行为。

而不良的社会环境，则给人带来负面影响：一是使人产生和形成不良的心理和习惯，引人向恶，形成对生活、对社会错误的认识和看法，这种影响不只针对社会上单独的某个人，而是整个社会的思想氛围，继而这种错误的思想会指使人们作出不当的、甚至违法的行为。二是不良的社会环境还直接为违法犯罪者提供实施违法犯罪的“机遇”，从而使违法犯罪活动愈加泛滥。三是不良社会环境导致大学生的自我意识混乱。个体对自身的意识即自我意识。自我意识能够直接支配个体的行为，表现为自我概念、自我评价和自我理想的辩证统一。良好的自我意识能够帮助大学生对自身角色和社会地位有准确的定位，自然也能对行动作出合适的反应。相反，那些自我意识淡薄的大学生缺乏对自我定位的认识，就会产生自我意识的混乱。所谓自我意识的混乱是指个体

[1] 程继隆：《社会学大辞典》，中国人事出版社 1995 年版，第 302 页。

无法形成正确的自我概念和恰当的自我态度，以致不能达到自我同一性的确立而获得安定、平衡的心理状态。通常表现为两种类型：一种是过高的自我评价，另一种则是过低的自我评价。这两种类型的自我评价都不利于大学生们形成正确的自我意识。不良社会环境的典型——腐败现象败坏社会风气，毒化社会心理，影响极其恶劣，极易造成政治理想与信任的危机，其对于政治敏感度较高的当代大学生所造成的影响也就可想而知。大学生虽然身处校园，但学校并非是封闭的环境，仍有许多与社会接触的机会，他们也是社会的一分子，其衣食住行都依托于社会，与社会的接触十分密切。所以，他们的思想和行为必然会受到不良的社会环境的影响。一些不好的社会风气让某些大学生中毒至深，[1] 使得正统的社会教育已经完全让位于不良环境因素的影响，当大学生站在自己的角度思考问题、观察社会的时候，身边的腐败行为让他们产生怀疑、不知所措，十多年学校教育的正统思想被残酷的不良环境因素影响下的社会现实摔得粉身碎骨，使他们对社会所提倡的“毫不利己，专门利人”不屑一顾，而信奉“毫不利人，专门利己”的处世哲学，使他们对人们一直尊崇的“一辈儿同学，三辈儿亲”这一传统看法不再予以认同。

面对不良社会环境引起当代大学生对社会认同降低的现实，笔者认为，需要采取以下措施改造不良的社会环境，提高大学生的社会认同感，以实现预防大学生违法犯罪的目的。

一、净化大学生生存的社会环境使之获得正确的社会认同

面对需要改造的大学生生存（生活）的社会环境，笔者认为，

---

[1] “女版马加爵杀情人分尸”，载《河南商报》2008 年 1 月 8 日。

高校要主动寻求相关部门的支持和配合，净化学校的周边环境。而且相关部门也要主动出击净化高校周边环境，为大学发展和大学生个人的成长创造一个良好的外部环境。部分大学生自控能力较差，不能够清醒地认识社会上存在的不良诱惑而误入了违法犯罪的道路。如北京某学院大二学生陈某和白某，在大一第二学期就通过街头巷尾张贴的私刻公章的小广告与违法者取得联系，私刻公章伪造洗澡票卖给同学“赚”了近万元钱。他们又伪造假通知单，要求参加暑期实习的学生每人交120元的实践实习费，两人各“赚”了4500元。之后又伪造文件以学校教务处名义向同年级的两个班收取“800元学杂费”，先后用此方式骗了同学们61 600元钱。两人掌握了这种“赚钱速成”之道一次次不劳而获，却最终咎由自取。[1] 我们虽然为这两位大学生扼腕叹息，但工商部门、市政管理部门等相关部门对街头巷尾出现的“刻章”“办假证”等“广告”就没有责任吗？这种“广告”对我们的学校以及大学生产生了巨大的负面作用——利用一下“假章”“假证”，就能够“干点儿大事”，就能够不劳而获，那么寒窗苦读又有什么意义呢？

大学生在其生存（生活）的不良社会环境的“熏陶”下，获得了上文所述的负面社会认同感是十分可怕的。因此，笔者建议，务必要采取措施，净化大学生生存（生活）的社会环境，重点是清除校园周边色情、赌博等不法场所，为大学生将来融入社会、获得正确的社会认同提供良好的条件。

---

[1] 薛冰：“私刻公章收取‘学杂费’两大学生诈骗六万元”，载《北京晨报》2001年12月18日。

二、加强网吧管理以清除网络垃圾对大学生社会认同的负面影响

网络是把双刃剑，网吧作为网络的主要载体，在特定的环境中为社会公众提供收费的网络服务，公众通过网吧提供的联网计算机可以进行新闻阅读、学习、聊天、看电影等多种网络服务。但在现实社会生活中，网吧管理存在着诸多问题，导致网络垃圾也同时在网上盛行，这对大学生产生了一定的负面影响，使他们在网吧或者其他计算机设备上获取信息的同时，也使他们的社会认同发生了偏移，无法通过网络获得正确的社会认同。

因此，笔者建议，相关部门应当加强对学校周边的网吧、影视厅的不定期检查，严厉打击大学校园附近的黄色地下影院和色情网吧。因为黄色网吧的危害性是不言自喻的。如：江西省某大学计算机专业大学生王彬（化名），曾连续五次在中学被评为“三好学生”，以全校第二的优异成绩考入理想大学，大一曾获得学年奖学金，并担任班里的组织委员。大二开学，王彬开始泡网吧，结交了不少网络“朋友”，朋友聊天时，说得最多的内容就是看谁的一夜情多。校外租房、网吧打游戏、吃饭喝酒这种生活都建立在有钱的基础上，为了得到更多的钱，已经向父母要了 10 万元左右的王彬想到了抢劫，于是就以“毕业了要买电脑发信息找工作”为由，向家里要了 1 万元作为买枪资金。最后，通过网络，用 8000 元买了一支仿“六四”式手枪、20 发子弹和一件消音器。在网上学了些侦查和反侦查手段，以及公安破案的一些具体步骤后，就作案数起。最终被南通市中级人民法院以抢劫罪判处死刑。[1] 此

---

[1] 江海俭：“大学生‘枪’断人生路”，载《江苏人大》2006 年第 12 期，第 29 - 30 页。

案中的大学生王彬即是网吧的牺牲品，网吧使王彬获得了错误的社会认同，让他走上了不归路。由此看出，加强网吧管理的重要性。

《新时代公民道德建设实施纲要》强调“要加强内容建设；要培养文明自律网络行为，推进网民网络素养教育；要丰富网上道德实践；要营造良好网络道德环境，严格依法管网治网，强化网络综合治理，开展网络治理专项行动，反对网络暴力行为，依法惩治网络违法犯罪。”这无疑为大学生从网络上获得正确的认同感打下良好根基。

另外，高校应当教育大学生合理消费，极力避免高消费，杜绝享乐主义，崇尚节俭，使大学生认同节俭，并将节俭作为一种生活态度，使他们的传统价值体系（消费观）牢不可破。

CHAPTER 06 >>

第六章

预防篇：形成并巩固信念与大学生违法犯罪

信念是对共同的价值体系和道德观念的赞同、承认和相信。它是“社会腱”链条中不可缺少的组成因素之一。家庭、学校、社会环境中存在的一些负面因素使某些大学生的信念处于一种缺失状态，导致违法犯罪行为的发生。因此，在家庭、学校、社会环境方面采取得力措施，使信念在大学生头脑中得以形成并巩固，避免“社会腱”出现断裂，就可以实现预防大学生违法犯罪的目的。

第一节　良好家庭氛围的营造与大学生正确信念的形成

无论是在校大学生，还是走上违法犯罪道路的大学生，均认为“亲情”在其信念中处于不可替代的地位。研究已经表明，家庭对大学生的个人成长发挥着不可替代的作用。孩子因为爱模仿的天性会受到父母行为的影响。父母的一言一行对孩子来说都是一种无形的教育。父母不正确的思想与行为不利于孩子良好品格的培养，例如：父母总是追求物质利益就容易导致孩子无法形成正确的价值观；父母总是不倾听孩子的合理诉求、独断专行就容易导致孩子过于自我、不懂得为别人考虑；父母如果整日浑浑噩噩就容易导致孩子对生活失去憧憬、缺乏前进的动力。可见，什么样的父母造就什么样的子女。而且，许多反面的例子已经表明，大学生走上违法犯罪道路与其父母的行为关系密切。针对大学生信念缺失的现状，笔者认为，需要采取措施营造良好的家庭氛围，使子女得到家长行为的良好“熏陶”，为未进入大学的他们正确的信念形成并巩固下来打下基础，进而形成稳固的“社会腱”，从而实现预防大学生走向违法犯罪道路的目的。

一、通过父母责任的强化为大学生正确信念的形成打下基础

虽然在校大学生们已经离开了家庭，平时与父母的联系减少，他们的生活和学习都在校园环境中，但家庭带给大学生的影响并不会因此而有所降低。据笔者调查到的实施违法犯罪行为的大学生，有近一半认为父母对自己没有尽到责任，使自己得不到家庭的温暖，以致这部分大学生进入大学校园以后，不再信任社会上共同的价值体系和道德观念，产生信任危机，错误的信念在其头脑扎根、发芽，“社会腱”链条出现了断裂，导致大学生走上了违法犯罪道路。

因此，笔者建议，强化父母的教育子女责任，协调好家庭关系，关注孩子身心健康，形成和谐欢快的家庭氛围。按照家庭教育内容和方法对子女的思想道德、行为素质进行全方位培养，使其树立正确而牢固的信念，在其步入大学校园时，他们往往是属于"免疫型"群体，他们容易形成正确而又稳固的信念。

而那些不负责任的家长往往给幼年时子女更多的溺爱等一些不恰当的关爱，这给独生子女身份的大学生造成了越来越大的负面影响。笔者建议，我国可以引进西方的一些加强父母责任的做法，2021 年 10 月 23 日通过了《家庭教育促进法》，利用法律的威慑作用让父母的责任得以加强。同时，督促父母在家中积极履行教育子女的责任和义务，而不是把责任全部推给学校。例如：家庭内部主动开展学习高尚、文明、向上的知识内容，对一些具有负面影响的典型案例，开展探讨、争论，让子女用自己的眼光体会到其中的对错、是非曲直，必要的时候，父母稍加正面引导，就能够起到良好的教育作用。这样才能够使子女得到正确的信念支撑，远离违法犯罪泥潭。

二、加强家庭文化建设使大学生获得正确的信念

大学生正确信念的获得离不开家庭文化的熏陶和正面影响，为此，要采取措施加强家庭文化建设。

（一）重视家庭文化建设在大学生信念方面作用的发挥

家庭文化伴随一个人的一生，家庭文化对一个人的影响体现在一个人的思想、观念和行为等方面。不同的人价值观念、个人品格、行为等多方面存在差异，很大程度上是因为他们来自不同的家庭，接收着不同家庭文化的熏陶。可见，在一个人的成长过程中家庭文化的影响十分深远。家庭文化对人的培育和熏陶，其

本身就是所谓人的社会化过程，在每个家庭成员接受家庭文化培育，特别是不可避免地接受处于社会主导地位的家庭文化教化的过程中，由于家庭文化的鲜明优势和其娱乐性、消遣性和渗透性，使每个家庭成员在自觉或不自觉中易于接受、乐于接受被思想家们和理论家们炮制出来的有利于该社会的理论观点和价值观念，而丝毫不感到僵硬的说教和强制的力量，实际上它已为这种家庭文化、思维模式、价值观念和行为规则所强制，只不过他们心甘情愿并已习惯于这种强制。可是，当人们一旦试图冲破和反抗陈旧的社会制度，家庭文化的特殊强制力量就会非常明显而顽强地表现出来，会为带有浓厚亲情氛围的家庭文化所制约。所以，家庭文化的一个重要而特殊的作用，是培养一代代的家庭成员对该社会制度的归属感和认同感，[1] 在此基础上，就会承认并相信该社会共同的价值体系和道德观念，进而形成稳固的“社会腱”。因此，要注意克服不良家庭文化对处于成长中的大学生所产生的负面影响，提升家庭文化意识，营造良好的家庭文化氛围，以此来增强家庭文化的质量。要通过大学生对优秀的中华传统文化的学习，对中华传统美德的继承，来培养大学生诚实守信、乐于助人、勤俭节约、团结协作等品质。同时，要大胆合理吸收和利用外来文化中的营养并剔除其中的糟粕成分，打开大学生的精神视野，从而提升其精神境界。这就要求父母不断地自觉提高自身修养，包括道德、文化、法律等诸多方面，以使子女能够感受到良好的家庭氛围实实在在地存在于自己的身边，自觉在这种家庭氛围的熏陶下形成正确的价值观念，认可社会的基本行为规范和道德准

---

[1] 李淑英、张洪：“家庭文化与预防未成年人犯罪”，载《河北青年管理干部学院学报》2002 年第 4 期，第 37－39 页。

则，并以此来约束自己的言行举止。

（二）提高家长文化素质，为大学生信念的形成打下基础

通常情况下，孩子的行为在一定程度上受父母文化素质的影响。文化素质是一个人人生观、价值观和道德观的体现。父母的文化素养体现在他们自身的行为，还体现在他们对子女的教育方式和教育态度上。文化素质较低的父母的教育方式通常是简单粗暴的，而文化素质较高的父母的教育方式往往是民主科学的，他们极少去使用批评否定、打击孩子自尊心的教育方式，大多采取正确的方法对孩子进行教育引导以养成子女良好的行为模式，达到对子女成才成人的期望。[1] 即父母的文化素质与子女的行为有密切联系，文化素质高的父母，其子女的行为更符合社会规范。子女受文化素质高的父母的感染，在其进入大学以后，易形成正确的信念。因此，父母要不断自觉提高自身文化素质，在做事、为人方面，要时刻警惕自己的行为所可能产生的负面影响并尽力予以避免。如果确实发生了一定的负面影响时，不必惊慌，而应当给子女作出一个合理的必要解释，告知其避免的对策。

总之，一旦构筑良好的家庭氛围并发挥作用，无形中，就会使大学生在接受家庭教育的过程中，让正确信念的种子在其内心“发芽”，为其人生道路打下坚实基础。从具有稳固信念支撑的家庭里走出来的大学生自然会远离违法犯罪。

---

[1] Borge A I. Developmental pathways of behavior problems in the young child: factors associatial with continuity and change, Scand J Psychol, 1996, Vol. 37, No. 2, pp. 195 – 204.

第二节 人文素质教育的加强与大学生信念的形成、巩固

通常认为人的素质包括政治思想素质、科学文化素质、心理素质和身体素质四个方面。一个人想要具有较高的素质需要以身体素质为基础，思想政治素质为主导，同时把心理素质作为关键，更好地发展核心的科学文化素质。[1] 不同于初级教育，高等学校是为培养人才而设计的教学机构，所谓人才，单有丰富的理论知识是远远不够的，还要有强健的体魄和实践能力，更要有崇高的理想和信念。“人文”是指人类的各种文化现象，“人文素质”是指人之所以为人的理性常识、理论阐述和实践规范。它包括对人的立身处世的现实规范，也包括对人的精神和价值追求的理论升华。“人文素质教育”是指以人文科学为主要内容的教育，人文科学包括文学、艺术、心理学、宗教、历史等。《中华人民共和国教育法》第5条明确提出教育要为我国社会主义现代化建设服务，以培养德、智、体等方面全面发展的新型人才为目标。使受教育者完整地接受有计划、有目的、有组织的学校正规教育，对其健康成长是极为重要的，也是其他的社会教育难以替代的。

在笔者进行的一项关于“大学生在文化知识教育、法制教育、青春期教育、道德教育、心理素质教育和人文教育等”教育内容的调查中，充分显示出当代大学生的人文素质教育存在严重缺失。这阻碍了大学生正确信念的形成，致其“社会腱”断裂而走上违

---

[1] 桂花乔：“高教改革背景下的大学生违法犯罪预防研究”，载《当代青年研究》2006年第12期，第80－85页。

法犯罪的道路。因此，笔者建议，为预防大学生违法犯罪，要采取一定措施加强人文素质教育，让大学生树立正确的“三观”和必要的法治观念、人生信念，助力大学生们形成稳固的“社会腱”，以达到预防大学生违法犯罪的目的，这是十分必要的。

一、加强道德教育使大学生形成正确的道德观

道德教育的目的是使受教育者树立正确的道德观念、提高个人思想觉悟以及陶冶道德情操。道德教育目的的实现主要是通过受教育者参与道德活动。道德观念在一定程度上决定着一个人的行为，提高大学生的道德水平不仅要对大学生群体灌输正确的道德知识，还要将道德观念、原则逐步成为社会普遍遵循的道德风尚和道德习惯。法律有外在的强制力，但道德内化于心，对一个人的行为有更强的指引力，可以说，在对大学生进行法制教育的同时，道德教育更是不可忽视的内容。一个人即便拥有丰富的法律知识，但缺乏正确的道德观念，也会作出违背道德甚至是法律的行为，而正确的道德观念能够使一个人的行为受到道德准则的约束，坚定的道德信念可以使人远离违法犯罪行为。拥有正确道德观念的人通常也拥有良好的品行，在行动上总是把他人、集体、国家的利益放在首位。这种品德高尚的人，其行为已经受到内心道德观念的强烈约束了，法律这种“底线伦理”就显得不那么重要了。总之，就实际调整范围上来讲，道德规范要比法律规范更广泛。因此，大学生违法犯罪更要突出道德教育的作用，以进一步巩固“社会腱”链条中的信念腱。

违法犯罪的大学生之间是存在共性的，他们大都道德观念差、法律意识淡薄。他们在实施违法犯罪行为时只看到了眼前利益，却未意识到实施这种行为的危害性及后果。所以针对目前中学阶

段出现的“重智轻德”教育弊端及大学阶段名不副实的道德教育无法使大学生形成正确的道德观念的现状，笔者认为，对大学生的道德教育应采取积极措施，使其形成正确的道德观，稳固的“社会腱”，以使大学生远离违法犯罪。

（一）“智德并举”为大学生信念的形成打下坚实基础

道德观念的培养是一个持久漫长的过程，学校应在中学阶段时，就把学生德、智、体、美、劳全面发展作为教育方向，在传授学生理论知识的同时，更加注重学生个人品行的培养，加强对学生的思想道德教育，积极贯彻落实教育指导方针，树立其正确的道德观念。教育最终的目的是育人。联合国教科文组织提出，“终身学习是21 世纪的通行证，而终身学习又特指学会求知、学会做事、学会共处、学会做人”，可见，在21 世纪教育的四大支柱中，做人也是核心。❶ 1989 年年底，联合国教科文组织发表的《学会关心》的宣言，提出“恢复具有早期时代特征的关心价值观已势在必行”，发出了“关心家庭、朋友、同行、社会、国家、其他物种，乃至地球”的号召，这些正好是中国传统教育中如何“做人”的主要内涵和基本精神。❷ 学校在中学阶段应当建立对于学生的评价系统，对学生的优缺点进行全方位的准确总结，为大学阶段学校了解学生实际情况，准确把握学生思想历程提供便利。确保学生一旦出现违法犯罪的苗头，能够迅速采取针对性对策，克服学校当中的道德教育低效；克服道德教育过程中存在的知识主义、形式主义、经验主义和功利主义的倾向，让道德规范在大学生价值序列的排位高于违法犯罪带来的一时利益，让他们意识

---

❶ 孙云晓：“教育的核心是做人”，载《人民政协报》2000 年 2 月 22 日。

❷ 郭齐家：“论中国传统教育的基本特征及其现代价值”，载《北京师范大学学报》（社科版）1995 年第 5 期，第 3 – 7 页。

到违法犯罪的危害及严重后果。同时，教师在对学生进行评价时，学习成绩不能作为唯一的评价标准，个人品德也应作为评价标准；学习成绩好的学生更不能因此有特殊待遇，不能因为其成绩优异就忽视其个人品德上的缺陷，从而给出良好的道德评价，让其他同学产生学习成绩至上、思想道德无关紧要的想法；避免因此而出现类似清华大学的刘某伤熊事件和留美博士生卢某杀人事件[1]。透过这些道德缺失事件我们可以看到当前教育中存在的问题，即学校在着重培养学生学习知识和技能的同时，却忽视了道德层面的教育，教育活动变得舍本逐末。

（二）大学阶段的道德教育要使大学生形成稳固的信念

在大学阶段，道德教育的目标是使大学生形成正确的世界观、人生观和价值观。大学生通过参与道德教育活动对其思想产生影响，进而为稳固信念的形成打下基础。

1. 进一步加强大学生思想道德教育

毕竟大学阶段没有升学的压力，因此，要借助这一有利时机，对大学生充分实施思想道德教育。走出我国社会转型期道德评价失范、价值取向紊乱的困境，[2] 避免大学生产生无所适从的心理失衡感，避免市场经济的消极方面和西方生活方式中不健康的东西乘机进入大学生的思想和行为中，要让每位大学生拥有道德自律，主动承担道德责任，从而能在作出行动之前对其行为有是非判断。如某女大学生受"性解放"腐朽意识的影响，崇尚"性开放"而不惜出卖肉体，专为外国人提供"性服务"，落得开除学籍、劳动

---

[1] 1991 年 11 月 1 日，爱荷华大学凡艾伦物理系 28 岁的青年博士、北大物理系高才生卢某十分钟内用手枪杀死 6 人，重伤 1 人。

[2] 李振刚："现代中国人面临的道德困境及其补救"，载《中国人民大学学报》1997 年第 1 期，第 32－37 页。

教养（现已废止）的下场。❶ 该卖淫案件的发生就反映出此女大学生未受到充分的思想道德教育，以致其信念出现偏差。

2. 将儒家思想引入大学课堂

英国著名历史学家汤因比说：“自从人类在大自然中的地位处于优势以来，人类的生存没有比今天再危险的时代了”，“不道德程度已近似悲剧。而且社会管理也很糟糕”。儒家的仁爱“是今天社会之所必需”❷。瑞典汉内斯阿尔文博士（1970 年物理学诺贝尔奖获得者）指出：“人类要生存下去，就必须回到 25 个世纪以前，去汲取孔子的智慧。”❸

我们知道，孔子、孟子是儒家思想的代表，注重道德教育是儒家教育思想的突出特征。在儒家看来，学习和受教育的目的是学做人、“成人”。《大学》开宗明义讲道，“大学之道，在明明德，在亲民，在止于至善。”❹ 即教育的目的在于培养高尚的品行，造福于民。孔子主张“仁”，强调教人如何做人，如何处理人与人的关系。孔子提出，“子以四教，文行忠信”❺。“志于道，据于德，依于仁，游于艺。”❻ 从中可以看出，道德教育是孔子教育内容的重点。孟子提出“明人伦”的思想，他指出，“设为庠序学校以教之。庠者，养也；校者，教也；序者，射也。夏曰校，殷曰序，周曰庠，学则三代共之，皆所以明人伦也。”❼ 孟子提出，“学问之道

---

❶ 张民：“从大学生违法犯罪谈高校德育教育”，载《青少年犯罪问题》1997 年第 2 期，第 39－40 页。

❷ 《展望 21 世纪——汤因比与池田大作对话录》，国际文化出版公司 1985 年版，第 390 页、第 425－426 页。

❸ 陈香：“存疑十年真相大白”，载《中华读书报》2003 年 4 月 9 日。

❹ 《礼记 · 大学》。

❺ 《论语 · 述而》。

❻ 《论语 · 述而》。

❼ 《孟子 · 滕文公上》。

无他，求其放心而已矣。”❶ 也就是说，学习和教育的目的在于复归“恻隐之心”“羞恶之心”“辞让之心”“是非之心”❷。可见，我国传统道德教育的代表孔子、孟子主张每个社会成员要不断加强自己的伦理观念，提高道德水平，即所谓的“修身”。孔子提出：道之以政，齐之以刑，民免而无耻；道之以德，齐之以礼，有耻且格。❸ 其含义是说只有用德政为指导，用礼仪来整齐人的行为，那么，他们不但有廉耻之心，而且能自觉服从统治，遵守法律。“故君子尊德性而道问学，致广大而尽精微，极高明而中庸。温故而知新，敦厚以崇礼。”❹ 这是儒家对道德教育基本原则的高度概括，也是我们对大学生实施道德教育的基本内容之一，只有这样，才能够有利于他们正确信念的形成。

3. 坚持以人为本的德育教育理念和精神

以人为本是我们做事的出发点。道德教育中也要贯彻落实以人为本的理念和精神，要探索总结大学生个人品德形成的规律，注重道德教育方式的科学性、系统性，把道德教育的内容和大学生个人情感联系起来。在进行富有针对性、生动性和趣味性的德育教学过程中，一方面，肯定教师在道德教育中的重要作用，教师在传播道德思想的同时要积极引导大学生进行自我思考，不仅要教书，更要育人。另一方面，大学生作为道德教育中的主体，其个人感悟也不容忽视，要让德育具体内化为大学生的良好行为。同时，在进行理论上的道德教育之后，要及时让大学生在实践中践行道德，通过现实行动，形成自我反思，从而使接收到的道德

---

❶ 《孟子·告子上》。
❷ 《孟子·公孙丑上》。
❸ 《论语·阳货》。
❹ 《论语·中庸》。

观念内化于心，将“德教”与“修身”、“知道”与“躬行”、“言教”与“身教”紧密结合起来，进而达到“生活之迁善”的目的。

当然，无论是中学阶段的措施，还是大学阶段的措施，都需要国家层面上的统一指引和调节，把优秀的中国传统文化和传统美德等内容作为道德教育的主要内容，避免大学生道德缺失事件的发生，使大学生成长为有理想、有本领、有担当的新时代青年，这样的新一代大学生就会形成稳固的“社会腱”链条，自然就会远离违法犯罪。

二、通过加强法制教育树立大学生的法治观念

马克思指出：“努力向公众传播的权利义务观点和法律的基本精神，似乎比向他们灌输大量的法律条文容易收到预期效果。”[1]法制教育的内容和范围十分宽泛，其内容包括我国社会主义民主和法制建设的基本方针、民主意识、法律基本知识。法制教育在大学生的大学生活中起着十分重要的作用。笔者对走上违法犯罪道路的大学生作的“与他人发生纠纷的时候，你首先采取的措施是什么?”问卷调查中，发现有50.4%的违法犯罪大学生选择的是“武力解决”，位居第一位。这说明违法犯罪大学生不太认同我国社会中的传统价值观，对我国的法律是一种不认同的态度，认为法律是没有用的。可见，违法犯罪大学生的法律意识状况并不理想，他们的法律知识十分欠缺。完整的个人信念既包括道德观念又包括法治观念，大学生法制观念的形成离不开科学的法制教育。因此，笔者建议，应当采取措施加强大学生法制教育，以使其形成正确的法治观念，巩固其“社会腱”，让大学生远离违法犯罪。

---

[1] 张文显：《马克思主义伦理学》，吉林大学出版社1993年版，第288－289页。

（一）提高法制教育的针对性

1. 改革法律课堂教学方法

采取将课堂内的具体法律课程的教学（尤其是刑法学）延伸至课外等多种形式，以获得法制教育的针对性。经调查，95% 以上学生表示愿意接受法律课程，观看大学生违法犯罪专题教育片和专题报告。90% 的大学生同意高校加强对犯罪法定刑的教育活动，宣讲犯罪的法律后果和预防方法。[1] 由此可见，大学生们是乐于接受法律课堂教学的，为了提高法制教育的针对性，需要对传统的教学方法进行改进。要适当地在法律课堂中引入实际案例，利用多媒体等条件组织大学生观看法律庭审。还可以以典型案件为例，开展主题座谈会，引导大学生积极思考和讨论。同时可以采取情景教学的模式，邀请司法部门来到课堂与大学生一起开展模拟法庭。总之，只有对法律课堂教学方法进行改革才能够提高法制教育的针对性。

2. 优化法制教育师资队伍

由于诸多方面的因素制约，当前各个高校从事法制教育的师资队伍专业性不强，法律专业科班出身的人员较少，大多是未系统接受过法律知识培训的老师在讲授《思想品德修养与法律基础》课程。因此，笔者建议，高等学校在安排法制教育工作时，不仅要选择对教学内容、学生成长规律、教学规律熟悉的老师，还要选择具备系统的法律知识、较高的法律素养的教师，通过教师法律素质的提高带动学校法制教育的进步。把那些具有法律专业知识背景的教师充实到法制教育的教学一线，不仅提高法制教育的

---

[1] 万志昂："论大学生违法犯罪预防的模式定位及其机制构建"，载《知识经济》2010 年第 6 期，第 14 页、第 51 页。

教学质量，更能够取得提高法制教育的针对性效果。

3. 用现代法律观念武装学生

为了能够收到法制教育的针对性，需要用现代法律观念武装学生。这不仅要求中学应当树立正确的法制教育指导思想，把中小学的法制课从“政治思想”课中独立出来，划清道德教育与法制教育的界线，[1] 为开展法制教育打下基础，也为大学阶段的法制教育的发展打好根基。因为大学生的法律知识和法律意识与中学生存在一定的差异，高校要结合大学生个人实际情况，引导学生掌握法律的实质及犯罪的后果，在依法治国的基本方略下学法用法。因此，笔者建议，联系不同年级、不同院系大学生的实际情况，结合校内外治安状况和热点、敏感问题，有的放矢地开展教育。如针对刚入学的新生要进行校园安全教育，对即将毕业的大学生多进行防就业诈骗的宣传；定期邀请办案人员到校园内开展宣讲活动，以真实案例传播法律知识；积极组织大学生校外实践活动，参观法院、监狱等地；设定法律主题，以班级为单位开展班会进行讨论；在校园内营造良好的法制氛围，利用校园广播、校内横幅、展示栏等多种宣传手段普及法律知识、传播法律思想。

---

[1] 我们通常理解的德育主要包括：政治教育、思想教育和品德教育。政治教育是指政治立场、观点、态度和政治理论；思想教育主要指人生观、世界观教育；品德教育则是培养良好的道德品行素质。显然，它们是无法涵盖法制教育内容的。法制教育的目的是要树立人们的法律意识和法律素质，最主要和最核心的是要通过法制教育，培养人们的宪法意识和权利义务意识；培养人们关心国家的民主和法制建设，自觉维护法律的尊严；既敢于维护自身的合法权益，又能够与各种侵害国家、集体和他人合法利益的违法犯罪活动作斗争（康树华、贾国凯：“我国青少年法制教育的完善”，载《青少年犯罪问题》2005 年第 6 期，第 20－24 页、第 37 页）。

（二）实现法制教育的实效性和长期性

1. 让大学生切实感受到法制教育的效果

进行法制教育的目的就是要让大学生切实感受到法制教育的实效。但调查显示85%以上学生认为“大学目前的法制教育方法老化，效果不佳”；92%左右的学生认为“在实施犯罪的同学当中，大多是因为缺乏相关的法律知识”。[1] 因此，笔者建议，学校上下要形成重视对大学生进行普法教育的《思想品德修养与法律基础》课程的氛围，避免将该课程的内容无限扩大，而应探索封堵该课程的教育形式和教育方法，拒绝“填鸭式”的单一教学，通过上文述及的教学方法的改革，同时配合多种形式的法制教育第二课堂，设立具有主题的法制教育，如召开声势浩大的“告别三室一厅签名”大会，开通“校园之声”广播站，通过团队日、班会、课外活动、举办法律知识比赛等，让大学生无时无刻不沐浴在法制教育的氛围里，让法制教育充实到大学生的课堂内外，使大学生学习法制教育的效果达到最理想状态。

2. 将法制教育贯穿大学阶段始终

大学生的法制教育要做到对不同年级、不同院系各有侧重，制定出贯穿整个大学的、系统的、长远的规划。加强校园法律咨询服务，让大学生学会拿起法律的武器保护自身利益，[2] 具备遵纪守法、依法办事的行为习惯和同一切违法犯罪做斗争的思想观念。在对大学生进行法制教育的同时，还要引导学生懂得权利和义务、违法和犯罪的区别和联系，明确是非界限。

---

[1] 万志昂：“论大学生违法犯罪预防的模式定位及其机制构建”，载《知识经济》2010年第6期，第14页、第51页。

[2] 周其海：“大学生违法犯罪原因探究及预防对策思考”，载《高教研究》2007年第1期，第45－46页。

在市场经济条件的影响下，人们对法律上权利义务的意识也逐渐增强，大学生们开始逐渐重视个人利益，但由于部分学生对权利观念的欠缺或淡薄，出现不尊重他人权益的现象。因此，树立大学生的权利观念是法制教育的重点，让大学生们关注法律、依赖法律，培养他们对社会主义法的认同和情感，形成坚定的法律信仰。马克思说过，“没有无义务的权利，也没有无权利的义务”，权利和义务是对立统一的关系。两者相互对应、相互依存、相互转化。[1] 从某种意义上看，大学生违法犯罪的出现，也是大学生滥用权利，没有很好履行义务的结果。所以除了加强大学生的权利观念，还要教育大学生正确理解权利和义务，认可法律中权利与义务的统一性，清楚自己在享受权利的同时也必须履行法律规定的义务。

3. 将法制教育工作制度化和规范化

为实现法制教育的实效性和长期性，就需要做到法制教育工作制度化和规范化，这就要求作为主阵地的学校在开展法制教育中充分发挥其作用。因此，笔者建议，科学选用法律教材；丰富学校法制教育的形式，开展多种多样的法律教育活动，激发大学生的参与热情，引导其积极思考感悟，内化法制教育的内容；对讲授法制课程的教师定期进行系统法律知识的培训，提高其法律素养；建立一套完整的法制教育评估考核制度；构建社会、学校、家庭“三位一体”的教育网络，相关的各个部门要相互协调、统筹实施，完善法制教育运行机制。同时，要完善法制建设，推进综合治理进程。法制观念可以内在地约束大学生的行为，而法律规范可以外在地对大学生产生威慑，使其远离违法犯罪。因此，

---

[1] 张文显：《法理学》，高等教育出版社2001年版，第111页。

高校要坚持贯彻落实“依法治国，建设社会主义法治国家”的治国方略，规范法制教育工作，增加大学生的法律知识，提升大学生的法律意识，发挥法制教育的作用，最大程度地防止大学生违法犯罪行为的发生。

总之，通过大学校园的法制教育，使大学生成为了解法律知识的人，增强大学生的法治观念，巩固其“社会腱”链条，为其树立起一道预防违法犯罪的法制防线，使其远离违法犯罪。

三、注重发挥人文教育在大学生正确信念形成中的作用

所谓人文教育是指受教育者为提升人性境界、塑造理想人格以及实现个人与社会的价值所进行的教育，一般包括广博的文化知识滋养、高雅的文化氛围陶冶、优秀的文化传统熏染和深刻的人生实践体验等。它实质是以涵养人文精神为核心的人性教育。简单地讲，人文教育就是旨在培养学生人文精神、提高学生人文素养的教育。[1] 笔者认为，应采取措施注重人文教育，以促使大学生信念的形成，避免其“社会腱”链条断裂，让其远离违法犯罪。

（一）高度重视人文教育的作用

大学生的价值体系的构建和人文精神的形成离不开人文教育。人文教育可以帮助大学生找到安身立命之根，实质是心性建设问题。人文教育在受教育者身上所体现出来的就是其人文素养和人文精神。其中人文精神的范畴包括我们通常所说的道德情操、态度精神、责任良知、理想信念等。高等教育中的人文教育的目的是将人类优秀的文化成果、人文科学通过知识传播和环境熏陶，

---

[1] 杜时忠：《人文教育论》，江苏教育出版社 1999 年版，第 18 页。

使之内化为人格、气质修养，成为人相对稳定的内在品格。[1] 理想信念、价值观的养成是人文精神的核心问题。人文教育得到了重视，正确的价值观就会占据大学生的精神世界，而自私自利、损人利己、拜金主义、享乐主义等不良风气就不会在大学有存在的空间，信仰危机和价值观念空虚的问题就会荡然无存。因此，这需要大学领导层从培养什么样的国家人才的高度看待人文教育问题，并将这一不会马上起到“立竿见影”效果的教育付诸扎实、细致、全面的统筹规划之中。

对于大学生而言，人文教育主要是提高学生对社会关系、物我关系的认识和处理能力，并影响学生形成一定的世界观、人文观、道德观、价值观和审美观，其在大学生世界观中处于中心地位。如果没有人文教育，人们只有“如何而生”的本领，而没有“为何而生”的觉悟，将会给人类自身及大自然带来负面效应。[2] 现实生活中的大学生违法犯罪案例已经向我们展示出对人文教育的忽视而给大学生带来的严重后果。

（二）把人文性贯穿于人文教育始终

人文教育在培养记忆理解、逻辑思维等智力因素的同时还要重视情感、态度等非智力因素的培养和训练，重视学科知识系统性、理论性的同时也要重视不同学科间的沟通以及与社会文化、伦理的联系，在重视知识传授的同时，更要重视个性的充分发展。要将人的情感、人的意志、人的个性等切实贯彻到人文学科的教学中去，因为人文教育是非常情意化的，是要靠体验感悟来内化

---

[1] 李越红：“论高校人文教育存在的问题及解决对策”，载《中共山西省委党校学报》2005 年第 3 期，第 89 – 90 页。

[2] 杨德广：“人文教育就是做人的教育”，载《江苏高教》2003 年第 3 期，第 23 – 24 页。

的，“人文学科的知识必须内化为人文精神，并外化为行为习惯，才能构成相对稳定的品质结构”[1]。然而，由于诸多因素的影响，在我国高等教育领域，出现了人文教育被忽视和人文教育丧失人文性的现象，导致人文教育的缺失成为一个无法回避的事实，所造成的一个明显后果就是部分大学生的道德缺失，频繁出现违法乱纪的行为。这严重阻碍了大学生正确信念的形成，导致其“社会腱”链条因此而断裂，使其走上了违法犯罪道路。因此，人文性要摆在人文教育的核心位置，把人文教育贯穿大学生教育工作的始终。

（三）在科学教育中贯彻落实科学精神和人文价值

科学教育，是一种以传授基本科学知识为手段（载体），体验科学思维方法和科学探究方法，培养科学精神与科学态度，建立完整的科学知识观与价值观，进行科研基础能力训练和科学技术应用的教育。人文教育还应包括对科学教育中科学精神和人文价值的挖掘。除了自然科学提到的一些科学计算公式、定律原理，它蕴含的另一种具有丰富内容的文化形态与精神体制，主要表现为自然科学活动中逐渐形成并为科学家们普遍遵循的一些认识事物、理解事物的思维方式、精神信念和心理态度，就是我们所说的科学的品质即科学精神。作为人文精神的一种，科学精神还被称为理性精神。[2] 真正的科学教育是把科学精神和人文价值寓于其中的，它不仅关注科学知识的传授和科学方法的训练这些具体层面的知识，还关注抽象层面的怀疑和批判精神的培养。然而，由于诸多因素的影响，在我国高等教育领域，也同时出现了科学教育中科学精神和人文价值丢失的现象，这也同样阻碍了大学生正确信念的形成，引起其

---

[1] 潘懋元：“试论素质教育”，载《教育评论》1997 年第 5 期，第 6－8 页。

[2] 刘鸿武：《人文科学引论》，中国社会科学出版社 2002 年版，第 325 页。

“社会腱”链条断裂，使其走上了违法犯罪道路。因此，要把科学精神和人文价值贯穿于科学教育始终，给大学生提供完整的科学教育内容。

四、其他方面内容的教育是形成大学生信念的有益补充

道德教育、法制教育和人文教育等内容是大学生接受大学教育内容的一个主体部分，除此之外，以下方面的教育内容也是大学生教育内容的重要组成部分，也十分有助于大学生正确信念的形成和巩固，是大学生信念得以巩固的有益补充。

（一）加强生命教育

生命教育被提出的伊始是基于青少年自杀率不断上升的现实数据，提出者希望能通过生命教育预防未成年人自杀行为。生命教育通过帮助未成年人认识生命的本质、感悟生命的价值和意义，使未成年人珍爱生命。生命教育是一个感谢教育。生命教育的首要工作就是使学生学会珍惜，学会感激。

而现实中大量大学生杀人、伤害案件的发生，就是大学生对生命漠视的结果，也显示出我们各级各类学校加强学生生命教育的重要。

（二）加强感恩教育

在应试教育主导下的中小学教育，学校几乎把文化课当成了“传道、授业、解惑”的唯一，搞“填鸭”式的知识教育，而在德育方面往往又拿一些“高、大、全”的人物来给孩子做榜样，这样一来，使得孩子养成的便是虚无的英雄主义与理想主义，对身边的生活与小事情缺乏感受，体验不到“感恩”的情绪。[1]

---

[1] 黄海涛：“没有感恩教育谈何感谢”，载《河南商报》2007年8月23日。

而大学生在实施各类违法犯罪案件的时候，根本没有考虑到父母培养的艰辛、社会中的光辉的一面等情感因素，这十分不利于他们形成正确的信念。

（三）加强心理素质教育

心理是人脑的机能，是对客观现实的反映。心理素质包括智力性心理素质和非智力性心理素质两大类。❶ 心理素质教育以全面提高受教育者的心理素质为直接目标，进而促进全体学生全面而又主动的发展，并实现以个体的充分个性化与顺利认同为间接目标。❷

大学生因为心理问题而实施的各类违法犯罪案件，已经向我们提示了加强心理素质教育的重要性。

（四）加强青春期教育

人在十几岁左右就会随着身体的发育步入青春期，中学阶段的学生要面临升学，学校教育以传授书本知识为主，无暇顾及青春期教育。即使是大学校园中，也极少有高校开展青春期教育工作，这使得大学生虽然早已进入青春期，但却没有接受过青春期教育。在调查中，就有20%的大学生根本不了解什么是性，对于自己是怎么来到这个世界的也不晓得，对性知识基本上一片空白。造成大学生不能形成正确的性观念的主要原因就是学校青春期教育的缺失。

（五）加强养成教育

养成教育以培养学生成功人格为目的，针对学生的行为习惯

---

❶ 石国兴、鲁忠义："素质教育结构与心理素质教育"，载《河北师范大学学报》（教育科学版）1998年第1期，第79-82页。

❷ 肖汉仕："论心理素质教育的目标构建及要求"，载《中国教育学刊》1997年第2期，第37-41页。

进行教育。其内容不仅包括指导正确行为、训练良好习惯，还包括对语言习惯、思维习惯的培养。美国心理学家威廉詹姆士说过：“播下一个行动，收获一种习惯；播下一种习惯，收获一种性格；播下一种性格，收获一种命运。”养成良好的行为习惯和道德风尚，才能使德育具有根基，使正确的信念成为大学生的自觉追求。我国著名教育家叶圣陶先生也说：“什么是教育？简单一句话，就是要养成习惯。”“德育就是要养成良好的行为习惯，智育就是要养成良好的学习习惯，体育就是要养成良好的锻炼身体的习惯。”因此，养成教育也是教育体系中不可或缺的内容之一，它不仅有利于学生的全面发展，而且能够提高全民的综合素质。

（六）加强挫折教育

挫折是指某种刺激情境对人的动机行为形成的阻碍。通常将刺激情境因素分为客观因素和主观因素两大类，客观因素主要指自然环境、社会环境加给人的困难和限制，而主观因素又分为个体条件和动机冲突两种，以个体条件的阻碍最为常见。另外面对多个追求目标，由于现实所迫不得已放弃的这种带有一定强迫性的取合也属于挫折的情境。[1] 遇到挫折时人的反应也分积极和消极两种，采取积极进取态度的人会通过分析受挫原因、克服障碍或放弃追求、适应新的环境达到自己的目标。而采取消极反抗的一类人会表现出撤退、攻击、取代、文饰、投射等防范态度，犯罪就是这种消极反抗的极端化。

（七）加强对大学生的方法论教育

大学生正处于人生的关键时期，需要作出对未来的选择，他们不仅要拥有辨别是非的能力，更需要拥有“取其精华，去其糟

---

[1] 程继隆：《社会学大辞典》，中国人事出版社1995年版，第582页。

粕”的能力。当代大学生的知识十分丰富，各项能力也并不逊色，但他们不懂得如何将学到的知识与自身的能力结合起来，即缺乏指导自己思想和行动的正确方法，简单说就是，虽然他们是现代科学技术知识的主导者，但由于缺少正确的方法去支配自己的思想和行为，导致他们作出的行为与自己的身份、学识不匹配。

因此，应当注重对大学生处世方法、能力的培养与教育，要引导他们结合自身的知识储备来解决现实中的问题，面对社会生活中的各种现象要善于分析，特别是要能够辨别、分析社会生活中腐朽的一面，拒绝与不合乎道德伦理和社会规范的行为同流合污，要敢于运用科学武器同不正之风做斗争。只有这样，才不致使他们为社会上的黑色潮流所吞噬、所俘虏，才能够把生活中的削弱“社会腱”成分的因素妥善化解，化消极因素为积极因素，使其对家庭、对学校的依恋进一步增强，使其完全能够投身和参与到学校的传统教育活动中去，在社会共同价值体系和道德观念的引导下，走向辉煌的人生之旅。

上述每一项教育内容不仅对大学生的成长具有不同的教育意义，而且对大学生的精神和价值追求的理论升华均具有不可替代的作用。大学生违法犯罪案件的发生与其没有接受上述教育内容有很大关系。

总之，通过对大学生加强人文教育，将会使当代大学生的道德情操、责任良知、理想信念等上升到一个新层次，将会使大学生的“社会腱”链条得到进一步的巩固，使其远离违法犯罪。

第三节 切断低俗文化的传播使大学生的文化观念不偏离常轨

文化作为社会的精神支柱，从深层次决定着人的行为方式和价值观念。在西方，“文化”一词来源于拉丁文“cultua”，主要指耕作、培养、教育、发展出来的事物，与自然存在的事物相对。一般地说，文化有狭义和广义之分。狭义的文化主要指反映社会意识形态的价值标准、道德风尚、文学艺术、宗教信仰等。广义的文化指人类社会历史实践过程中所创造的物质财富和精神财富的总和。[1] 我国犯罪学家严景耀先生曾说，犯罪与文化的关系密切程度是大多犯罪学家估摸不到的。[2] 文化是意识形态和经济的集中反映，是社会公器。[3] 它有着高雅与低俗之分。而使人产生守法意识和文明行为的是高雅的文化，它影响着一个人内在的自我控制机制，帮助着一个人将其情感的意志控制在道德准则和法律规范认可的范围内。

一、低俗文化导致大学生的文化观念偏离常轨

（一）低俗文化的含义及类型

1. 低俗文化的含义

所谓低俗文化，亦称不良的亚文化，是指在社会文化体系中

---

[1] 程继隆:《社会学大辞典》，中国人事出版社 1995 年版，第 352 页。

[2] 严景耀:《中国犯罪问题与社会变迁的关系》，北京大学出版社 1986 年版，第 220 页。

[3] 程啸、曾凡顺：“用高雅文化抵御低俗文化”，http：//www. cnhubei. com/news/gdxw/201008/t1375045. shtml.

同社会主义文化相对立的文化构成，具有与主文化不同的文化价值体系与社会评价标准，低俗文化的极端，则是“犯罪文化”，或称“反文化”。

2. 低俗文化的类型

低俗文化，主要有两种类型。

（1）我国传统文化[1]中的落后观念。我国传统文化中的落后观念，主要有：封建“行帮”意识，不分是非的“哥们儿义气”的观念；重家庭、宗族等“亲情”关系，而缺乏公共道德、法制观念；权大于法，法依附于权、屈服于权；传统的小生产者的狭隘意识等观念。

（2）西方文化中的腐朽成分。西方文化中的腐朽成分，主要包括两部分：一部分是性解放、性自由思潮。这是对我国社会危害尤甚的一种“享乐至上”观念，它强烈地冲击着我国传统的人伦道德观。另一部分是泛滥的淫秽书刊和音像制品。如果说，性解放思潮是观念形态的腐朽文化，那么，淫秽书刊和音像制品则是实物型的文化垃圾了。这种文化垃圾挑动不健康情欲以毒害人的心灵，毫无艺术价值而只能使人腐化堕落，被统称为“黄毒”，以极强的腐蚀性吞噬着人们朴实善良的心灵。

（二）低俗文化对大学生文化观念的危害

低俗文化对包括当代大学生在内的人们产生极大危害。

1. 低俗文化腐蚀大学生的心灵

文化环境对人的塑造力是很大的。低俗文化对人的腐蚀性极强，

---

[1] 传统文化是指以华夏民族为主流的多元文化在长期的历史发展过程中融合、形成、发展起来，具有稳定形态的中国文化，包括思想观念、思维方式、价值取向、道德情操、生活方式、礼仪制度、风俗习惯、宗教信仰、文学艺术、教育科技等诸多层面的丰富内容。

潜移默化地毒害人的思想。大学生一旦接受低俗文化的诱导和熏染，就会造成心灵的扭曲，表现出极端的利己主义，贪图享乐、鄙视劳动、向往色欲。让原本奋发向上，积极进取的人会变得不务正业、游手好闲、萎靡不振，总想不劳而获或是染指非法情欲。

2. 低俗文化推动违法犯罪行为的发生

低俗文化在特定时空内，作为犯罪情境的一部分，会推动犯罪行为的发生。尤其是那些毫无思想性、艺术性可言，内容极其庸俗、趣味低俗的文化，以内容暴力、色情淫秽的文化垃圾为主，这对缺乏足够辨别能力的大学生的毒害甚大。

3. 低俗文化打乱大学生正确的价值取向

社会文化一旦在人们的心灵导向上出现偏差就会造成人们思想的混乱，使正确的信念偏移正确道路。美国著名传播学者威尔伯施拉姆说过，所有的电视都有教育作用，其差别是它在教什么。德国社会学家施奈德也指出：“我们头脑中关于犯罪的图像大多是由大众传媒所反映的。”❶ 文学艺术作品中低级不健康的内容，强烈地冲击着大学生们的视觉，导致大学生们正确的文化观念偏离了常轨，滋长了大学生不健康心理，造成模糊混乱的多元价值取向，这类作品不可能让大学生们形成正确的世界观、价值观、人生观。❷“社会腱”链条出现了断裂，低俗文化成了大学生们走向违法犯罪道路的一大诱因。

二、采取措施切断低俗文化的传播途径

面对低俗文化对当代大学生所造成的极大危害，从预防大学

---

❶ 艾如张、张艳：《我们的孩子怎么了——青少年不完全心理疾患》，新世纪出版社 2002 年版，第 34 页、第 341 页。

❷ 纪德尚：《犯罪控制论》，陕西人民出版社 1990 年版，第 153 – 154 页。

生违法犯罪的角度，笔者认为，需要采取以下措施阻却低俗文化的传播，以使大学生的文化观念不偏离常轨，进而形成正确的信念，构建稳固的“社会腱”链条，让大学生远离违法犯罪的泥潭。

第一，政府出台相关政策，促进文化事业的发展，为优秀文化提供发展空间，形成自觉抵制低俗、恶俗文化的社会氛围，使低俗文化处于“过街老鼠，人人喊打”的境地，没有生存空间。

第二，高校要充分发挥其育人功能，不仅要给大学生提供充分的高雅文化，还要教育大学生如何识别低俗文化及其危害，更要教育大学生自觉远离低俗文化。

第三，中国当代大学生作为文化的主要接受者，要自觉学习如何识别低俗文化方面的知识，自觉接受高雅文化的熏陶，把远离低俗文化成为自觉行动。大学生在校内多参加校园文化活动有助于形成积极的思想观念，而校外实践与交流活动有助于大学生走入社会，发现学校与社会的区别，认识、剖析社会中的消极事物，从而增强大学生对低俗事物的抵制能力，形成正确的信念。

第四，加强大学生的自我教育。自我教育是指个体根据社会要求，有目的、有计划、主动地对自我提出任务，把自我当作认识、约束、调整与改造的对象，以提高和完善自我素质而进行的一种教育自我的活动。自我教育具有以下特点：一是自我教育尊重受教育者的主体性地位，充分发挥教育主体的主观能动性，强调自我负责、自我成长，自我教育是教育的最高境界；二是自我教育是个性化的教育，因为每个主体的具体情况不同，因此，在进行自我教育时采取的方式方法并不一样；三是自我教育重视实践，强调在实践中自我发现、自我反思、自我规划、自我调控，在实践中成长。[1] 自我教育的加强是阻却低俗文化对大学生的信念影响的核心因素。

总之，一旦阻却了低俗文化在大学生及大学校园中的传播，大学生违法犯罪的社会文化防线就会牢固构建起来，就会使大学生们的文化观念在正确的轨道上行走，他们的“社会腱”链条就不可能断裂，大学生们就远离了违法犯罪。

---

[1] 张海燕：“离异家庭大学生的心理健康调查及教育对策研究”，载《继续教育研究》2009 年第 7 期，第 68 – 70 页。

CHAPTER 07 >>

第七章

典型案例篇：基于“社会腱”探讨的大学生网络犯罪典型案件

第一节　案情描述

一、案情简介

（一）案例一　全国首例微信解封案

2020年8月27日，全国首例“微信解封”入罪案件被浙江省杭州市江干区人民检察院依法提起公诉，经江干区人民法院开庭审理，以帮助信息网络犯罪活动罪分别判处该案被告人高某有期徒刑一年六个月并处罚金一万元；张某有期徒刑一年二个月并处罚金一万元。

据悉，在校期间，被告人高某为兼职赚钱，利用微信的自助解封功能帮助他人解除微信账号的封禁状态换取利益，同时于2019年11月成立专门提供微信账号解封服务的“super 工作室”。在明知他人利用微信进行诈骗等犯罪活动的情况下，高某及其女友张某仍然指示工作室成员为他人提供微信账号解封服务等技术帮助。截至2020年4月8日，“super工作室”共为3315个微信账号提供过解封服务，这些诈骗微信账号共涉及案件300余起，其中立案的12起诈骗案件，被害人被骗总金额高达96万余元。高某、张某二人在明知他人利用信息网络实施犯罪的情况下，仍然共同通过技术支持等方式为犯罪活动提供帮助，两人的行为均已涉嫌触犯《中华人民共和国刑法》第二百八十七条之二，帮助信息网络犯罪活动罪，且情节严重，应当追究其刑事责任。作为就要毕业的两名大学生，高某和张某本应拥有美好的未来，却因这所谓的“微信解封”事业误入歧途，走向犯罪的道路。据材料显示，二人在校期间成绩优异，算得上是好学生，特别是被告人张某，如果没有发生这件事，马上就要成为一名人民教师。

（二）案例二　网络兼职－帮助信息网络犯罪活动罪

2021年8月17日，据南昌市南昌县公安局消息，江西省南昌市某高校，住在同一寝室的4名大学生为贪图小利，竟然帮诈骗分子办理银行卡洗钱。其中，大学生胡某的洗钱金额最高，其卡内的流水总金额竟高达300多万元。目前，胡某等四人均因涉嫌帮助信息网络犯罪活动罪被公安机关予以刑事拘留。警方查明，同一宿舍四人都是通过网络找的“兼职”，胡某等人在网络结识网络诈骗洗钱“下家”之后，通过对转账金额、账号及其他具体细节的沟通，利用自己的银行卡为对方提供资金转账帮助。其间，每笔账对方按“千分之五”给他们计算提成，双方并不见面。胡某等人存在侥幸心理，认为自己只要不实际参与转账操作，而是只提供银行卡便不会涉嫌违法犯罪。事实上，他们的行为已经触犯了法律，成了帮助网络诈骗分子“洗钱”的帮凶，涉嫌构成帮助信息网络犯罪活动罪，如今等待他们的将是法律的制裁。

这个案件再次说明：赚钱要适当，要合法。所谓君子爱财，取之有道。获得的酬劳一定要和自己的付出与能力相匹配，要靠自己的知识与能力获取报酬。轻轻松松就能获得酬劳的工作绝大部分的后果不乏两种：一种是被骗，不仅没赚到钱还损失不少。另一种就是赚钱的方式违法，成为犯罪者实施犯罪时的工具人。在进行网络交易时，一定要谨慎，在网络上进行交易时要把握尺度。不要存在侥幸心理认为不会追究法律责任，误入歧途。如今大数据时代，人们生活节奏和生活模式已经发生改变，网络承载了人们生活中的许多隐私，网络的服务者和提供者是最直接接触用户隐私的一环，必须重视用户的私人信息。有关部门要加强立法和日常的法律监督。

二、大学生网络犯罪的特点及主要表现形式

（一）网络犯罪特点

网络犯罪，指利用计算机作为手段进行非法活动，如诈骗、侵犯知识产权、窃取身份信息或侵犯隐私。由于计算机已成为商业活动、娱乐行为和政府活动的重要工具，网络犯罪变得越来越引起重视。随着信息和通信技术的引入、增长和利用，网络犯罪活动也在增加。大多数网络犯罪是对个人、公司或政府信息的攻击，尽管攻击不会发生在实体上，但它们确实发生在个人或公司的虚拟体上，虚拟体是定义互联网上的人和机构的一组信息属性。换句话说，在数字时代，我们的虚拟身份是日常生活的基本元素：我们是政府和公司拥有的多个计算机数据库中的一组数字和标识符。网络犯罪凸显了联网电脑在我们生活中的中心地位，以及个人身份等看似可靠的事实的脆弱性。网络犯罪是全球社会关注的问题。新技术创造了新的犯罪机会，网络犯罪与传统犯罪的区别

是什么？显然，其中一个区别是数字计算机的使用，但仅凭技术不足以区分可能存在于不同领域的犯罪活动。犯罪分子不需要电脑来进行欺诈、侵犯知识产权、窃取身份或侵犯他人的隐私，所有这些犯罪活动在“网络”普及之前就已经存在了。网络犯罪，是现有犯罪行为的延伸，同时也具有一些新的特征。

网络犯罪发生在虚拟的网络空间，而实施该行为的罪犯在网络空间之外，罪犯犯罪时的每一项活动都是在虚拟世界中进行的。在网络空间中，实施网络犯罪突破了地域限制。一个网络罪犯可以在世界的任何一个角落进行犯罪活动。犯罪的危害后果比传统犯罪严重，有可能造成无法想象的伤害和生命损失。有些网络犯罪活动覆盖面广，可以在短时间内摧毁网站、窃取公司数据。网络犯罪犯罪证据难以收集。网络犯罪的性质决定了网络犯罪证据的收集和在法庭上的证明是非常困难的。网络犯罪的犯罪分子在实施网络犯罪时，可能触犯到几个国家的法律，同时又坐在一个隐秘的地方，无法被追踪到。作为一个遍布全球的网络，互联网为犯罪分子提供了现实世界和网络本身的多个藏身之处。然而，就像一个人在地上行走会留下痕迹，网络罪犯也会留下有关自己身份和位置的线索，尽管他们尽了最大努力掩盖自己的踪迹。网络犯罪只能通过技术进行，因此，要进行这种犯罪，一个人必须非常熟练地使用互联网和计算机，并在互联网上实施犯罪。从事网络犯罪的大学生大都受过良好的教育，并且对互联网的复杂性有深刻的理解，这使得警察的侦查工作难度很大。

（二）网络犯罪危害

据最高人民检察院统计，2020 年，全国检察机关共起诉网络犯罪（包括网络、电信犯罪和上下游犯罪）犯罪嫌疑人 14.2 万人，同比增长 47.9% ❶。现实中网上分享的大量信息和数据让我们所有人都面临着网络安全威胁。在大学生中，这种风险更明显。美国 CSO Online 是首席安全官和高管的主要信息来源，最近对行业进行了调查，以了解当前的网络安全形势。他们的一些发现令人吃惊，通过网络钓鱼攻击方式，每分钟所造成的损失高达 17 700 美元，其中通过电子邮件所传播的恶意软件占比高达 94%。63% 的公司表示，在过去一年中他们的数据 60% 可能遭到泄露。现代网络罪犯和黑客使用越来越复杂的手段来获取我们最敏感的数据和个人信息。如今，你甚至不需要点击一个受感染的链接，就会为隐藏的恶意软件所感染，这些恶意软件会记录你的击键，扫描你的系统中个人文件，或者劫持你的网上银行账号。网络钓鱼者经常通过欺骗网站、电子邮件地址和社交媒体资料来骗取用户信任并获取个人信息。免费 WiFi、自动取款机和公共电脑等流行服务都可能导致数据泄露、经济损失和身份盗窃。由于社交媒体、云存储、数字下载、移动和在线支付的使用增多，全球网络犯罪呈上升趋势。消费者的个人和财务数据无处不在，而黑客在检索这些数据方面也变得越来越聪明，电脑和移动设备尤其容易受到针对社会安全号码、信用卡信息和银行账户数据的恶意软件、勒索软件和钓鱼软件的攻击。

网络犯罪从简单地通过勒索软件攻击的命令欺诈诈骗，到针对特定 IT 基础设施的有针对性地攻击，所造成的危害主要有以下几种：一是商业损害。这可以说是网络攻击中最大的风险。当涉及复杂的业务活动时，这种攻击可以被证明是极具破坏性的。拒绝服务和访问。拒绝服务攻击还可能对允许访问的系统的分包商

---

❶ “最高检披露网络犯罪大数据，有图有真相!”，https://www.thepaper.cn/newsDetail_forward_12103518，访问日期：2021 年 9 月 2 日。

或租户产生负面影响。二是经济损失。许多无目标的网络攻击的动机是勒索钱财。使用拒绝服务勒索软件，攻击者能够利用支付赎金来换取对 IT 服务的访问。互联网授权欺诈也会给企业带来巨大的经济损失。三是声誉损失。对公司网络攻击无疑会对客户产生影响。这种影响可能是直接的，因为它会直接影响到公司所能提供的服务，从而可能导致攻击感染客户的系统。虽然克服网络攻击的实际影响可能需要几天或几周的时间，但声誉损害和对企业信心的丧失可能会持续多年。四是知识产权损失。数字业务保留了巨大的业务量，知识产权范围从保密客户信息和商业敏感数据到产品具体信息，如果盗窃这些信息将会对知识产权造成巨大损失。

（三）大学生网络犯罪分类

1. 国外网络犯罪分类

国外将网络犯罪主要分为四大类：即针对个人的网络犯罪、针对财产的网络犯罪、针对组织的网络犯罪和针对社会的网络犯罪。第一类网络犯罪是针对个人的网络犯罪活动。主要包括：电子邮件欺骗、垃圾邮件、网络诽谤和骚扰、黑客攻击、网络跟踪和网络欺凌。电子邮件欺骗是指发送伪造的电子邮件，使得邮件看起来来自一个源，但实际上是从另一个源发送的。垃圾邮件则是指群发电子邮件或者连续发送多份未经请求的邮件。网络诽谤利用电脑或互联网发布虚假信息诽谤他人，而网络欺凌问题日益严重，尤其是在青少年中❶。第二类网络犯罪是大学生涉及较多的针对财产的网络犯罪，如信用卡诈骗，知识产权犯罪，譬如软件盗版、分发软件副本、侵犯版权、非法复制程序、侵犯商标和盗

❶ Mohamed. C, A Critical Look At a Regulation Of Cyber crime: 2003, p. 3, p. 4.

窃计算机源代码等[1]。第三类是针对组织的网络犯罪。未经授权访问计算机、拒绝服务、病毒攻击、电子邮件轰炸、逻辑炸弹、特洛伊木马和数据欺骗。第四类是针对社会的网络犯罪，如伪造纸币、印花税票等，也可以使用计算机和高质量的扫描仪和打印机进行伪造。

2. 我国大学生网络犯罪类型

大学生犯罪所涉类型有以下三种：第一种是把互联网和社交平台作为犯罪工具实施犯罪行为；第二种是将互联网和社交平台作为攻击目标实施犯罪行为；第三种是将互联网作为获利来源实施犯罪行为。

近些年来，大学生网络犯罪的数量呈明显的上升趋势，通过对大学生网络犯罪的现状及刑事司法实践的分析，可以总结出以下六个方面：第一种是大学生涉嫌网络诈骗增多。不法分子往往利用大学生求职心切，故意设置陷阱，使大学生在不知不觉中进入圈套，当大学生意识到所从事的工作反常时，实际上已经成为网络诈骗犯罪的帮凶。如山东大学生小李找到一个高薪工作，每天到宾馆把相关设备插上电源，晚上再把电源拔下并带入出租屋，这样每天收入1000元。公安机关从异常发射波中发现问题，事后查明这是为境外犯罪分子实施诈骗提供帮助。第二种是大学生网络犯罪的手段不断翻新。利用网络平台进行退款诈骗、刷单诈骗、利用网络恶意刷单。第三种是为犯罪分子提供同学或其他公民个人信息，帮助实施不同犯罪。其实质大学生在整个产业链条当中充当一枚棋子，为犯罪分子提供帮助。如果他们并不知情上游实施何种犯罪，是什么样的人实施犯罪，也就是说和犯罪分子根本

---

[1] Supriya. K, Cyber Crime, Ranchi University: National University of Study and Research In Law, 2012, p. 7.

没有同谋的情况下，大学生可以涉嫌帮助信息网络犯罪活动罪。第四种是网络犯罪中收集公民个人信息，涉及公民个人信息犯罪。通过对公民个人信息的收集，分析诈骗对象的个人特点。针对性地设置场景，从而导致被害人陷入错误认识，处分自己的财产。第五种是大学生容易成为集团化跨境化犯罪当中的一分子。通过暗管或者是跨境通信的软件实施诈骗犯罪，这类案件逐渐增多。上述山东小李的案子，就是通过提供 GOIP 设备，能够使境外犯罪分子同时向 64 个人发送诈骗信息，大大提高境外犯罪分子诈骗的成功率。第六种是在校大学生犯罪人数逐年增多。这些在校的大学生往往是受到利益诱惑，然后向犯罪分子出售个人银行卡、电话卡，甚至有的成为“两卡”当中的职业卡商，从而掉进犯罪的深渊。

第二节 案例评析

一、大学生实施网络犯罪的原因分析

（一）“社会腱”中的家庭依恋失衡——大学生在网络中迷失

美国学者 Moos and Moos 将家庭凝聚力定义为“家庭成员相互提供的承诺、帮助和支持的程度”[1]。家庭成员之间相互促进，共同进步，进而影响整个家庭系统。每个家庭成员的应对水平、个人特征和适应情况的能力都会影响家庭环境和家庭关系的质量。

---

[1] Moos, R. H. & Moos, B. S, Family Environment Scale Manual (3rd ed). Palo Alto, CA: Consulting Psychologists, 1994, p. 1.

家庭气氛受孩子的应对和适应水平、父母的应对和适应水平以及工作或学校等家庭外部的压力的影响。家庭环境的类型本身也在任何家庭结构中起着作用。健康的家庭环境在帮助年轻人学习和成长方面发挥着重要作用。学生在过渡时期通常需要支持，因此在这段时间获得独立的目标不一定是一个良好的即时任务。相反，重点需要放在重新协商亲子关系上，以便在家庭环境中实现支持和独立之间的适当平衡。这是最优增长所必需的。年轻人的目标是找到一种方法，在不牺牲自己的身份和个性的情况下，与父母建立情感联系，获得关心和支持。例如，一个支持性的、有凝聚力的家庭环境对家庭成员的功能和适应水平有积极的影响，并在降低年轻人对外部不适应的感知方面发挥作用。因此，一个积极的支持性家庭环境可以有效地应对家庭经历的内部和外部危机，如向陌生环境的过渡，帮助大学生适应新生活。

青少年进入社会之前主要的生活地方就是家庭，家庭教育对于社会来说有一定的指引功能，而亲子教育在青少年的成长过程中至关重要。家庭是每个个体生存的主要环境，当然也是决定一个人成长的关键环节。在广大的大学生进入社会之前，家庭作为“温馨的港湾”在成长道路上教育并且引导了青少年。当青少年生活在问题家庭中的时候，父母关怀上的缺乏以及正确教育的缺失，导致青少年在家庭方面的安全感和归属感得不到满足，迫不得已过早地进入社会。尤其是大学生们脱离了家庭环境的监督和约束，有非常多自由的时间和空间，在这种情况下，网络自然而然慢慢成为青少年的心理依托。同时，我国城镇化进程中出现很多留守儿童，在很小的时候孩子就交给老人照顾，因为他们的父母多年在外工作。这些父母认为只有金钱才能使他们的孩子快乐，但他们不知道，孩子和老人的想法，在对新事物的感知方面存在着巨大的差异；当然现实中不乏溺爱和顺从的父母，这就导致孩子在进入大学后缺乏处理问题的能力，在面对困难时束手无策，因此只能在虚拟世界中寻求安慰。许多大学生常常把他们的希望寄托在虚拟世界中，因为他们找不到正确的方式解决他们面临的困境。有些人甚至对社会抱有敌意，从网络犯罪中寻求刺激。长此以往，这些青少年渐渐丧失了正确的家庭观，从而混迹于网络虚拟空间，自暴自弃，走向社会的对立面成为“灰色青年”，慢慢走向违反法律实施犯罪的不归途。

（二）“社会腱”中的认同——大学生心理分离的过程

心理分离是指年轻人在健康发展的过程中要经历一个分离的过程去更多地接受自己的身份，放弃对父母的依赖。❶ 有学者研发心理测量表从功能独立、态度独立、情感独立和冲突独立四个方面分析大学生的心理分离程度。❷ 功能独立意味着能够自己处理实际事务。态度独立是拥有自己的态度、价值观和信仰。情感独立表现出较少依赖与父母的亲密情感。冲突独立是在人际关系中从焦虑、内疚和怨恨中解脱出来。大学生通常有机会确立自己的身份并且更加了解他们是谁。身份认同源于学生的探索，最终建立一套个人价值观。❸ 学生们通过参与校园环境和人际关系互动和课堂课程，学着面对和建立他们的身份认同。这个过程也反映在他们的大学经历中，那些更有可能成功实现自我认同的学生往往来

---

❶ Bios. P, The adolescent passage: Developmental issues, New York: International Universities Press, 1979.

❷ Hoffman. J, Psychological separation of late adolescents from their parents: Journal of Counseling Psychology, 1984, p. 170, p. 178.

❸ Newman. P, & Newman. B, Identity formation and the college experience: Adolescence, 1978, p. 311, p. 325.

自允许个人足够独立的家庭。[1] 另一种方法来解释家庭关系对适应结果的影响，是在探索大学适应时同时使用父母依恋和心理分离变量。总体而言，有安全依附关系的学生在学业和社交方面表现更好，而且心理更健康。与那些努力应对学业、个人和社会挑战、没有安全感且过分依恋家庭的学生相比，他们独立解决冲突的能力更强，可以更快适应大学新生活，更少从网络中寻找慰藉，从而减少网络犯罪的发生。

大学生的成长阶段属于心理成长阶段的“成人前期”，还比较幼稚，容易被诱导迷惑、欺骗。同时，他们正处于青年时代，有强烈的表现欲望，对社会认可的期望过高。例如，在某些情况下，我们看到很多网络病毒制造者并不是出于高度的恶意，而是想要“证明”自己的能力，希望通过制造和传播网络病毒，让自己的能力可见。大学生经常会为一些挫折所折磨，如学术竞争、就业的压力等，由于他们害怕与老师交流，而不向学校寻求心理咨询。在这种情况下，他们很有可能会找到一个不合适的发泄情绪的出口，如从网络中寻找突破口，最后演变成网络犯罪。

（三）“社会腱”中的参与——学校中的人际关系

教育不仅是传授知识，更要立德树人，培养学生的健全人格。除了家庭，学校是大学生生活中最重要的地方。学校对大学生的影响是非常显著的，在某种程度上有时候对其的影响甚至超过了家庭。实践证明，我们国家现在的教育体制与教育模式有着极大的弊端。很多学校对学生严苛的学习要求以及带来的沉重的学习负担的原因，竟然是本校拼尽全力提高的“毕业率”。与此同时，

---

[1] Johnson, S. D, The multiple hats of identity: Addressing the various components of African American identity in student development, College Student Affairs Journal. 16 (2), 1997, p. 65, p. 72.

学校实际上忽视了其他很多更重要的任务，在应试教育“热”的今天，学校不应该只是传授知识。在互联网时代，太多的学校仍然没有意识到学生必须“成人”，才能“成才”。

大学生在大学校园里的首要任务便是接受教育。在我国现行的大学教育体制中，仅仅重视了大学生专业知识层面的教育，而忽视了人际关系的学习。实际上，部分大学生的性格问题、心理发育以及成长过程中的多种因素，导致了这一部分大学生无法妥善地处理一些人际关系，更不能处理社会中的人与人相处的问题，从而产生了抑郁、狂躁等一系列的心理疾病，带来了更多负面的影响。而且，他们中的一些人过于沉迷于网络上的虚拟交流，这使得他们开始慢慢逃避现实生活中的人际关系，排斥面对面的沟通与交流，从而越来越走向孤立，导致消极压抑情绪进一步加剧的恶性循环。

（四）网络本身的原因——“社会腱”中的信念无法形成

虚拟且开放是互联网世界最大的特征，并且其网络信息传播的速度和力度完全不受时空有限性的影响，为学生网络行为失范提供了“技术支持”。网络技术的广泛覆盖效应，可以使用一种简单的犯罪手段可以迅速积累巨额财富，网络技术的便利使用大大降低了信息获取的成本，包括犯罪手段和方法的广泛传播。一些大学生利用网络技术窃取各种有价值的信息，并在交易这部分信息的过程中牟利。他们还在互联网上发送假信件，甚至大胆地使用电脑指令为自己保管银行资金。大学生网络行为的不受限完全是由现有网络安全技术的局限性所带来的可能性。在虚拟的网络世界中，大学生可以自由且任意地传达自己的欲望甚至是虚构一些欲望，当然同时也得到了最与时俱进的、最完整、最广泛但真假不确定的网络信息，并故意或恶意地传播信息，但网络安全监控的“筛子”作用还不够强，用于抗衡大学生的失范行为还是不够的。现在很多高校都尽力采取了一些有效的措施，比如建立了学校内部的网络系统，但是高校又面临了一个现实的问题就是如何才可以有效地管理内部的网络信息系统。目前，我国的学校对于大学生的网络管理是完全放任的，并没有进行有效的正确引导和学校教育，对于大学生网络使用的疏于管理，致使大学教育产生了盲点，使得网络成了大学校园的监督和约束的空白领域。

二、预防大学生网络犯罪的对策探讨

为了对抗日益增长的大学生网络犯罪的威胁，新技术正在迅速涌现，然而，仅凭技术进步不足以打击网络犯罪。因此，我们必须采取更全面的方法，制定更有效的网络犯罪预防策略。

（一）大学生自我认同与网络犯罪预防

首先，大学生要加强自己的学习和锻炼，不断追求进步。大学生应该知道法律，了解法律，更应该自觉地遵守法律，在虚拟世界中更应该学会运用法律保护自己，而不是沉溺其中，迷失自己。其次，作为马上就要步入社会的群体，大学生更应该提高自己处理困境的能力，在今后的生活和工作中会遇到更多意想不到的困难。在各种压力下，大学生要不仅能从网络中寻求慰藉，更要学会面对和解决问题。最后，大学生必须具备对网络世界中的各种诱惑说不的能力。大学生刚刚脱离稚嫩的高中生活，步入自己期待已久的“象牙塔”，他们往往对很多新鲜事物充满好奇，尤其是对于网络上的各种诱惑，更应该学会抵制，避免走向错误的道路，造成严重后果。大学生网络犯罪频发，重要原因之一就是他们缺乏法治精神和法律观念，法律意识淡薄。有很多大学生只是因为好玩、新奇或试图证明自己的技能而进行网络犯罪。

（二）巩固信念——学校加强对大学生网络法律教育

学校必须针对性地加强对大学生的校园教育和网络安全建设，才能有效地遏制大学生网络犯罪行为。引导青年学生积极学习网络法律法规，通过学习我国网络安全法律法规及刑法中所涉网络犯罪的条文，加强自身网络法律意识。大多数年轻学生热衷于使用网络，但却对关于计算机网络方面的法律法规了解甚少。因此，我们应该引导他们自觉学习国家自20世纪90年代以来颁布的一系列有关计算机网络的法律法规。通过对学生的正确引导，也可以起到调节、控制和纠正青少年学生上网行为的作用。

目前，一些高校并没有开展研究网络犯罪方面的相关课程，而一些高校虽然开设了相关课程，却由于不够重视或认识不足，使之沦为一种形式。这就要求大学不仅要认识到将网络犯罪研究教育纳入大学课堂的重要性，而且要掌握适当的教育方法，而不仅仅是给学生读法律，或者只是告诉学生在网络虚拟世界中，什么事可以做，什么事不能做。这非但不能提高学生的学习兴趣，甚至可能产生负面作用，使学生产生叛逆心理，在不知不觉中酿成大错。网络犯罪研究与教育是大学生在虚拟世界中的“灯塔”。它可以帮助大学生消除社会消极方面的干扰，利用网络法律知识保驾护航，远离网络犯罪，促进大学生更好地成长。我们应该培养大学生正确的网络道德观念及意识。其具体表现是制定一套完善的道德标准并切实可行地实施下去。它是明确的，外在的，具有强制性作用的制度道德规范。引导大学生建立健全人格和良好的网络道德，提高大学生的道德判断和道德选择能力，培养大学生的网络尊重意识、诚信意识、责任意识、政治意识、自律意识和安全意识，使其自觉把网络当作学习的平台和知识的源泉，而不是作为寻找不良信息的途径和违法犯罪行为的对象和工具。

加强校园网建设。加大技术设备投入，采用统一网管软件，集中身份认证，统一监督管控。同时，建立一个专门的机构来管理网络安全，设立专门的管理人员，建立健全信息安全审计制度和信息检索制度，保障网络安全。一方面，该机构应该重视对大学生上网行为的引导并且对其加强监控。另一方面开展一些关于网络方面的思想政治教育，关注网络实时发布的信息，重视大学生的网络行为，分析大学生网络行为所表达的思想和心理，在线上进行积极有效的引导，使大学生网络行为趋于文明，身心趋于健康。

（三）强化家庭责任有助于大学生形成远离网络犯罪的信念

减少和防止大学生网络犯罪的第一道防护线就是父母良好的家庭教育。父母要给孩子创造一个良好的家庭氛围并且发挥自己的积极作用。父母不应该只关注大学生的学习而忽视他们的身心健康。当发现大学生有异常行为时，既要细心发现问题所在，也要有耐心对孩子使用网络中所遇到的问题进行正确教育，引导帮助孩子树立正确的人生观、价值观和世界观。同时，家长更要以身作则从小给孩子营造一种积极向上的家庭学习氛围，引导孩子形成正确的网络行为，避免接近网络垃圾，远离网络犯罪。

（四）社会控制——加强网络技术预防和网络监督

加强网络技术预防和网络监督等社会控制。网络犯罪的基础是互联网，计算机系统的安全系数越高，那么网络犯罪率就越低。因此，首要任务是要对网络技术深入研究以及加强对其的监督。首先，在网络技术方面要采用最先进的安全技术。主要是网络信息保密、网络防火墙、真实身份验证、控制网络访问、在线实时监督、保证安全审计、非法入侵监测、案件信息追踪、灾难信息恢复等一些安全技术。例如，利用网络信息加密的安全技术，可以使一些非法的网络用户无法在计算机上获取关于网络信息的真实内容；采用网络防火墙的安全技术，防止外界非法入侵系统；采用在线监控技术，对违法犯罪的信息源和信息进行实时跟踪、监控和解密。对网络信息系统要经常进行检查，及时发现程序系统中存在的技术漏洞，迅速修复，提高网络系统的安全程度。其次，在管理层面，加强对网络用户的管理。互联网上复杂的信息，特别是日益增多的色情网站，对大学生的思维形成、价值判断和行为导向产生了很大的负面影响，极大程度上是大学生网络犯罪的直接诱导因素。因此，有必要建立专门的监管机构来监督网络用户的网络行为，对于不健康的行为及时警告，对于违法犯罪行为及时应对。此外，要重视对网络工作人员的素质提升以及系统管理，相关资质部门应制定一系列网络从业人员的资格认证制度并且严格执行，系统地对于相关从业人员进行严格透明的监管。

另外，建立和完善互联网法律体系。我国颁布了有关网络安全和惩罚计算机网络犯罪等一系列相关的法律法规。这些法律法规的发布以及有效的实施，对维护健康的网络氛围以及监管维护网络安全都起到了积极的作用，但是也存在不清晰、不系统、不集中、操作困难等漏洞。有必要进一步加强对网络犯罪的研究，尽快制定与时俱进的网络法律法规，完善已有的法律制度，规范网络行为的使用者、生产者以及创造者，保护网络信息的系统安全，保证将健康、有序的网络发展系统呈现在大学生面前。

三、案情总结

上述案例有力地证明了贪婪在网络环境中的放大效应。每个人都想拥有令人羡慕的财富，大学生也是如此。但是在成长的过程中，大多数大学生第一次意识到金钱和财富在现实生活中的重要作用。因此，在贪婪的作用下，特别容易失衡。总结大学生网络犯罪，不难发现这些案例有几个相同的特点：一是互联网企业很容易发生网络犯罪，成为滋生大学生就业犯罪的温床。其主要原因是伴随电子商务行业的迅速发展，运营一家互联网公司变得相当简单。租几间房间，开发一套程序或建立一个网站，雇用几个运营人员负责日常维护便足够了。同时，行业门槛较低，对专业限制相对较小，很轻松便利地吸引应届毕业生前来工作。涉嫌诈骗的大学生大多为在网络公司工作的牺牲品。通过对案件涉及的互联网公司的运营情况分析，可以发现这些公司通常会制定严格的组织架构和管理机制，将一个犯罪活动划分为不同的阶段，再对其加以精心伪装，导致缺少社会经验、初出茅庐的大学生很难辨别。与此同时，政府相关部门对于互联网企业和互联网信息平台也存在一定程度的监管不力，缺乏有效的惩治手段，这也为不法分子利用互联网平台引诱大学生违法犯罪提供了机会。二是大学生的法律素养有待提高。在处理案件过程中，可以看出涉案学生普遍缺乏基本的法律意识和法治观念，法律素养亟待提高。在当今就业压力极大的环境中，大学生倾向于“只要能尽快赚钱”作为第一标准来选择工作，要进入的就业单位是否正常，工作是否合法，有没有就业陷阱等问题概不考虑。除了法律专业的学生，他们在学习过程中所学的法律知识也非常有限。结果是一些大学生一方面缺乏对法律的尊重，有一种从众心理，以为每个人都在做，自己就会没事；另一方面缺乏必要的法律知识储备，往往等到被抓后，才知道自己犯罪了。此外，某些大学生的维权意识薄弱，维权方式极端。当他们遇到自己合法权益被非法侵害的情况，很少有人会意识到可以通过法律途径解决问题，大多都是忍气吞声自认倒霉，或是采取极端的非法手段进行报复，最终入狱。三是通过分析研究，可以发现在大学生就业犯罪案件中，企业招聘方式较为简单、相对集中，虽然部分企业是通过校园招聘的方式，但越来越多的公司通过在网络招聘平台发布招聘信息，抬高虚拟工资，简化招聘条件，且一般没有专业和性别限制，简单看一下你的简历和面试后，你就会被录用。上述四位大学生在同一宿舍，在同一公司做兼职，无须面试，没有任何门槛限制，在不知不觉中帮助洗钱，构成帮助信息网络犯罪活动罪。目前，一些高校为了追求“高就业率”，对企业进入校园招聘的审查不严格，并没有提醒大学生在就业、创业过程中可能面临的法律问题和就业陷阱，导致个别学生不慎进入诈骗公司。

面对网络犯罪，要想作出最好、最迅速的反应，我们必须采取恰当的手段，寻找正确的角度以及切入点。对许多大学生来说，大学不但是增长知识，提高专业水平的重要阶段，同时更是健全人格，培养价值观的关键时期。大学生既是我们国家的希望，更是我们民族的未来。引导大学生培养正确的思维方式和良好的网络品格，不仅事关大学生自身的健康成长，也事关国家民族的兴衰。因此，为了有效地避免大学生沉溺网络，防止大学生在虚拟世界中误入歧途，需要全社会共同努力构建一个健康、积极、向上的网络环境。不可否认的是，由于互联网独特的架构，网络环境永远不能也不会自我彻底清除网络犯罪。预防大学生网络违法犯罪问题需要大学生们进一步强化行动时的依恋——行为是否对父母有所感受，提高行动时的认同——行为是否对共同的全社会都应遵守的规则的破坏，形成并巩固信念——行为是否违反了法律、法规的规定。

CHAPTER 08 >>

第八章 研究结论与讨论

系统研究预防大学生违法犯罪问题并得出相应的规律性结论是本书的最终目的，也是研究的要旨。

第一节　研究结论

通过“社会腱”视角下所展开的大学生违法犯罪研究，可以得出有关大学生违法犯罪的一些规律性结论。

（一）有关大学生违法犯罪原因的一些规律性结论

（1）大学生实施犯罪行为是一种正常中包含着异常的社会现象。相比于一般的青少年、成年人或青年军人，大学生具有自己的特点，他们被称为“天之骄子”，身处大学校园的“象牙塔”。虽然大学校园被视为研究高深学问的一片净土，但并非与世隔绝，也不可能做到“不食人间烟火”，大学校园与社会间总是存在着种种联系。从社会层面看，大学生首先扮演的角色是社会人，与我们社会中的芸芸众生并无差别，因此可以说某些大学生犯罪是一种正常的社会现象。但是，若将他们的大学生身份考虑进去，他们毕竟具备着常人所不具备的综合素质，受教育程度较高，本来他们本应成为社会的中流砥柱，结果他们最终成为罪犯，这又是一种异常的社会现象。因此可以说某些大学生成为罪犯是一种相互矛盾，正常中包含着异常的社会现象。

（2）依恋的弱化导致的“社会腱”断裂是某些大学生违法犯罪的根本原因。从“社会腱”理论的角度来讲，一个社会成员要想在复杂多变的社会中生存，在社会中拥有自己的一席之地，必须具备三个因素：依恋、认同、信念。这三个因素之间相互联系、相辅相成，共同构成一个统一的整体，作为整体的一部分，任何一个因素均不可偏废，否则就可能导致出现犯罪行为。依恋作为“社会腱”的基础与核心，代表着某个社会成员对其他人或群体的感情联系。情感的融合和爱的沟通便是这种感情联系的具体体现，主要表现在社会成员对学校、家庭以及正常社会的依恋。但是这种依恋并非牢不可破，它往往会受到学校、家庭和社会中负面因素的影响而被弱化，甚至可能消失殆尽。一旦大学生没有了任何依恋，就会降低他在接受学校教育、家庭教育和社会教育时的认同感，进而影响正确的道德观念和价值体系的培养，最终使“社会腱”断裂，导致违法犯罪行为的发生。

（3）认同的降低导致的“社会腱”断裂是大学生违法犯罪发生的中间环节。在“社会腱”中，“认同”这一概念具有丰富的内涵，它具体体现在几个不同的方面，如对社会责任以及社会义务的承担、对未来生活有明确的规划和远大抱负、对自己的高标准要求等。个体所获得的认同感越高，其对学校、家庭以及社会的依恋就会越强烈，从中汲取的养分就会更丰富，自己的生活就更加充实和多彩。此消彼长，相应地就会减少犯罪的时间、精力、动机，也就很少会出现违法犯罪现象。换句话说，当一个人是以积极阳光、乐观向上的态度去面对自己生活的家庭、就读的学校和已经充分融入其中的社会，他会更加自发地扮演好自己的角色，担负起自己的责任；反之，若是整日游手好闲、不思进取，缺乏归属感和认同感，便会产生大量的闲暇时间，这预示着他们有实施犯罪行为的充足条件。当个体开始对学校、家庭和社会没有任何依恋；当个体开始对自己本应承担的责任弃之不顾；当个体开始衡量实施犯罪活动的得与失，这就代表着个体的“社会腱”链条已经断裂，这些大学生的违法犯罪行为也就随之而来。

（4）信念的缺失导致的“社会腱”断裂是大学生违法犯罪发生的最终原因。信念能带给一个人无穷的力量，这些力量足以支撑一个人走过漫长的人生。它代表着对共同价值体系坚定不移的追求，对正确道德观念发自内心的坚持。一个大学生如果具备强烈的信念，能够被灌输我国社会中主流的价值观和传统的道德观，并且将其作为自己的人生信条或行为准则，自然就会对学校、家庭、社会产生强烈的依恋和认同，在学校、家庭及社会三方的教育下迅速完成社会化。这便使其具备了自觉抵御腐朽道德观侵蚀的能力，从而杜绝犯罪行为的发生；否则，若是一个大学生的头脑中充斥着各种糟粕思想和不良习惯，他对合法行为和犯罪行为的判断力就会显著降低，模糊两者的边界，导致将违法犯罪等错误行为合法化、合理化。致使大学生对学校、家庭和社会的依恋及认同进一步弱化，最终也会产生“社会腱”断裂，直至犯罪行为的产生。

总而言之，在“社会腱”链条中，依恋、认同及信念三者相辅相成、不可偏废，任何一个链条的缺失或削弱，都会产生“社会腱”断裂的结果，从而引发某些大学生违法犯罪行为的发生。由此可以得出结论：某些大学生违法犯罪的直接原因便是其“社会腱”的断裂。

（二）有关大学生违法犯罪原因的一些规律性结论

（1）大学生违法犯罪是可以预防的。违法犯罪不仅对公众的物质、人身甚至生命造成损害，还对人的心理、精神及社会化产生不利影响。从道德情感层面来讲犯罪行为具有可谴责性，从实际事实层面来讲犯罪行为具有社会危害性，这正是需要对违法犯罪行为进行预防和控制的原因所在。一个无法预防和控制犯罪行为的社会，必然是一个缺乏秩序、混乱不堪的社会，最终整个社会结构将会土崩瓦解，整个人类共同体将会消亡。❶ 因此，为了维护社会共同体、保护社会主流道德观、稳定社会统治秩序，预防和控制犯罪势在必行。预防大学生违法犯罪也不例外。

犯罪“可以预防”是说犯罪原因可以被逐渐地克服和减少，从而使犯罪得以避免。对违法犯罪行为的漠视意味着社会的倒退和人类的自毁。因为犯罪不可能自发地处于一种稳定的“饱和状态”而永不构成对人类存在的威胁。❷ 走上违法犯罪道路的大学生大多一贯表现良好且大部分是初犯、偶犯。大学生能够在高考的“大决战”中胜出，这不仅是其平时刻苦努力和坚强意志共同作用的结果，而且也折射出大学生有着艰苦奋斗与执着追求成功的可贵精神，而绝非天生的好逸恶劳、贪图享受之辈。同时，这些同学除在学习上保持领先之外，过往的品德言行也往往无可厚非，

---

❶ 储槐植、许章润等：《犯罪学》，法律出版社2016年版，第271页。

❷ 储槐植、许章润等：《犯罪学》，法律出版社2016年版，第274页。

还常为老师、同学、亲朋、邻里所津津乐道。因此，在这部分大学生走上违法犯罪道路之前，完全可以采取相应的预防措施加以防范，以使他们对家庭、对学校、对社会产生依恋，获得正确的社会认同，形成并巩固信念，进而使其“社会腱”不致出现断裂而远离违法犯罪。大学生正处于由未成年人向成年人过渡的时期，不断地在真善美与假恶丑的分界线上徘徊。他们尚未完全走向社会，自抑能力相对薄弱，依然需要社会对其塑造、教育和保护。“社会腱”的断裂导致大学生走上违法犯罪道路，除了大学生自身的主观原因外，“社会腱”存在于其中的社会、家庭、学校等环境中的负面因素负有不可推卸的责任。研究已经表明，大学生本人并不自甘堕落而成为社会的罪人、家庭的负担、学校教育的“次品”，他们对强化依恋、提高认同、形成并巩固信念等预防大学生违法犯罪的措施之有效性是充满信心的。在笔者进行的“你认为大学生违法犯罪能够预防（消除）吗?”问卷调查显示，90% 以上的在校大学生希望尽快消除犯罪原因，为他们的成长创造一个良好的环境，即他们不希望走上违法犯罪的道路；95% 以上的犯罪大学生均对自己的行为悔恨不已；100% 的大学生家庭均不愿把自己的心血“付之东流”；100% 的大学均不愿自己培养的大学生成为“次品”；社会对走上犯罪道路的大学生均表示不同程度的宽容。总之，社会上方方面面的力量均支持、拥护预防大学生违法犯罪措施的推行。

可见，通过重建大学生的“社会腱”，某些大学生违法犯罪是完全可以预防的。

（2）强化依恋是预防大学生违法犯罪的基础。依恋主要包括对学校的依恋、对家庭的依恋和对社会的依恋三个层面，代表着大学生对他人或群体的感情。当大学生对他人或群体产生依恋时，不可避免地就会在采取某种行动时将他人或群体的意见考虑在内，从而就降低了大学生违法犯罪的可能性。依恋是“社会腱”要素的基础，没有依恋就没有认同。通过注重培养家庭亲情、避免问题家庭的出现就能够强化大学生对父母的依恋，提高教师队伍素质、营造良好有序的校园育人环境、革新学生管理体制和做好对大学生同辈群体的合理引导就能够强化大学生对学校的依恋，弥补经济体制改革中的漏洞与负面效应、提高国家的社会控制力就能够强化大学生对社会的依恋。因此，依恋得到了强化，就能够使大学生形成稳固的“社会腱”，从而远离违法犯罪。可见，强化依恋是预防大学生违法犯罪的基础。

（3）提高认同是预防大学生违法犯罪的中间环节。认同既是对依恋的深化，又是信念产生的前提，在整个“社会腱”链条中起着承上启下的作用，因此也是“社会腱”的关键。认同具体是指大学生在社会化过程中，自发地进行全面、持久的模仿学习某些特质的一个阶段。作为一种情感，抑或作为一种态度，认同描述了人格与社会及文化之间的相互关系，展示了两者之间是如何互动的。通过使家长树立正确的教育观、采取正确的教育方式、引导正确的教育内容就能够提高大学生对家庭的角色认同感；加强校园物质文化建设、行为文化建设、精神文化建设就能够提高大学生对学校的角色认同感；改造不良的社会环境就能够提高大学生的社会认同感。因此，认同得到了提高，才能够巩固强化依恋的结果并为信念的形成打下基础，使大学生形成稳固的“社会腱”，从而远离违法犯罪。可见，提高认同是预防大学生违法犯罪的中间环节。

（4）培养并强化信念是预防大学生违法犯罪的重点。信念可以给我们希望，也可以给我们力量，信念会影响一个人的一生。

信念代表着对共同的价值体系和道德观念的赞同、承认以及相信。信念作为“社会腱”的最终目的，既是认同的必然结果，又是新的依恋形成的基础。通过加强对大学生道德教育、法制教育、人文教育等素质教育就能形成并巩固大学生的信念，切断腐朽思想文化的传播途径就能够使大学生的文化观念沿着正确的轨道前行。因此，形成信念是强化依恋、提高认同的最终结果，更是稳固“社会腱”的构建重点。这样才能够使大学生新的依恋和认同不断形成并走向深入。可见，形成并巩固信念是预防大学生违法犯罪的重点。

总之，在重建大学生“社会腱”的过程中，依恋、认同、信念这三个要素中的任何一个得到巩固，就可能避免“社会腱”出现断裂，进而使大学生远离违法犯罪。

第二节　有待讨论的问题

由于笔者已经就大学生违法犯罪原因问题做过专门的探讨，由于本书研究对象——预防大学生违法犯罪的限制，故本研究不可能穷尽与大学生违法犯罪有关的一切问题。但是，以下问题还是需要予以进一步的研究。

一、大学生违法犯罪的历史回顾问题

随着信息时代的到来，越来越多的大学生犯罪案件为人们所了解。事实上，大学生犯罪事件并非在近几年才出现，时任中国犯罪学研究会会长的北京大学法学院康树华教授早在2001年便发布过一项调查研究：1965年，全国刑事犯罪案件中，青少年犯罪

案件占比 33%，其中有 1% 为大学生犯罪；到了“文革”时期，青少年犯罪率骤增，达到全国刑事犯罪案件的 60%，大学生犯罪案件的比例也随之升高到 2.5%；近几年，青少年犯罪案件的数量仍在增加，达到了刑事犯罪的总量的 70%~80%，其中，大学生违法犯罪案件约占 17%。❶ 仅在 2003~2005 年，大学生违法犯罪案件数量就飙升了 120%。❷ 另外根据相关资料显示，自 1987 年后的 20 年中，仅在北京市海淀区人民法院，就有超过六千名在校大学生被判刑。❸

上述资料充分说明，尽管在总体上，有理想、有抱负、负责任、守纪律是绝大多数大学生的主流思想和行为准则，他们能够顺应时代潮流，能够在变革中同新的时代要求保持一致。然而在这样的时代背景下有一个问题值得我们担忧，那就是大学生违法犯罪率仍然在逐年攀升。对于这一现象，必须引起我们高度重视和充分警惕，不断挖掘并深入思考其背后的原因，及时制定相应的预防和治理措施。

作为一种畸形的社会现象，大学生违法犯罪同其他的社会现象一样，要想深入研究其背后问题的根源，我们必须先对大学生违法犯罪问题的历史变迁作出进一步了解。因此，为寻找到大学生违法犯罪的切实有效的预防对策，就需要研究大学生违法犯罪的历史，即需要在历史过程中考察大学生违法犯罪问题，这样才能够找到具有针对性的预防大学生违法犯罪的对策。

---

❶ 康树华：“中国犯罪学会调查”，载《北京晨报》2001 年 11 月。

❷ 周保强：“大学生违法犯罪心理分析及预防”，载《犯罪研究》2008 年 3 月，第 69－71 页。

❸ 滕兴才：“20 年 6000 名在京大学生被判刑”，载《中国青年报》2008 年 9 月。

二、大学生违法犯罪预测问题

关于大学生犯罪的一个好现象是美国校园犯罪率在十年间下降了43%。美国教育部和国家教育统计中心报告称，每万名学生的校园犯罪率从2006年的33.4人下降到2016年的19.2人。这是一个显著的减少！

不幸的是并不都是好消息。虽然入室盗窃的比率显著下降，但性暴力的比率却在上升。2016年，每1万名学生中就有6人遭受性侵犯，是2001年的三倍多。在这一趋势中有几个潜在的因素在发挥作用。首先，犯罪率是基于报告的日期，而不是发生的时间。这有可能扭曲人们的看法。例如，密歇根州立大学2018年的犯罪报告包括针对体育医生拉里·纳萨尔的946项强奸指控。

美国对于刑事案件的调整模式也并非一成不变，而是由早先的“矫正模式”逐步转为“公正模式”，这一变化是自20世纪70年代美国学者罗伯特·马丁森提出著名的“矫正无效论”后开始发生的。“公正模式”继而产生了两极化刑事政策，即对犯罪情节严重的犯罪人处以更为严厉的刑罚，对于情节较轻的犯罪人处罚更为轻缓。两极化刑事政策由于曾被简单地认为是一种重刑主义，因而遭受了不少的批评。[1] 然而它的效果十分显著，20世纪90年代中后期，美国的犯罪率开始下降。根据资料显示，美国2012年的犯罪率为3255.788人每十万人，这一数量相较1991年美国的犯罪率达到峰值时5897.8人每十万人，降低了约45%。在这之中，

---

[1] See Leon Radzinowicz, Penal Regerssions: Cambridge Law Journal, Vol. 50, No. 3, 1991, p. 422, p. 444；林东茂：“累犯与三振出局”，《台湾法学杂志》2003年第5期，第108－115页；林山田：“刑法改革与刑事立法政策”，《月旦法学杂志》2003年第1期，第8－25页；黄华生：“两极化刑事政策之批判”，《法律科学》2008年第6期，第71－77页。

最为严重的暴力犯罪从 1991 年峰值的 758. 2 人每十万人降低到 386. 9 人每十万人，财产犯罪则是从 5140. 2 人每十万人降低到 2859. 2 人每十万人，回落到了 20 世纪六七十年代的水平❶。

犯罪预测主要是针对未来一定范围内犯罪的种类、数量、发展趋势及再犯可能性等数据进行一些合理的推测，对于预防犯罪有着深远的意义。❷ 通过运用科学的理论和方法，对大学生违法犯罪情况的现状和历史加以分析研究，对未来一定时期、一定范围的大学生是否犯罪、犯罪状况、发展趋势作出科学的估计，我们可以对大学生违法犯罪作出一些预测，进而便可以采取一些合理的方法和手段对大学生违法犯罪进行有效的预防。

针对大学生违法犯罪这一问题，要想提出合理的解决方案或建议，必须先对这一问题的现状作出充分了解与认识，在此基础上再对发展趋势进行科学的推论和预测。因此，大学生违法犯罪的预防需要正确分析大学生违法犯罪的现状并科学预测发展趋势。所谓现状，就是问题本身。大学生违法犯罪的根源、性质、种类和方式上都与一般青少年、成年人犯罪不同。因此，要有的放矢、对症下药，有所区别地制定预防策略和有效的预防措施。其次，还要加强对大学生违法犯罪态势、发展方向的预测，做到心中有数，防有方向，打有重点，只有这样才能在萌芽阶段就将大学生违法犯罪活动消灭掉。因为对大学生违法犯罪的预测是预防大学生违法犯罪的重要组成部分，缺少对犯罪科学的预测，预防也是盲目的、没有针对性的，不可能达到期待的预防效果。科学的犯

---

❶ State University of New York, the United States Department of Justice, Sourcebook of criminal justice statistics Online: https: //www. albany. edu/sourcebook/index. html; http: //www. bjs. gov/, Visit Date: On July 14, 2019.

❷ 郑瑞琴、黄志强：“青少年犯罪预测和预防探析”，载《湖北社会科学》2002 年 9 月，第 100－101 页。

罪预测必将提高我们预防大学生违法犯罪的能力。只有科学的预测，才能为有效的预防创造和提供有利的条件和前提。

三、大学生内部心理结构与重建的大学生“社会腱”的关系问题

“一千个人眼中有一千个哈姆雷特”，每一个大学生眼中的世界都是不同的，他（她）们都会根据自己的理解和想法赋予这个世界不同的内涵。对于现实，他（她）们总会以自己的经验为基础加以理解。由于每个人的经验及对经验的信念有所差别，每个大学生对外部世界的理解也千差万别。

正如书中所述，作为沟通个体内部心理结构与外部环境之间的纽带，“社会腱”不单单是某个因素就能决定的，它的形成是个体和社会双向建构的结果。本书提出的重建大学生的“社会腱”以实现预防大学生违法犯罪，更多的是一个从外部环境探讨大学生违法犯罪预防问题，而对大学生个体内部心理结构的预防问题，即面对同样的环境，重建出来的大学生“社会腱”与大学生内部心理结构之间的关系如何？本书没有展开。无形中，就限制了本书的说服力。

总之，对于上面三个问题，只能留待今后进行研究，在此就不再花费笔墨了，特作说明。同时，由于能力、经验及时间有限，本书并未能系统地跟踪研究犯罪大学生从出生到犯罪的整个阶段，即未能就大学生违法犯罪预防的全过程进行研究，这将导致所得资料、研究结论还可能不足以更深入地论证本书的观点，而只能达到基本说明的效果。作者将在今后的研究中进行完善、论证，在今后的学习和实践中进行弥补。

参考文献

一、著作部分

[1] 马克昌．近代西方刑法学说史略［M］．北京：中国检察出版社，2004.

[2] 马克昌．犯罪通论［M］．武汉：武汉大学出版社，2010.

[3] 马克昌．刑罚通论［M］．武汉：武汉大学出版社，2010.

[4] 许章润．犯罪学［M］．北京：法律出版社，2016.

[5] 马克昌．比较刑法原理——外国刑法学总论［M］．武汉：武汉大学出版社，2002.

[6] 徐久生．校园暴力研究［M］．北京：中国方正出版社，2004.

[7] 颜小冬．当代大学生犯罪问题研究［M］．北京：中国检察出版社，2004.

[8] 徐久生．校园暴力研究［M］．北京：中国方正出版社，2004.

[9] 王牧．新犯罪学（第二版）［M］．北京：

高等教育出版社，2005.

[10] 北京大学哲学系外国哲学史教研室编译．西方哲学原著选读（下卷）[M]．北京：商务印书馆，1982.

[11] 储槐植、许章润等．犯罪学 [M]．北京：法律出版社，2000.

[12] 冯树梁．论犯罪预防 [M]．北京：法律出版社，2008.

[13] 陈小明．高校保卫学理论研究与探讨 [M]．青岛：中国海洋大学出版社，2003.

[14] 吴宗宪．西方犯罪学史 [M]．北京：警官教育出版社，1997.

[15] 吴宗宪．西方犯罪学 [M]．北京：法律出版社，1999.

[16] [美] 特拉维斯·赫希．少年犯罪原因探讨 [M]．吴宗宪，译．北京：中国国际广播出版社，1997.

[17] [美] 乔治·沃尔德、托马斯·伯纳德、杰弗里·斯奈普斯．理论犯罪学 [M]．方鹏，译．北京：中国政法大学出版社，2005.

[18] 吴殿朝．控制弱化与大学生违法犯罪 [M]．北京：中央文献出版社，2007.

[19] 吴殿朝．中国当代大学生违法犯罪原因研究——基于"社会腱"视角的分析 [M]．北京：中国社会科学出版社，2009.

[20] [英] 戈登·休斯．解读犯罪预防——社会控制、风险与后现代 [M]．刘晓梅、刘志松，译．北京：中国人民公安大学出版社，2009.

[21] [德] 汉斯·约阿希姆．施奈德．犯罪学 [M]．吴鑫涛、马君玉，译．北京：中国人民公安大学出版社，1999.

[22] 张人杰．国外教育社会学基本书选 [M]．上海：华东

师范大学出版社，1989.

［23］康树华．犯罪学——历史·现状·未来［M］．北京：群众出版社，1998.

［24］谢玉萍、林冬妹．大学生与法［M］．广州：暨南大学出版社，2009.

［25］程小白等．当代大学生罪错行为典型案例评析［M］．北京：中国人民公安大学出版社，2008.

［26］单中惠、朱镜人．外国教育经典解读［M］．上海：上海教育出版社，2004.

［27］［美］波普诺．社会学［M］．李强，等译．北京：中国人民大学出版社，1999.

［28］陆建华．青年学词典［M］．合肥：安徽人民出版社，1989.

［29］鲁洁．教育社会学［M］．北京：人民教育出版社，2001.

［30］张六祥．犯罪心理与案例分析［M］．济南：山东人民出版社，2000.

［31］陆建华．中国社会问题报告［M］．北京：石油工业出版社，2002.

［32］［法］埃米尔·迪尔凯姆．自杀论［M］．冯韵文，译．北京：商务印书馆，2001.

［33］陶国富、王祥兴．大学生社会心理［M］．上海：华东理工大学出版社，2005.

［34］张六祥．犯罪心理与案例分析［M］．济南：山东人民出版社，2000.

［35］展望21世纪——汤因比与池田大作对话录［M］．北

京，国际文化出版公司，1985.

[36] 张文显．马克思主义伦理学［M］．长春：吉林大学出版社，1993.

[37] 张文显．法理学［M］．北京：高等教育出版社，2001.

[38] 杜时忠．人文教育论［M］．南京：江苏教育出版社，1999.

[39] 刘鸿武．人文科学引论［M］．北京：中国社会科学出版社，2002.

[40] 严景耀．中国犯罪问题与社会变迁的关系［M］．北京：北京大学出版社，1986.

[41] 艾如张、张燕．我们的孩子怎么了——青少年不完全心理疾患［M］．北京：新世纪出版社，2002.

[42] 纪德尚．犯罪控制论［M］．西安：陕西人民出版社，1990.

[43] 古源华、叶志标．大学生违法犯罪研究［M］．西安：陕西人民教育出版社，1992.

[44] ［美］路易斯·谢利．犯罪与现代化［M］．何秉松，译．北京：群众出版社，1986.

[45] 周宇中．在校大学生违法犯罪预防、防范及犯罪处理实务全书［M］．合肥：安徽文化音像出版社，2003.

[46] 吴鹏森．犯罪社会学［M］．北京：中国审计出版社、中国社会出版社，2001.

[47] 白建军．关系犯罪学［M］．北京：中国人民大学出版社，2005.

[48] 宋浩波．犯罪社会学［M］．北京：中国人民公安大学出版社，2005.

［49］高铭暄，马克昌．刑法学［M］．北京：北京大学出版社、高等教育出版社，2000.

［50］张远煌．犯罪学原理［M］．北京：法律出版社，2001.

［51］李玥．犯罪学原理与实务［M］．北京：北京科学技术出版社，2001.

［52］罗大华，何为民．犯罪心理学［M］．杭州：浙江教育出版社，2002.

［53］［意］恩里科·菲利．犯罪社会学［M］．郭建安，译．北京：中国人民公安大学出版社，2004.

［54］莫洪宪．犯罪学概论［M］．北京：中国检察出版社，1999.

［55］［德］汉斯·约阿希姆·施奈德．犯罪学［M］．吴鑫涛、马君玉，译．北京：中国人民公安大学出版社，1999.

［56］陈勃．大学生人生困惑及应对［M］．上海：高等教育出版社，2004.

［57］张远煌．现代犯罪学的基本问题［M］．北京：中国检察出版社，2002.

［58］陶国富，王祥兴．大学生积极心理［M］．上海：华东理工大学出版社，2005.

［59］［美］R·E·帕克等．城市社会学［M］．宋俊岭等，译．北京：华夏出版社，1987.

［60］胡联合．转型与犯罪．中国转型期犯罪问题的实证研究［M］．北京：中共中央党校出版社，2006.

［61］张晓秦，赵国玲．当代中国的犯罪与治理［M］．北京：北京大学出版社，2001.

［62］刘文成．犯罪学——犯罪现象·原因·对策［M］．北

京：群众出版社，2001.

［63］金耀基. 大学之理念［M］. 北京：三联书店，2001.

［64］［美］杰克·D. 道格拉斯. 弗兰西斯·C. 瓦克斯勒. 越轨社会学概论［M］. 张宁，朱新民，译. 石家庄：河北人民出版社，1987.

［65］万俊人. 道德之维——现代经济伦理导论［M］. 广州：广东人民出版社，2000.

［66］徐辉. 现代西方教育理论［M］. 重庆：重庆出版集团/重庆出版社，2006.

［67］莫洪宪. 中国青少年犯罪问题及对策研究［M］. 长沙：湖南人民出版社，2007.

［68］郝守才. 近代西方刑法学派之争［M］. 开封：河南大学出版社，2009.

［69］顾明远. 教育大辞典［M］. 上海：上海教育出版社，1993.

［70］宛志文. 汉语大字典［M］. 武汉：湖北人民出版社四川辞书出版社，1999.

［71］马克思恩格斯选集（第一卷、第三卷）［M］. 北京：人民出版社，1960.

［72］程继隆. 社会学大辞典［M］. 北京：中国人事出版社，1995.

［73］许慎. 说文解字（上）［M］. 长沙：岳麓书社，1997.

［74］许章润. 犯罪学［M］. 北京：法律出版社，2016.

［75］Mannheim. Hermann. Comparative criminology：A text book. 2 vols. . London：Routledge & Kegan Paul Mark. V. H. & F. R. Ervin. Violence and the brain［M］. New York：Harper

Row. 1965: 330.

[76] Sutherland. Edwin Hardin & Donald R. Cressey. Principles of criminology [M]. J. B. Lippincott Company. 1978: 80 – 82.

[77] Mannheim. Hermann. Pioneers in criminology. Montclair [M]. NJ: Patterson Smith. 1972: 57.

[78] Merton. Robert K.. Social theory and social structure:

Siegel. Larry J. Criminology. 3rd ed. [M]. St. Paul: West Publishing Company. 1989: 158.

[79] Toward the condition of theory and research. Glencoe [M]. Free Press. 1949: 201.

[80] Hagan. John. Modern criminology: Crime. criminal behavior. and its control [M]. New York: McGraw – Hill. 1985: 13 – 14.

[81] Matza. David. Delinquency and drift [M]. New York: John Wiley. 1964: 29.

[82] Gillin. John Lewis. Criminology and penology [M]. New York: The Century Co.. 1926: 159.

[83] Hagan. John. Modern criminology: Crime. criminal behavior. and its control [M]. New York: McGraw – Hill. 1985: 13 – 14.

[84] Larry J. Siegel. Criminology: Theories. Patterns. and Typologies. Fifth edition [M]. New York: West Publishing Company. 1995: 180 – 181.

[85] Sykes. Gresham M. & Matza. David. "Techniques of neutralization: A theory of delinquency." [M]. American Sociological Review. 1957: 664 – 670.

[86] Merton. Robert K.. Social theory and social structure: To-

ward the condition of theory and research. Glencoe [M]. Ill: Free Press. 1949: 201.

[87] Tarde. Gabriel. Penal philosophy. Translated by Rapelje Howell. Montclair [M]. NJ: Patterson Smith. 1968: 389、380.

[88] Sutherland. Edwin Hardin & Donald R. Cressey. Principles of criminology [M]. J. B. Lippincott Company. 1978: 80 – 82.

[89] Herbert Blunner. Symbolic Interactionism. Prentice Hall [M]. Englewood Cliffs. NJ. 1969: 2 – 3.

[90] Mannheim. Hermann. Pioneers in criminology. Montclair [M]. NJ: Patterson Smith. 1972: 390.

[91] Cohen. Albert K.. Delinquent boys: The culture of the gang [M]. Glence: Free Press. 1955: 25 – 32.

[92] Lanier. Mark M. & Stuart Henry. Essential criminology. Boulde [M] r. CO: West View Press. 1998: 159 – 160.

[93] Vold. George B. & Thomas J. Bernard. Theoretical criminology [M]. New York: Oxford University Press. 1986: 238 – 239.

[94] Haskell. Martin R. & Lewis Yablonsky. Juvenile Delinquency [M]. Chicago: Rand McNally College Publishing Company. 1974: 256.

[95] Erickson, E. Identity, youth and crisis [M]. New York: Norton. 1968: 123 – 125.

[96] Gillin. JohnLewis. Criminology and penology [M]. New York: The Century Co.. 1926: 159.

[97] Williams. Franklin P. III & Marilyn D. McShane. Criminological theory. 2nd ed.. Englewood Cliffs [M]. New Jersey: Pren-

tice Hall. 1994：229.

[98] Vold. George B.. Theoretical criminology [M]. New York：Oxford University Press. 1998：253－254.

[99] Gibbons. Don C.. The criminological enterprise：Theories and perspective. Englewood Cliffs [M]. New Jersey：Prentice－Hall. Inc. 1979：56.

[100] Haskell. Martin R. & Lewis Yablonsky. Juvenile Delinquency [M]. Chicago：Rand McNally College Publishing Company. 1974：256.

Taft. Donald R. & Ralph W. England. Jr.. Criminology：A cultural interpretation [M]. New York：Macmillan. 1964：275.

[101] Lanier. Mark M. & Stuart Henry. Essential criminology. Boulder [M]. CO：West view Press. 1998：230.

[102] Harry E. Allen、Paul G. Friday、Julian B. Roebuck、Edward Sagarin：*Crime and Punishment*：*An Introduction to Criminology* [M]. Free Press. 1981.

[103] Hirschi，Travis. *Cause of Delinquency*. Berkeley [M]. University of California Press. 1969.

[104] Gove，W. *The Family and Delinquency* [M]. The Sociological Quarterly，1983.

[105] Bentham. Jeremy. An introduction to the principles of morals and legislation [M]. London. 1789：41.

[106] Lombroso. Cesare. Crime：Its cause and remedies [M]. Translated by Henry P. Horton. Boston：little. Brown. 1912：62.

[107] Vold. George B.. Theoretical criminology [M]. New York：Oxford University Press. 1958：43.

二、论文部分

[1] 王亮，袁立光. 当前高校犯罪率上升的原因及对策 [J]. 湖南工程学院学报：社会科学版，2004（3）：56－58.

[2] 谢佑平，王永杰. 多元视野下的美国青少年法治教育：途径、策略及启示 [J]. 青少年犯罪问题，2007（3）：62－65、72.

[3] 张仁骏. 美国校园安全管理现状考察及启示 [J]. 中共济南市委党校学报，2006（4）：65－69.

[4] 王国琦. 日本的少年警察制度 [J]. 人民公安，2007（11）：50－51.

[5] 樊荣庆. 德国少年司法制度研究. 青少年犯罪问题 [J]. 2007（3）：67－69.

[6] 魏丽. 在校大学生违法犯罪的原因与预防 [J]. 河北法学，2005（7）：154－157.

[7] 吕途. 大学生违法犯罪的预防对策 [J]. 中国教育科学探究，2005（1）：24－25.

[8] 张金明. 大学生违法犯罪的“三位一体”预防网络 [J]. 黑龙江高教研究，2005（11）：127－129.

[9] 杜琳，金辉：构筑大学生违法犯罪机制的探索 [J]. 广西教育学院学报，2004（5）：59－60.

[10] 赵建宏. 互联网视觉下青少年犯罪的影响及对策 [J]. 法制博览，2021（9）：87－93.

[11] 肖俊恒，我国青少年犯罪原因及预防对策研究 [J]. 法制与社会，2021（8）：77－78.

[12] 梁胜. 构建可操作性的大学生违法犯罪预防机制研究

[J]. 警官文苑，2009 (3)：35 –36.

[13] 桂花乔. 高教改革背景下的大学生违法犯罪预防研究 [J]. 当代青年研究，2006 (12)：85 –80.

[14] 孟强. 犯罪学视觉下青少年犯罪原因分析及防控对策研究 [J]. 辽宁公安司法管理干部学院学报，2021 (3)：21 –23.

[15] 李婕. 日本青少年发展与青少年政策演变研究—以日本《青少年白皮书》为基础 [J]. 中国青年社会科学，2021 (5)：97 –98.

[16] 徐国杰. 从大学生个案分析看家庭教育的缺失 [J]. 中国家庭教育，2005 (2)：32 –33.

[17] 周巍，谭杰，朱展仪. 基于社会网络理论视角下“三失”青少年的资本缺失问题 [J]. 当代青年研究，2021 (5)：85 –88.

[18] 刘亚娜，高英彤. 青少年沉迷网络游戏引发犯罪的实证研究与应对机制 [J]. 山东大学学报（社会科学版），2020 (3)：39 –40.

[19] 黄小光. 英国青少年反社会行为控制体系的形成与反思 [J]. 青少年犯罪问题，2020 (5)：50 –51.

[20] 宋秋英，谢梦梦. 人工智能背景下青少年犯罪的双预机制——访鲁东大学问题青少年教育矫正研究院院长苏春景 [J]. 世界教育信息，2020 (2) 61 –63.

[21] 马素英. 从大学生违法犯罪现象看高校德育教育的实效性 [J]. 经济师，2005 (10)：114 –115.

[22] 刘增芝. 当代大学生的犯罪原因及预防对策 [J]. 河北大学成人教育学院学报，2004 (4)：94 –96.

[23] 赵书荣. 当代大学生违法犯罪的学校原因及预防措施

[J]. 黄河水利职业技术学院学报, 2005 (2): 77 - 78.

[24] 田海粟. 浅析当代大学生违法犯罪案增多的原因和防范措施 [J]. 甘肃农业大学学报, 2004 (5): 607 - 610.

[25] 董升太, 马淑君. 论大学生的法制教育 [J]. 教书育人, 2005 (1): 58 - 60.

[26] 康树华, 贾国凯. 我国青少年法制教育的完善 [J]. 青少年犯罪问题, 2005 (6): 20 - 24、37.

[27] 郑景光. 高校大学生违法犯罪预防体系的构建 [J]. 湖南科技学院学报, 2010 (2): 135 - 137.

[28] 万志昂. 论大学生违法犯罪预防的模式定位及其机制构建 [J]. 知识经济, 2010 (6): 14、51.

[29] 于立华. 从高校教育管理角度谈大学生违法犯罪的预防 [J]. 才智, 2010 (3): 232.

[30] 王雪峰. 从大学生违法犯罪看大学教育的缺失 [J]. 黑龙江高教研究, 2005 (11): 124 - 126.

[31] 林继熙. 构建大学生违法犯罪长效机制的探讨 [J]. 福建农林大学学报 (哲学社会科学版), 2008 (4): 96 - 98.

[32] 张忠国, 傅剑波. 大学校园文化建设与大学生违法犯罪预防研究 [J]. 沈阳农业大学学报 (社会科学版), 2008 (5): 568 - 571.

[33] 莫小春. 女大学生违法犯罪的心理探因及防范对策 [J]. 广西经济管理干部学院学报, 2005 (1): 81 - 83.

[34] 张红. 浅析女大学生违法犯罪 [J]. 贵州民族学院学报 (社会科学版) 2007 (1): 34 - 37.

[35] 孙岩. 民办高校在大学生违法犯罪预防中的角色定位 [J]. 辽宁行政学院学报, 2005 (5): 30 - 31.

[36] 赵文忠. 透视当代大学生违法犯罪现象 [J]. 公安教育, 2002 (11): 34-36.

[37] 邓公明. 大学生杀人行为的社会心理学分析 [J]. 青少年犯罪研究, 2005 (5): 58.

[38] 康树华. 大学生违法犯罪的智能性与大学法制教育的改善 [J]. 青少年犯罪问题, 2002 (3): 39-40.

[39] 付江浩. 大学生违法犯罪问题与高校法制教育探析 [J]. 武汉科技大学学报 (社会科学版), 2004 (2): 59-62.

[40] 胡解旺. 大学毕业生啃老现象 [J]. 当代青年研究, 2006 (1): 36-38.

[41] 吴宁. 青少年犯罪心理成因分析的社会控制理论解读. 理论与改革 [J], 2007 (5): 139-140.

[42] 江志华. “社会键”理论与青少年犯罪预防 [J]. 当代青年研究, 2004 (6): 44-48.

[43] 高畅, 王雪峰. 儒家思想与青少年犯罪预防 [J]. 青少年犯罪问题, 2003 (5): 4-7.

[44] 许前程. 从武汉市调查看中国青少年犯罪 [J]. 青少年犯罪问题, 2002 (2): 21-26.

[45] 金一清. 师生关系互动与青少年犯罪预防 [J]. 青少年犯罪问题, 2005 (2): 22-24.

[46] 王路江. 以科学发展观为指导大力提升高校管理水平 [J]. 国家教育行政学院学报, 2010 (1): 12-14、61.

[47] 尚秀云. 家庭教育应当成为预防未成年人犯罪的第一道防线 [J]. 青少年犯罪问题研究, 2004 (4): 23-27.

[48] 周芦萍, 余长秀. 城市家庭问题与青少年违法犯罪 [J]. 青少年导刊, 2002 (1): 47-50.

[49] 包文娟. 浅析良好家庭教育方式的构建 [J]. 考试周刊, 2007 (48): 7 – 8.

[50] 孙殿凤. 家庭精神环境与儿童行为问题研究进展 [J]. 滨州职业学院学报, 2007 (2): 67 – 70.

[51] 俞建群. 新形势下大学校园文化建设面临的挑战及其对策 [J]. 福建师范大学学报 (哲学社会科学版), 2005 (4): 56 – 60.

[52] 周武君. 大学精神: 校园文化缺失与重构的价值指归 [J]. 辽宁教育研究, 2004 (8): 13 – 15.

[53] 王梓坤. 大学精神 [J]. 北京师范大学学报, 2003 (2): 29 – 32.

[54] 江海俭. 大学生“枪”断人生路 [J]. 江苏人大, 2006 (12): 29 – 30.

[55] 李淑英, 张洪. 家庭文化与预防未成年人犯罪 [J]. 河北青年管理干部学院学报, 2002 (4): 37 – 39.

[56] 张小华, 梁敏, 陈立毅, 马岩. 家庭教育对未成年人违法犯罪行为的影响 – 反社会倾向和心理健康的中介作用 [J]. 预防青少年犯罪研究, 2019 (5): 3 – 7.

[57] 李振刚. 现代中国人面临的道德困境及其补救 [J]. 中国人民大学学报, 1997 (1): 32 – 37.

[58] 周其海. 大学生违法犯罪原因探究及预防对策思考 [J]. 高教研究, 2007 (1): 45 – 46.

[59] 李越红. 论高校人文教育存在的问题及解决对策 [J]. 中共山西省委党校学报, 2005 (3): 89 – 90.

[60] 杨德广. 人文教育就是做人的教育 [J]. 江苏高教, 2003 (3): 1 – 4.

［61］潘懋元．试论素质教育［J］．教育评论，1997（5）：6－8.

［62］石国兴，鲁忠义．素质教育结构与心理素质教育［J］．河北师范大学学报（教育科学版），1998（1）：79－82.

［63］肖汉仕．论心理素质教育的目标构建及要求［J］．中国教育学刊，1997（2）：37－41.

［64］张海燕．离异家庭大学生的心理健康调查及教育对策研究［J］．继续教育研究，2009（7）：68－70.

［65］刘洁，徐宝华．中国当代大学生犯罪问题研究［J］．安徽大学学报：哲学社会科学版，1999（2）：98－103.

［66］李睿贤．大学生网络风险防范路径探索［J］．南方论刊，2019（6）：34.

［67］朱云，桂忠孝．大学生违法犯罪的学校教育因素探——来自上海提篮桥监狱的调查报告［J］．思想·理论·教育，1996（10）：45－46.

［68］刘建清．浅析高校学生犯罪的心理原因及其预防［J］．赣南师范学院学报，1998（2）：85－88.

［69］何云峰，陈佳丽，张怡．网络社群中大学生思想问题甄别、探因与疏导［J］．山西高等学校社会科学学报．2020（4）：24－28.

［70］王守宽．大学生违法犯罪原因之探讨［J］．建材高教理论与实践，2000（4）：51－52.

［71］孙涛．浅析新时期大学生违法犯罪的原因［J］．青少年研究－山东省团校学报，2000（2）46－47.

［72］谷声艳．大学生犯罪情况原因与防范研究－基于近五年550例裁判文书的统计分析［J］．当代青年研究，2021（4）：

13－16.

［73］刘合行．道德评价中的个人主义倾向评析［J］．河南师范大学学报，2003（10）：16－18.

［74］李宇涵．青少年犯罪早期发现的理论分析及预防措施［J］．云南警官学院学报，2018（6）：82－85.

［75］卢韧．网吧管理与预防青少年犯罪［J］．青少年犯罪研究，2005（1）：49－52.

［76］牛延秋，市场的巨大力量——评《新学子——当代大学生研究报告》［J］．中国青年研究，2003（4）：82－84.

［77］胡然然，被害预防视域下大学生校园贷预防对策研究［J］．大理大学学报，2021（4）：42－43.

［78］刘志松．马克思主义犯罪预防理论的历史考察［J］．青少年犯罪研究，2006（6）：39－51.

［79］陈旭．心理素质的结构与心理素质教育［J］．社会心理科学，2001（1）：15－19.

［80］王志峰，安玉磊．通过两维的社会控制走向法治——以当代中国法律为例对社会控制论的探求［J］．重庆邮电学院学报：社会科学版，2004（4）：68－71.

［81］莫洪宪，叶小琴．学校教育的缺失与青少年犯罪［J］．青少年犯罪问题，2006（2）：16－19.

［82］郑瑞琴，黄志强．青少年犯罪预测和预防探析［J］．湖北社会科学，2002（9）：100－101.

［83］吴殿朝．“社会腱”视野下的大学生违法犯罪——一个招生诈骗案剖析［J］．理论月刊，2010（2）：108－110.

［84］吴殿朝．学校教育因素视角下的大学生违法犯罪原因实证研究［J］．河南商业高等专科学校学报，2009（6）：98－102.

［85］吴殿朝．基于家庭情感联系因素分析大学生违法犯罪的原因［J］．华北水利水电学院学报（社科版），2009（6）：95－98.

［86］吴殿朝．大学生违法犯罪研究述要［J］．河南司法警官职业学院学报，2007（3）：39－42.

［87］冯涛．思想政治教育视阈下大学生法治文化建设研究［D］．江西：江西财经大学，2019.

［88］安冉．自我控制理论与青少年犯罪预防［D］．长春：吉林大学 2020.

［89］陈赛凤．当代大学生网络法治观念培育研究［D］．南京：南京财经大学，2020.

［90］蔡伟．全面依法治国视域下大学生法治意识培养问题研究［D］．郑州：郑州大学，2020.

［91］敖阿玲．思想政治教育专业师范生法治观念现状及对策研究—基于对 N 省五所高校的调查［D］．长春：东北师范大学，2021.

［92］姚如琢．大学恶性犯罪问题研究［D］．上海：上海师范大学，2019.

［93］高瑞．大学生越轨行为防控研究—以西安市高校为例［D］．西安：西安理工大学，2018.

［94］刘志超．广西高校大学生法治观现状调查分析与对策研究［D］．广西：广西师范大学，2018.

［95］耿艳丽．网络环境下大学生法治精神培育研究［D］．重庆：重庆邮电大学，2018.

［96］Nye. Francis Ivan. *Family relations and delinquent behavior*［*J*］. New York：Wiley. 1958：4.

［97］Hirschi. Travis. Cause of Delinquency. Berkeley［J］. University of California Press. 1969：31.

[98] Berry M. *The experience of being a woman student* [*J*]. British Journal of Guidance and Counselling. 1995：211 –218.

[99] Ron Roberts，John Golding，Tony Towell，Irene Weinreb：*The Effects of Economic Circumstances on British Students' Mental and Physical Health* [*J*]. Journal of American College Health. 1999：158 –161.

[100] Thornberry. Terence P. "*Toward a interactional theory of delinquency*" [J]. Criminology. 1987：863 –892.

[101] Wilson. James Q & Richard J. Herrnstein. *Crime and human nature*：*The definitive study of the cause of crime* [*J*]. New York：Simon & Schuster. Inc.. 1985：509.

[102] Hagan. John；A. R. Gillis & John Simpson. "*The class structure of gender and delinquency*：*Toward a power – control theory of common delinquent behavior.*" [J]. American Journal of Sociology. 1985：1151 –1178.

[103] Gordon. David M.. "*Class and the economics of crime*" [J]. Review of Radical Political Economics. 1971：51 –75.

[104] Taylor. Ian. Paul Walton & Jack Young. *The new criminology*：*For a social theory of deviance* [*J*]. London：Routledge & Kegan Paul. 1973：270.

[105] Becker. Howard S.. *Outsiders*：*Studies in the Sociology of Deviance* [*J*]. New York：Free Press. 1963：9.

[106] *The Root of School Violence*：*Causes and Recommendations for a Plan of Action* [J]. College Student Journal 2004：199 –202.

[107] *Values for Money. NUS survey of student finance and attitudes to money management* [*J*]. London: National Union of Students; 1994: 135.

[108] Bennett – Johnson, E. R.. T*he root of school crime and violence. National Conference for PEACE Education* [*J*]. Southern University at New Orleans. 2003: 65 – 72.

[109] *Acquaintance Rape on College and University Campuses* [*J*]. College Student Journal. 2004: 61 – 65.

[110] Kasarda, J. D.. The Severely Distressed in Economically Transforming Cities. in Drugs. Crime, and, Social, Isolation: Barriers to Urban Opportunity [J], edited by Adele V. Harrell and George E. Peterson. The Urban Institute. 1992: 13 – 17.

[111] Yale accused of underreporting assaults; school says it stands by its crime logs. (Clery Act). Campus Crime. 2004: 83.

[112] Earnestine Bennett – Johnson: The Emergence of American Crime and Violence on the College and University Campus [J]. College Student Journal. 1997: 129 – 136.

[113] Griffaton, M. C.. Forewarned is forearmed: The crime awareness and campus security act of 1990 and the future of institutional liability for student victimization [J]. Case Western Reserve Law Review, 1993: 525 – 590.

[114] Monsey, B. What works in preventing rural violence: Strategies, risk factors, and assessment tools [J]. St. Paul: Amberst H. Wilder Foundation. 1995: 168.

[115] Mincy, R., Sawhill, I. V., & Wolf, D. A. The Underclass: Definition and Measurement [J]. Science. 1990: 450 – 453.

[116] Rutgers deploys students to patrol, deter crime just outside of campus [J]. Campus Crime. 2004: 35.

[117] Van, B.. Developmental education: It's past and future [J]. Journal of Learning Improvement. 1992: 21 -28.

[118] Mustapha, S. & Seybert, J. Moral reasoning in college students: Efforts of the general education curricula [J]. Educational Research Quarterly. 1990: 2 -40.

[119] Bunn, D. N., S. B. Caudill, and D. M. Gropper. 1992. Crime in the classroom: An economic analysis of undergraduate student cheating behavior [J]. Journal of Economic Education. 1993: 197 -207.

[120] Pezza, P. E. & Bellotti, A.. College campus violence: Origins, impacts, and responses. Educational Psychology Review. 1995: 105 -123

[121] William Winchester, Rape victim sues Christian University, says it turned a blind eye to problems [J]. Campus Crime. 2004: 101.

[122] Education Dept. imposes record fine on SIU for crime reporting violations. (Salem International University) [J]. Campus Crime. 2004: 53.

[123] Lederman, D. Colleges report rise in violent crimes [J]. The Chronicle of Higher Education. 1995.: 31 -42.

[124] Bennett - Johnson, E.. An introduction to the developmental student and antisocial behaviors on the college/university campus [J]. Little Rock, Ark. 1996: 199.

[125] Touriles E N, Murphy CM, FarrisA M, et al. *Marital*

adjustment, parental disagreement about child rearing and behavior problems in boys: increasing the specificity of the marital assessment [*J*]. Child Dev, 1991, 62 (6): 1425 – 1426.

[126] Harold G T, Shelton K H, Goek M M. C, et al. *Marital conflict child emotional seerriting about family relationship s and child adjustmen*t Soc DEV, 2004, 13 (2): 350 – 376.

[127] Smith DW, BrodzinskyDM. *Coping with birthparent loss in adopted children* [*J*]. Child Psychol Psychiatry. 2001, 10 (2): 35 – 36.

[128] Borge A I. *Developmental pathways of behavior problems in the young child: factors associatial with continuity and change* [*J*]. Scand J Psychol, 1996, 37 (2): 195 – 204.

[129] Beeley. Arthur L. *A social – psychological theory of crime and delinquency: A contribution to etilogy* [*J*]. The Journal of Critical Law. Criminology and Police Science. 1945: 394 – 396.

[130] Mustapha, S. & Seybert, J.. Moral reasoning in college students: Efforts of the general education curricula [J]. Educational Research Quarterly. 2010: 2 – 40.

三、报纸部分

[1] 毛磊．大学生违法犯罪率如何降到最低限度．人民日报，2003 – 04 – 16.

[2] 柴野．学校家庭社会三位一体 德国重点预防青少年犯罪．光明日报，2004 – 05 – 14.

[3] 田霖．女大学生图书馆贩卖海洛因．河南商报，2006 – 12 – 18.

［4］苗迎杰．一个女大学生的堕落．法制文萃报，2003－01－13.

［5］大学生网络现状调查．泉州晚报，2003－12－23.

［6］于扬．自导自演绑架案 女大学生诈骗父母 18 万．京华时报，2002－03－18.

［7］刘雅静．临汾市两大学生诈骗 60 万元获重刑．山西法制报，2005－08－29.

［8］王鑫昕．必须重视对大学生的心理教育．中国青年报，2010－09－15.

［9］女大学生超市偷窃只为体验被抓滋味．大连新商报，2003－03－13.

［10］连芳．借水泡面引争执 北京一大学生校园群殴扎死同窗．华夏时报，2005－07－29.

［11］王业全、华琳月、陈彦．江苏 3 名大学生铊中毒系同学报复网络犯罪．南京晨报，2007－6－20.

［12］“女版马加爵”杀情人分尸．河南商报，2008－01－08.

［13］薛冰．私刻公章收取“学杂费”两大学生诈骗六万元．北京晨报，2001－12－18.

［14］刘雅静．临汾市两大学生诈骗 60 万元获重刑．山西法制报，2005－08－29.

［15］孙云晓．教育的核心是做人．人民政协报，2000－02－22.

［16］陈香．存疑十年真相大白．中华读书报，2003－04－09.

［17］黄海涛．没有感恩教育谈何感谢．河南商报，2007－08－23.

［18］习近平．在全国高校思想政治工作会议上的讲话［N］．人民日报，2016－12－9.

后　记

当代大学生是在网络环境下成长起来的，在诸多新闻媒体上，经常看到大学生“触网”的相关报道。2019 年 10 月，我申报的河南省教育科学规划重大招标课题“大学生网络犯罪预防研究”顺利中标，既出于大学教师的社会责任感与使命感，又出于对大学生的期望、关心、爱护，也出于完成自己的课题结项任务的考虑，经过不懈“劳作”，奋“力”敲打键盘，终于敲完了本书的最后一个字符，完成了这本呈现在大家面前的拙作，有一种如释重负的感觉，更是感慨万千！

不少人都说，“评过教授，该歇歇脚了”。我也确实“懈怠”了一段时间。没有想到，这一歇就是 8 年。以至于在我申报国家社科基金的时候，有点“木然”“呆滞”的状态。看来从事学术研究，在“爬格子”的这条路上，不能有半点偷懒。

16 年前，我步入华中科技大学，又一次开始了我的学生生涯。博士学位论文《中国当代大学生违法犯罪原因研究》顺利通过答辩。在武汉读博期间，有太多的心酸与欣喜、困惑与收获、搏击与感激。

同时，江城的学术“历练”为我的学术生涯打下了坚实的基础。从“社会腱”的视角研究“大学生违法犯罪问题”奠定了我的研究基础和研究兴趣。

在华中科技大学攻读博士学位期间，博士生导师刘献君教授的“大视野、大智慧、大手笔”深深地影响了我，先生倡导的“在调查中就会喷发和涌现”的研究理念，让我受益终生！同时，博士生导师周光礼教授和蔼的态度、儒雅的谈吐、热心的鼓励，给我留下了深刻印象。先生渊博的专业知识、新颖的学术观点、犀利的剖析角度都令我折服！也给予了我莫大的自信心！二位导师的教导让我顺利完成了博士学位论文。尤其难得的是周光礼教授在 2020 年 11 月参加我的重大招标课题的开题报告会，让我的研究思路、研究方法、研究内容等都有了进一步的提升和完善，也为本书的完成打下了坚实的基础。

2020 年年底，在课题组的配合下，我督促自己一定要做好调查研究，第一时间完成了重大招标课题“大学生网络犯罪问题研究”的编制、发放、调查、统计、汇总等工作，这为本书的写作、完成初稿打下了扎实的实证基础。

本书从选题、研讨、撰写、初具雏形、修改直至最终定稿、完成，要对诸多的人表达诚挚的谢意！在此，深深地道一声：谢谢！

感谢北京外国语大学的博士生导师秦惠民教授！他不仅从教育学，还从社会学角度对本书的具体建构提出了一些真知灼见，并对访谈提纲的拟订和初步实施进行了深入、细致的具体指导，而且还对调查问卷的设计、制作与修改提出了富有成效的建议。本书的调查能够按期顺利进行与秦惠民教授的指导分不开。谢谢秦惠民教授！

感谢河南省教育科学研究院教育科学规划办公室郭郑州主任、徐万山主任、王惠娟主任，是你们肯定了我的选题，并参加开题、进行开题的中期管理。在此，向郭郑州主任、徐万山主任、王惠娟主任道一声“辛苦了，谢谢！”请你们放心，我带领课题组一定高质量地完成研究报告，顺利结题。

感谢中原工学院法学院院长王肃教授，是您将我“吸纳”到“中原工”法学院这个大家庭，为我提供了宽松、舒适的学习、工作环境，使我能够潜心于大学生网络犯罪这个课题的研究工作。当然也离不开法学院的原书记李庆教授，法学院的副院长张金艳、柴国生和付琛瑜副教授，图书馆书记任继江副教授，以及法律系的王强主任和全体教师的和谐共处。在此一并致谢！

感谢郑州师范学院副院长刘济良教授，百忙之中参加课题开题报告会，并提出了无私的真知灼见。

感谢中原工学院高等教育研究所所长陈金环教授和崔守众老师，为课题开题进行了充分而又富有成效的工作。

感谢河南科技大学社科处处长田虎伟教授、河南师范大学人事处处长罗红艳教授、河南农业大学农学院党委书记墈战伟、中原工学院经济管理学院的孙敬霞书记和监察处田华泉处长，有幸与他（她）们在华中科技大学“结缘”相识！在与你们的“过招”中，使我在选题、写作过程中的困惑迅即化解。

感谢西北政法大学的王秀梅博士！作为硕士阶段的同窗，我们共同鼓励都考取了心目中的大学攻读博士学位，她给我提供了不少与本书写作有关的具体信息，并复印了一些资料给我寄来，解了我的“燃眉之急”。

感谢中原工学院法学院的硕士研究生郑金良、万慧、张羽、徐超、刘嘉佳和崔铭泽，感谢他们对本书所花费的宝贵时间。

感谢妻子袁巧玲女士！在求学期间，她不仅要承担照料两个学生的重担，还给了我数不尽的鼓励、支持和“唠叨”，使我能够安心读书、做科研。感谢她在我写作期间，又一次“额外”地承担家务，使我能够全身心地沉下心来完成书稿。

感谢其他亲朋好友！你们也以不同的方式给予我不同的爱、帮助。

对所有人的感谢，促使我更加珍惜这次“著书立说”的机遇！把握好、校对好每一个文字、标点符号……

特别要感谢的是知识产权出版社彭小华编辑，虽说认识是“偶然”，但是，本书的出版离不开您的鼎力支持，感谢您认可本书的选题、在我有点儿“懈怠”时的督促、对本书稿子的编辑和定稿的辛勤付出。没有您的“关护”，本书是不可能按期出版的。道一声特别的谢谢！

最后的也是最弥足珍贵的谢谢要送给我的合作伙伴张秋芳女士，我们相识在中原工学院，几次思想火花的“碰撞”竟然结出如此灿烂而又令人难以忘怀的“果子”——《大学生违法犯罪预防研究》一书。感谢上天赐予了我和张秋芳女士的认识机会！本人深感三生有幸与张秋芳女士合作“著书”！

吴殿朝 谨记

2021 年国庆节 于郑州